语词学基础

温端政 著

商務印書館 创于1897 The Commercial Press
2019年 · 北京

图书在版编目（CIP）数据

语词学基础 / 温端政著. —北京：商务印书馆，2019
ISBN 978-7-100-16336-1

Ⅰ. ①语…　Ⅱ. ①温…　Ⅲ. ①汉语—词语—研究
Ⅳ. ① H13

中国版本图书馆 CIP 数据核字（2018）第 153558 号

语词学基础

温端政　著

商　务　印　书　馆　出　版
（北京王府井大街 36 号　邮政编码 100710）
商　务　印　书　馆　发　行
北 京 冠 中 印 刷 厂 印 刷
ISBN 978－7－100－16336－1

2019 年 5 月第 1 版　　开本 850×1168　1/32
2019 年 5 月北京第 1 次印刷　　印张 10 ¾

定价：35.00 元

目 录

前　言

2002年，在河北师范大学举办的第四届全国词汇学学术研讨会上，我抱着虚心学习的态度，宣读了题为《论语词分立》的文章。文章说明了“语词分立”的含义：

1．给“词”“语”特别是给“语”下一个确切的定义，明确它的范围；

2．确认“语”和“词”是两种性质不同的语言单位，把“语”从“词汇”里分立出来，把“词”从“语汇”里分立出来；

3．明确“词汇”和“语汇”的定义，确认词汇具有系统性，语汇也具有系统性。

出乎意料的是，文章宣读后居然引起了不少反响。时任《辞书研究》编辑部主任的徐祖友先生立即向我约稿，嘱咐我这篇文章一定让《辞书研究》发表。《辞书研究》2002年第6期发表此文后，苏新春、苏宝荣两位先生合编的《词汇学理论与应用（二）》（商务印书馆，2004）又收了这篇文章。中国辞书学会编的《〈辞书研究〉三十年论文精选》（上海辞书出版社，2009）也收入了这篇文章，这使我感到十分荣幸。

更让我印象深刻的是，出席这次会议的商务印书馆周洪波先生，在听了我宣读的文章后，同我进行了长时间的谈话。在谈话中，他约我主编《新华谚语词典》《新华惯用语词典》《新华歇后语词典》，并同时筹备编写《新华语典》。他还表示同意出版我正在撰写的《汉语语汇学》。这使我受到极大的鞭策和鼓舞。经过十几年的努力和合作，这些计划已经全部实现。《汉语语汇学》于2005年由商务印书馆出版，接着又于2006年出版了我主编的作为高等学校教学用书的《汉语语汇学教程》。《新华谚语词典》《新华惯用语词典》和《新华歇后语词典》先后于2005、2007和2008年问世。最令人鼓舞的是，《新华语典》经过多年的打磨，终于在2014年7月正式出版。

商务印书馆辞书研究中心在《新华语典》的“出版说明”里称：“《新华语典》是一部中型语典，意在同《新华字典》《新华词典》配合，从字、词、语不同的角度，全方位展示现代汉语的面貌。”这不仅说明了本书出版的意义，也表明“语词分立”符合汉语的事实。

2008年，在河北大学举办的第七届全国词汇学学术研讨会上，我宣读了题为《再论语词分立》（后发表在《辞书研究》2010年第3期上，又收入《词汇学理论与应用》编委会编《词汇学理论与应用》（五），商务印书馆，2010）的文章。在这篇文章里，我提出在“语词分立”的基础上实现“语词合一”的主张，认为：“‘语词分立’并不意味着语词对立。把语和词绝对地对立起来，人为地割断它们之间的联系，同样是不可取的。”文章还认为，语和词至少有三点是一致的：

1. 都是语言单位。
2. 都是语言的现成的“建筑材料”。
3. 都负载着使用这种语言的民族传统文化。

文章根据“语词合一”的主张，提出构建汉语语词学的设想，认为语和词、语汇和词汇，是汉语里同中有异、异中有同的密不可分的“孪生”单位。从异的方面考虑，可以建立彼此平行的词汇学和语汇学，而从同的方面考虑，则有必要建立汉语语词学。还认为汉语语词学，不是汉语词汇学和汉语语汇学的简单相加，而应当是把词和语、词汇和语汇融合在一起，从汉语实际出发，建立起一个具有汉语特色的新的理论体系。这个设想，得到周洪波等先生的支持。从那时起，我就一直思考着如何构建汉语语词学的理论体系。

实践才知道，这是一个非常艰巨的工程，深感自己不能胜任，但又不忍心放弃。因此，只能一步一步探索，先写这本《语词学基础》。写作过程中，遇到许多难题，多次想放弃，却又不甘心，常写写停停，停停写写。现在终于勉强完稿，虽然觉得不够理想，但感到自己已经尽了力。希望能为后来学者构建完整的汉语语词学提供参考。

有的学者提出质疑：语词学是否要“统辖”词汇学和语汇学？这是一种误解。汉语语词学无意、也不可能“统辖”汉语词汇学和汉语语汇学。汉语语词学的主要任务是把汉语词汇系统和语汇系统的主要方面进行比较，然后在此基础上建立汉语语词学的理论体系。因此，汉语语词学是汉语词汇学和汉语语汇学的补充。

本书在撰写体例上有一个特点，就是在有些章节之后插进“附论”。这是为了介绍相关论述，目的是提供参考资料，补充正文论述的不足。在这里，谨向相关作者表示衷心的感谢！

在《论语词分立》一文中，我曾经对高校现行的一些《现代汉语》教材中词汇部分的理论系统进行评论，认为有不足之处。于是，我有一个愿望，就是希望这一部分能参考本书进行适当修订，以体现“语词分立”和“语词合一”的新的语词观。

温端政　2016年8月初稿

2018年2月修改

第一章　绪论

第一节　词和语

一、什么是词？[1] 什么是语？[2]

这是语词学首先要明确的问题。

先说什么是词。

对这个问题的回答可能是多种多样的。美国语言学家布龙菲尔德（Leonard Bloomfield 1887—1949）给词下的定义是："最小的自由单位。"① 国内的语言学家，给词下的定义并不一致，最值得重视的是王力、吕叔湘和朱德熙先生给词所下的定义。王先生说："我们可以暂时把词认为：'语言中的最小意义单位。'"②吕先生认为词是"语言的最小的独立运用的意义单位"。③朱先生把词看作"最小的能够独立活动的有意义的语言成分"。④

这说明，词首先是语言单位或语言成分，而且有一定的意义。如"河"的意义是"天然的或人工的大水道"，也特指黄河；

① 转引自郭良夫：《词汇》，商务印书馆，1985，第 8 页。
② 王力：《中国语法理论》（上册），中华书局，1957，第 18 页。
③ 吕叔湘：《语法学习》，中国青年出版社，1955，第 2 页。
④ 朱德熙：《语法讲义》，商务印书馆，1982，第 11 页。

“江”的意义是“大河”，也特指长江。“河床”的意义是“河流两岸之间容水的部分”，“江天”的意义是“江河水面上的广阔空际”。再如“明知”的意义是“明明知道”，“明细”的意义是“明确而详细”。这些词的意义都很实在，是实词。还有一些词，如“的”“就”“如果”等，意义比较抽象：“美丽的河山”中的“的”，表示“美丽”修饰“河山”；“他就送来，我也不要”中的“就”，表示假设的让步；“你如果有困难，我可以帮助你”中的“如果”，表示假设。它们都表示一定的语法意义，是虚词。

其次，词能够“独立运用”或“独立活动”。在“美丽的河山”“他就送来，我也不要”中，“美丽”“的”“河山”“他”“就”“送”“来”“我”“也”“不”“要”，都能够独立运用。同样，在“你如果有困难，我可以帮助你”中，“你”“如果”“有”“困难”“我”“可以”“帮助”“你”，也都能独立运用。

第三，也是最重要的，在“能够独立运用”和“有意义的语言单位”之前，还要用“最小的”加以限制。因为词组、句子也可以独立运用，也是有意义的语言单位。如“美丽的河山”是个词组，可以扩展为更大的词组“我们祖国美丽的河山”，还可以扩大为句子“我们热爱祖国美丽的河山”。把这些词组、句子切割为“美丽/的/河山”“我们/祖国/美丽/的/河山”“我们/热爱/祖国/美丽/的/河山”，这些切割开的单位才是词。

什么是语呢？

《现代汉语词典》（第7版）“语”的第三个义项是：“谚语；成语：~云，‘不入虎穴，焉得虎子。’”这是举例性的说明，不是学术性的语言学性质的定义。全国科学技术名词审定委员会公布的《语言学名词》（2011）“语汇”条称：“语是由词和词组合而成的、结构相对固定的、具有多种功能的叙述性语言单位。”《辞海》（第6版）“语”的第三个义项称：“大于词、具有相对固定结构的叙述性语言单位。”这才是对“语”的学术性的语言学性质的定义。这个定义最早是我们在《“龙虫并雕”和“语”的研究——敬以此文纪念王力先生百年诞辰》①一文中提出来的，而在《汉语语汇学》②一书中加以重申。

语首先是语言单位，而且是叙述性的语言单位。叙述性，表示语的意义主要是使用该语言的人群对客观事物的种种描写和表述，如成语主要是对客观现象、状态和事理的概括、描状和说明，谚语主要是对自然与社会现象的总结、叙述和论断，惯用语和歇后语则主要是描述社会的某种现象和状态。③说语的结构相对固定，是就语的形式来说的。语的结构是固定的，自由词组不是语，像“美丽的河山”“祖国美丽的河山”都是自由词组，不是语。但语的结构的固定性是相对的，语的结构还有灵活性的一面，如“万水千山”可以说成“千山万水”,“百闻不如一见”可以说成“千闻不如一见”，“八字没见一撇”可以说成“八字没有一撇”，“八仙过海——各显神通”可以说成“八仙过海——各显其能”。

“叙述性的语言单位”，加上“结构相对固定”，已经说明了语的性质，不过前面再加上“大于词”，就更为明确。语都是由词和词（包括少数现代不成词古代是词）组合而成的。单词不成语。最短的语,也是由两个词构成的,如“碰钉子”由“碰”和“钉子”两个词组成,“走后门”由“走”和“后门”两个词组成,“喝西北风”由“喝”和“西北风”两个词组成。

---

① 温端政、沈慧云：《“龙虫并雕”和“语”的研究——敬以此文纪念王力先生百年诞辰》，见《语文研究》，2000年第4期。

② 温端政：《汉语语汇学》，商务印书馆，2005，第17页。

③ 李如龙：《语汇学三论》，见《汉语语汇学研究》，商务印书馆，2009，第15页。

按照语是“大于词、具有相对固定结构的叙述性语言单位”这个定义，语应当包括成语、谚语、惯用语和歇后语。

二、语与词的相同点和不同点[3]

通过上面关于词和语的定义的叙述，我们可以看出，语和词既有相同点，也有不同点。

（一）语和词一样，都是能够独立运用的语言单位，但语的功能比词多。

作为语言单位，词是语言的“建筑材料”，语也是语言的“建筑材料”。它们都可以“独立运用”充当句子成分。

1. 作主语。

词作主语的，例如：

领导已经同意。

房子已经拆掉。

语作主语的，例如：

高谈阔论（成语）能当饭吃吗？（杨沫《青春之歌》）

“一个和尚挑水吃，两个和尚抬水吃，三个和尚没水吃”（谚语），是中国人的老毛病。（《鲁迅书信集·致曹聚仁》）

干打雷不下雨（惯用语）是没有什么作用的。（老舍《离婚》）

可就土地佬放屁——神气（歇后语）大了！（高梦龄《浮云》）

2. 作谓语。

词作谓语的，例如：

我懂！

今天中秋。

语作谓语的，例如：

双方各执己见（成语）。（贾平凹《奕人》）

我脚正不怕鞋歪（谚语）。（冯德英《山菊花》）

他吹胡子瞪眼（惯用语），熊了我一顿。（李满天《水向东流》）

你聋子拉二胡——胡扯（歇后语）！（王东满《漳河春》）

3. 作宾语。

词作宾语的，例如：

学生尊敬老师。

我们热爱生活。

语作宾语的，例如：

咱们是白手起家啊（成语）！（杜鹏程《延安人》）

他认为“宁舍千金献真佛，不拔一毛插猪身”（谚语）。（王东满《漳河春》）

你不用屎壳郎跟着屁轰轰（惯用语），有你的苦吃！（浩然《艳阳天》）

咱们是一棵树上拴的俩驴，谁也跑不了（歇后语）。（周振天《神医喜来乐》）

4. 作补语。

词作补语的，例如：

天气冷得很。

老师已经讲清楚了。

语作补语的，例如：

此事在西安已经传得家喻户晓（成语）。（姚雪垠《李自成》）

两个人正吵得脸红脖子粗（惯用语）。（欧阳山《高干大》）

我闹了个武大郎攀杠子——上下够不着（歇后语）了。（张长弓《娜敏伊虹》）

5. 作定语。

词作定语的，例如：

他是好人。

工作要有周密的计划。

语作定语的，例如：

不苟言笑（成语）的王先生也笑了。（杨沫《青春之歌》）

他可是好汉护三村，好狗护三邻（谚语）的人物头儿呢！（臧伯平《破晓风云》）

他是属于那种“脸上带笑，袖里藏刀”（惯用语）的阴险的角色。（陈立德《前驱》）

这是赶集走亲戚——顺路（歇后语）的事。（魏树海《沂蒙山好》）

6. 作状语。

词作状语的，例如：

屋子里非常黑暗。

他高兴地说着。

语作状语的，例如：

有人在杯觥交错（成语）地吃喝。（王火《战争和人》）

那真是头顶着星星，身背着月亮（惯用语）干哪！（黎明《祖国的儿子黄继光》）

小强他爹娘就老头儿拉胡琴，自顾自（吱咕吱）（歇后语）地忙活起来了。（马春《龙滩春色》）

如果进一步观察，我们就会发现，同是作句子成分，语和词的情况还是有所不同。如词作主语，有“施事主语”和“受事主语”的区别，像“他同意了”，“他”是“同意”的施事；“房子已经拆掉”，“房子”是“拆掉”的受事。而语作主语，都是谓语陈述的对象，未见“施事主语”和“受事主语”的区别。又如词作宾语，不仅有“施事宾语”和“受事宾语”的区别，还有“双宾语”的情况，像“门外站着卫兵”，“卫兵”是施事宾语；“她在打毛衣”，“毛衣”是受事宾语；“他教我们数学”，“教”后面出现“我们”和“数学”两个宾语，“我们”是近宾语，也叫间接宾语，“数学”是远宾语，也叫直接宾语。而语作宾语只是动词的一种连带成分，用来回答“什么？”一类的问题，既未见“施事宾语”和“受事宾语”的区别，也未见“双宾语”的情况。

语和词作为能够独立运用的语言单位，还有成句的功能。如词有独词句，语可以独立作句子。

独词句，一般有三种情况：一是名词性独词句，如：太阳！|飞机！二是叹词性独词句，如：嗯！|哎哟！三是副词性独词句，如：不！|也许！独词句的限制比较多，要有一定的语境。有的学者认为，独词句是在特定语境下的一种省略现象，如“太阳！”这个独词句可能有两种情况：一是“太阳（出来啦）！”，“太阳”是主语；二是“（我）（看见）太阳（啦）！”，“太阳”是宾语。因此有的学者认为“独词句”不能成立。

语独立成句，则比较多见。例如：

哀兵必胜（成语）！不要乐，要哀。（张恨水《啼笑因缘续集》）

一犬吠形，百犬吠声（谚语）。草随风偃，人随大流（谚语）。寇胡子带头，众伪军跟后。（李英儒《还我河山》）

忠于职守。拿得起，放得下（惯用语）。（陈云《关于干部工作的若干问题》）

我吗？庙门口的旗杆，光棍一条（歇后语）！（吴强《红日》）

语独立成句，当然也需要一定的语境，但它不是一种省略现象，完全是能够自足的。

语在句子中，还常充当复句的一个组成部分，相当于一个分句。例如：

暗箭难防（成语），有人陷害我父亲。（刘绍棠《村妇》）

“好狗护三邻，好汉护三村”（谚语），“兔子不吃窝边草”（谚语），他手下的人都不在鸣凤山作案。（单田芳《燕王扫北》）

火点着了，狗咬狗（惯用语），让他们去咬吧！（冯志《敌后武工队》）

我老了，八十岁学吹手——来不及了（歇后语）。（杨明《二龙山》）

这种情况在语里比较常见，而独词是很少充当分句，作为复句的组成部分的。当然，说语有独立成句功能，并不是指所有的语都有这种功能。

语还有一种功能也是词所少见的，这就是被引用的功能。如：

常言道：现官不如现管（谚语）啊。（周振天《神医喜来乐》）

俗话说：“木偶不会自己跳，幕后必有牵线人（谚语）。”（黎汝清《海岛女民兵》）

正像俗话说的，打好了江山杀韩信（惯用语）。（秦兆阳《在田野上，前进！》）

老百姓有句俗话：房檐上的冰凌柱——根子在上边哩（歇后语）！（王东满《漳河春》）

这种情况在谚语里最为常见，惯用语和歇后语也有，而词是很少能被单独引用的。当然，说语有被引用的功能，也不是说所有的语都有这种功能。

因此可见，同是能够独立运用的语言单位，语的功能比词还要多。

（二）语和词都有意义，但语义和词义的性质不同。

词都代表一定的意义。实词的意义比较实在，虚词的意义比较抽象。实词既有词汇意义，又有语法意义，虚词则只有语法意义，没有词汇意义。语没有虚实之分，都是实的。

词义（主要指实词的意义）是人们约定的对客观事物的指称。“就其内容来说，是比较单纯的，主要是对客观现象的反映，虽然词义也可能有表示一定形象、感情或语体的‘附属义’，但作为核心的主体则是它的客观的‘概念义’。”[①]这说明，概念性是词义的基本特征，一方面，概念是词义形成的基础；另一方面，词义反映着概念。

语义的性质与词义不同，它的特征不是概念性，而是叙述性。语义是两个或两个以上概念的组合，从而构成叙述性，包括表述性和描述性。表述性表现在对事物的认识和判断，如成语“哀兵必胜”“众志成城”，谚语“众人是圣人”“众人拾柴火焰高”；描述性表现在对事物性质、状态的描绘，如成语“落花流水”“和风细雨”，惯用语“穿小鞋”“公说公有理，婆说婆有理”，歇后语“老鼠过街——人人喊打”等。

这个问题，本书第六章讲语词意义的性质时还要作进一步论述。

（三）语的结构和词的结构都是固定的，但语的结构的固定性是相对的。

词有所谓异形词，如“辈分”又作“辈份”，“本分”又作“本份”，“保姆”又作“保母”“褓姆”，等等。这种异形词的存在，只能给人们运用书面语造成不必要的负担，是书面语里的消极

① 李如龙：《语汇学三论》，见《汉语语汇学研究》，商务印书馆，2009，第15页。

现象，是可以而且必须加以规范的。

语也有“异形语”，但对“异形语”却需要进行分析，不能一概加以否定。如成语“伶牙俐齿”也作“伶牙利齿”，这是应当规范的。但“香消玉碎”又作“香消玉损”“香消玉殒”，一字之差，意义略有不同，不能轻易规范，而应适当保留，以体现成语的丰富性。又如惯用语“不问青红皂白”，又作“不分青红皂白”；“上无片瓦，下无立锥之地”，又作“上无片瓦，下无插针之地”。谚语“人多出孔明”，又作“人多出韩信”；“人比人，气死人”，又作“人比人，活不成”。歇后语“黄连树下弹琴——苦中取乐”，又作“黄连树下吹箫——苦中作乐”；“韩信将兵——多多益善”，又作“韩信点兵——多多益善”“韩信用兵——多多益善”“淮阴将兵——多多益善”。这些都不能轻易否定哪一个，只能说明语的结构既有固定的一面，又有灵活的一面。

词还有所谓离合词，如“理发”可以说“理一次发”；“鞠躬”可以说“鞠了几个躬”。

不过离合词的拆开使用和语的拆开使用，情况有些不同。吕叔湘先生曾说：

> 有些组合只有单一的意义，难于把这个意义分割开来交给这个组合的成分，例如“走路|洗澡|睡觉|吵架|打仗”，等等，因此有人主张管这种组合叫“离合词”，不分开的时候是词，分开的时候是短语。[①]

吕先生还以“打了三年仗”“睡了一会儿觉”为例，认为从词汇的角度看，“打仗”“睡觉”都可以算作一个词，可是从语法的角度看，不得不认为这些组合是短语。

① 吕叔湘：《汉语语法分析问题》，商务印书馆，2005，第22页。

吕先生强调，离合词分开之后就不再是词，而是短语，这跟语拆开之后仍是语，是有不同的。

语似乎也有类似“离合”的情况。如成语“温故知新”可以说成“温故而知新”，“任重道远”可以说成“任重而道远”。动宾结构型惯用语和歇后语的“离合”情况就更多了。

动宾结构型惯用语“离合”的例子，如：

a. 我的运气不好，处处倒霉，碰钉子。（曹禺《北京人》）

b. 老赵碰了钉子。（李劼人《大波》）

c. 为了转换话题，我插嘴问她在工作中碰过钉子没有。（沙汀《范桂花》）

d. 他碰了一个钉子。（巴金《春》）

e. 这两兄妹自从那晚上到国民小学碰了个大钉子以后，看见了穿军装的，就觉得有点隔膜。（茅盾《锻炼》）

f. 苏伴云碰了一个橡皮钉子。（张恨水《傲霜花》）

g. 他以为这不过是疲倦过度而又钉子碰得太多的结果。（茅盾《锻炼》）

例a“碰钉子”是这个惯用语的基本形式；例b到例f，在“碰”和“钉子”之间分别插入“了”“过”“了一个”“了个大”“了一个橡皮”；例g把“钉子”提前放在“碰”前面。这种情况跟离合词有些相似，不同的是离合词合的时候是一个词，分开时是短语，而语则不同，不论是合在一起还是分开来，都还是语。

歇后语的“离合”，一般是在前语和后语之间插进某种成分，如：

a. 骑驴看唱本——走着瞧吧！（马烽等《吕梁英雄传》）

b. 骑驴看唱本——咱们就走着瞧吧！（马烽等《吕梁英雄传》）

c. 果然又来狗抓老鼠——多管闲事。(张笑天《永宁碑》)

d. 狗抓老鼠——要你多管闲事！(欧阳山《三家巷》)

例a“骑驴看唱本——走着瞧”是这个歇后语的基本形式，例b在前后语中间插入“咱们就”；例c“狗抓老鼠——多管闲事”是这个歇后语的基本形式，例d在前后语中间插入“要你”。插入后，还是一个歇后语，并没有分成两个，只是作句子分析时，关系起了变化：“骑驴看唱本——走着瞧吧！”是歇后语独立成句，但在“骑驴看唱本——咱们就走着瞧吧！”里，前语“骑驴看唱本”成了前置语，后语“走着瞧”与“咱们”构成主谓关系；在“果然又来狗抓老鼠——多管闲事”里，“狗抓老鼠——多管闲事”作“来”的宾语，但在“狗抓老鼠——要你多管闲事！”里，“狗抓老鼠”成了前置语，“要你多管闲事”构成“兼语”关系，“你”既作“要”的宾语，又作“多管闲事”的主语。

从总体上看，词的结构是比较固定的，语的结构既有固定的一面，这是主要的，但也有不固定的一面，因此语的结构的固定具有相对性。

（四）词是“最小的”能够独立运用的、有意义的语言单位，而语则是“大于词”的能够独立运用的、有意义的语言单位。

语大于词。从生成的顺序上看，应该是先有词后有语。如“东、南、西、北”是汉语固有的词，以它们为语素可以产生许多语。以“南、北”为语素，可以构成“南来北往”“南腔北调”“南辕北辙”“南征北战”等成语；以“东、西”为语素，可以构成“东逃西窜”“东涂西抹”“东倒西歪”“东张西望”“东游西荡”“东征西讨”等成语，还可以构成下列惯用语：

东不成，西不就

东不是，西不是

东家长，西家短
东一句，西一句
东一头，西一头
东一张，西一望
东购犁，西购耙
东跑跑，西颠颠
东瞧瞧，西看看
东手来，西手去
东托人，西送礼
东不着边，西不着际
东耳朵进，西耳朵出
东家子出，西家子进
东家子摘，西家子借
东说向东，西说向西
东踢一脚，西踢一脚
东一榔头，西一棒子
东一耙子，西一扫帚
东抓一把，西抓一把
东倒吃猪头，西倒吃羊头
东庙里烧香，西庙里许愿
东墙拆块砖，西墙揭片瓦
东说东有理，西说西有理
东葫芦爬西架
东家跑到西家
东风压倒西风
东扯葫芦西扯瓢

东风吹来往西倒，西风吹来往东倒

从这里可以看出，词是原生的，语是利用词与词的组合而再生的。如果说，词汇是分了类的原材料和粗坯的零件的话，语汇则是组装好了的预制品和加过工的零件。①

附论：

［1］什么是词？这个问题看起来简单，实际上颇有难度。葛本仪、王立廷《建国以来对“词”“词汇”概念的研究》（《语文建设》1992年第4期）一文，除了介绍王力、吕叔湘先生关于词的定义外，还介绍了其他各家对词所下的定义：

“词是一个形式和内容统一起来的语言最小单位。”（孙常叙《汉语词汇》，吉林人民出版社，1956，第2页）

“词在语言中是具有一定意义的语言形式，它是最小的能够独立运用的语言单位。”（周祖谟《汉语词汇讲话》，人民教育出版社，1959，第1页）

“代表一个概念的，或者具有一种语法作用的一组声音，就是一个词。”（张志公《汉语语法常识》，新知识出版社，1953，第2页）

“词是一种语言建筑材料的单位，也就是造句的时候能够自由运用的最小单位。”（高名凯、石安石《语言学概论》，中华书局，1963，第105页）

“词不仅是词汇的基本单位，而且是作为整体的语言的基本单位。因为一方面词已经包含着语言的一般的本质特征，这就是说，它同时具备外部的声音方面和内部的意义方面；另一方面词不是言语里临时创造的东西，而是语言里现成的东西。在言语里只不过是再现出来而已。”（张永言《词汇学简论》，华中工学院出版社，1982，第20页）

“我们把词看作是语言中有意义的能单说或用来造句的最小单位，

---

① 李如龙：《语汇学三论》，见《汉语语汇学研究》，商务印书馆，2009，第17页。

它一般具有固定的语音形式。”（符淮青《现代汉语词汇》，北京大学出版社，1985，第1页）

“词是语言中一种音义结合的定型结构，是最小的可以独立运用的造句单位。”（葛本仪《汉语词汇研究》，山东教育出版社，1985，第2页）

该文认为，随着对词汇研究的不断深入，对词的看法在许多方面也逐步趋向一致，其表现主要有以卜儿点：

1. 词是语音和语义的结合体。词必须有语音形式，并依附于语音形式而存在。词必须有意义，不表示某种意义的单位绝不是词。因此，词是一定语音形式与一定意义的结合体。

2. 从把词称为“语言单位”逐步改变为称作“造句单位”。观察词在语言中的作用，其本质功能是造句。把词称为“造句单位”正是揭示了词的本质功能。

3. 词是最小的造句单位。在词的定义中，“最小的”这一定语出现得比较早，也比较多。然而大家对“最小的”的理解却不尽一致。有的人是从意义的角度来认识的，有的人则从结构形式方面来说明，也有的人试图从语法功能方面进行解释。但是大家总的目的，都是想说明词的整体性和独立性的统一。随着对“词是音义的结合体”“是个相对固定的结构”的认识趋于一致，对“最小的”含义的理解也逐渐清晰起来。概括地说，“最小的”可以从三个方面说明：第一，词表示的意义是不可分割的。也就是说，词的意义是个最小的整体，不能用扩展后的意义来代替。第二，词的语音形式和语素组合形式虽然可以分析，但就词来说，也是不可分割的，这种形式也是最小的整体。第三，词作为造句单位中的音义结合的定型结构是最小的。语素作为音义结合的定型结构虽然比词还小，但它并不是造句单位；词组虽然是造句单位，但它又是比词大的单位。

4. 词是可以独立运用的造句单位。用“独立运用”来说明词，当然也是为了更好地揭示词的特点，但什么是“独立运用”呢？有的人用“可以单说单用”来说明，更多的人则认为“单说”不是对“独立运用”的说明，因为词并不一定都可以“单说”。用“单用”解释词的“独立运用”则比较恰当。所谓“单用”应该是指造句时可以作为一个独立的单位用来造句，而不是指它可以单独成句。很明显，后一种意见对词的“独立运用”的特点无疑作出了更为准确的解释。

新近出版的王希杰著《汉语词汇学》（商务印书馆，2018，第43–49页）认为：“词可以这样定义：‘词（word）是语言中最小的能够独立运用的音义结合体。’”该书把词分为“语言的词和言语的词”，认为语言的词和言语的词之间的关系是：一般和个别的关系，模式和体现的关系，“言语的词是具体的，看得见，摸得着，是显性的词；语言的词是抽象的，看不见，摸不着，是潜性的词”。该书还把词分为“显性的词和潜性的词”，称“已经有的词是显词”，“显词其实有两种。第一种，指语言中的词，是人们使用之前就存在着的，是社会集体的财富。某个人、某些人不使用，在这样那样的言语中并没有出现，都不影响其显词的资格。语言词汇系统中的词不会因为在某些古语中没有出现就不是显词。第二种显词指此刻出现在言语中的词，不管它是否早已存在于语言的词汇系统，也不管它以后能否进入语言的词汇系统。大多数情况下说的显词指的是在言语中出现的词。”“潜在的、可能的、至今还未出现的词是潜词”，“所谓潜词，指的是符合一种语言的构词规律，潜藏在语言词汇的底层，尚未变成言语事实的词”。

［2］李如龙主张把格言、名言合称为“典雅语”，也归入语汇。他在《语汇学三论》（《汉语语汇学研究》，第18–19页）中说：

> 中国历史悠久，文化名人层出不穷，古往今来，名篇浩瀚。这些典籍世代相传，许多精辟名句早已为人熟知。有的早已提炼为格言，编入教材；有的作为典故；有的还是直接的引文，经常出现在现代的口语和书面语之中。单是《论语》中的名句今天还很常说的就有：“有朋自远方来，不亦乐乎？”“温故而知新”“知之为知之，不知为

不知，是知也”“三人行，必有我师焉”“有教无类”“吾日三省吾身”“不患人之不己知，患不知人也”“见贤思齐”“君子喻于义，小人喻于利”“君子坦荡荡，小人长戚戚”“岁寒，然后知松柏之后凋也”“四海之内皆兄弟也”“工欲善其事，必先利其器”“己所不欲，勿施于人”“名不正，则言不顺”“当仁不让”“人无远虑，必有近忧”“过犹不及”。至于历来诗文中的名句，就更多了：“山重水复疑无路，柳暗花明又一村”（陆游）、“春蚕到死丝方尽，蜡炬成灰泪始干”（李商隐）、“欲穷千里目，更上一层楼”（王之涣）、“朱门酒肉臭，路有冻死骨”（杜甫）。这些名句虽说是“作家个人言语作品”的性质，但是有许多已经常被引用而家喻户晓了，应该是进入了社会上被广泛认同的语汇了。如果语汇的大家庭可以接受这个成员，也许可称之为“典雅语”。

格言和名言（也称“名句”）跟“语”确有相同之处，如：都是由词和词组合而成的，都是叙述性的单位。但也有不同之处：格言和名言的结构是固定的；格言和名言来自名人名篇，都能找到最初的出处，是个人的言语作品。因此，如果要把格言、名言归入语，就得把“语”的定义进行修改。

这样，“语”就有两个定义。狭义的“语”的定义是：大于词的、结构相对固定的叙述性语言单位，包括成语、谚语、惯用语和歇后语。广义的“语”的定义是：大于词的、结构固定或相对固定的叙述性语言或言语单位，除了包括成语、谚语、惯用语和歇后语外，还包括格言和名言。

把格言和名言归入“语”，有两个好处：一是扩大“语”的领域；二是提高“语”的文化含量。

［3］笔者在《树立正确的语词观》（《辞书研究》2016年第1期）一文中曾论及语、词之异同，认为语、词之“异”，可以从两个层面来看：一个层面是语、词之间“全覆盖”的“异”；另一个层面是语、词之间“交叉性”的“异”。

语、词之间“全覆盖”的“异”，是指这种“异”适用于全部的“语”和“词”;“交叉性”的“异”是指这种“异”不覆盖全部“语”和“词”，而是带有某种错综复杂的情况。

“全覆盖”的“异”主要表现在以下三个方面：

一是从形式上看,“词”是最小的语言单位,而“语”是由词和词（包括少数现代不成词而古代是词）组合而成的，不是最小的语言单位，是大于“词”的语言单位。

二是从结构上看，“词”的结构是固定的，“语”的结构是相对固定的。

说“词”的结构是固定的,这是就总体而言,有的“词”也有变体,如：“过分”也作“过份”，“叮当”也作“丁当”“玎珰”，不过它们只是书写形式的不同，语音是相同。“词”的这种变体是可以而且应当加以规范的。

说“语”的结构是相对固定的，有两层意思：一是指语的结构有固定的一面，一是指语的结构有灵活的一面。有的语结构比较固定，如“实事求是”“病入膏肓”“拨乱反正”等成语，“众人拾柴火焰高”“远亲不如近邻”“吃一堑，长一智”等谚语，“走后门”“唱对台戏”“不管三七二十一”等惯用语，结构都比较固定。但不可否认，有许多语存在变体，而且这种变体，不单纯是书写形式的不同，而是语素或语素次序的不同。如成语“不值一钱”，也作“不值一文”“一钱不值”“一文不值”；谚语“打人休打脸，骂人休揭短”，也作“打人别打脸，骂人别揭短”“打人莫打脸，讲话莫揭短”“骂人别揭短，打人别打脸”；惯用语“刀对刀,枪对枪”,也作“刀对刀来枪对枪”“枪对枪,刀对刀”；歇后语“八仙过海——各显神通”，也作“八仙过海——各使神通”“八仙过海——各显其能”“八仙过海——各显身手”“八仙过海——各显各的本领”。这种变体，有人主张加以规范，但多数人认为不能规范，或者只能“软规范”。

三是从意义上看，词义和语义的性质不同。简单地说，词义具有概念性，语义则具有叙述性。

说“词义具有概念性”有两层意思：一层是词义和概念有密切的联系，另一层意思是词义不等于概念。北京大学中国语言文学系语言学教研室编的《语言学基础》（高等教育出版社，1959，第63页）谈到这个问题时称：“广义地说，词义就是概念。严格地说，词义和概念有密切的联系，但又不等于概念。”

语义则不同，“语”不是概念性而是叙述性的语言单位。（温端政《汉语语汇学》，第11页）语义“主要表现了使用该语言的人群对客观事物的种种描写和表述，在描写和表述中掺入了更多对事物的主观认识甚至加上不同程度的渲染，此外还有对各种观念的分析和论断”。（李如龙《语汇学三论》，《汉语语汇学研究》，第15页）

语、词之间“交叉性”的“异”，需要讨论的是词和语的语法功能问题。从语法功能上看，“语”和“词”，有相同的一面，也有不同的一面。相同的一面，“语”和“词”一样都可以充当句子的某个成分；不同的一面，是有的“语”有成句的功能，有被引用的功能，有被拆开使用分别充当不同成分的功能。

“交叉性”的“异”，有的是“量”上的问题，但也不排除含有某种“质”的成分。它不是语、词之间主要的“异”，而只是语、词之间的“异”的补充。

正是基于语、词之间在性质上有“异”的一面，特别是有“全覆盖”的“异”的一面，我们才提出“语词分立”的主张。这个主张主要针对的是语是“词的等价物”的说法。破除语是“词的等价物”的观点，主张“语词分立”，这是树立正确语词观的一个重要方面。

指出语、词之间的“异”，并不是否认语、词之间在性质上有“同”的一面。语和词至少有三点是一致的：1. 都是语言单位；2. 都是语言的现成的“建筑材料”；3. 都负载着使用这种语言的民族的传统文化。

第二节 词汇和语汇

一、词汇和语汇的性质

（一）对词汇定义的不同理解[1]

词汇是语言里所有的词的总汇，如汉语词汇、英语词汇、俄语词汇等。词汇也可以指某一部作品所用的词的总和，如《西游记》的词汇、《红楼梦》的词汇等。词汇还可以指某一个人所掌握的词的总和，如鲁迅的词汇、茅盾的词汇等。但词汇不能用来指单个词。

语汇是语言里所有的语的总汇，如汉语语汇、英语语汇、俄语语汇等。语汇也可以指某一部作品所用的语的总和，如《西游记》的语汇、《红楼梦》的语汇等。语汇也可以指某一个人所掌握的语的总和，如鲁迅的语汇、茅盾的语汇等。同样，语汇不能用来指单个语。

“词汇是语言里所有的词的总汇”这个定义，可以追溯到20世纪50年代初期。苏联领导人斯大林在《马克思主义与语言学问题》一书里说：“语言中所有的词构成为所谓语言的词汇。”①受这个说法的影响，上个世纪50年代的词汇学著作在讨论词汇问题时，都采用这种说法。如，高名凯的《普通语言学》说：“所谓词汇就是一个语言所有的表达语义成分的词的总汇。”②孙常叙

① 斯大林：《马克思主义与语言学问题》，人民出版社，1953，第21页。
② 高名凯：《普通语言学》（下册），东方书店，1955，第42页。

的《汉语词汇》说："每种语言所蕴蓄的词的总汇叫作'词汇'。"[①]周祖谟的《汉语词汇讲话》说："'词汇'是指语言中所有的词来说的，语言中所有的词构成为语言的词汇。"[②]稍后问世的《语言学名词解释》也说："词汇是语言的词的总汇。某一语言中所有的词总合起来，就成为该语言的词汇。"[③]

这个定义本来很清楚，却有学者认为它"不科学"。黄景欣在《试论词汇学中的几个问题》[④]一文中称：

> 通常流行的关于词汇的定义："词汇是语言的词的总汇。"这是一个不科学的定义。它既不能反映语言的词汇这一构成要素的实质，也没有概括词汇的全貌。

他建议用如下的定义来代替：

> 词汇是语言的构成要素。一种语言的词汇是由该种语言的一系列具有一定形式、意义和功能特征的互相对立、互相制约的词汇单位（包括词以及和词具有同等功能的固定词组）构成的完整体系。

其实这种观点，并不是黄景欣的创新，它来自苏联学者O.C.阿赫曼诺娃、B.B.维诺格拉多夫、B.B.伊万诺夫《论描写词汇学、历史词汇学及历史比较词汇学的任务和几个问题》一文[⑤]。该文就认为"任何一种语言的词汇都包括成千上万的词和固定词组"。

后来的论著、教科书和辞书，大多采用了黄景欣的观点，即认为词汇是词和语（或固定词组、固定结构）的总汇。如：所谓词汇就是语言里的词和词的等价物（如固定词组）的总

---

① 孙常叙：《汉语词汇》，吉林人民出版社，1956，第161页。
② 周祖谟：《汉语词汇讲话》，人民教育出版社，1959，第9页。
③ 北京大学语言学教研室编：《语言学名词解释》，商务印书馆，1960，第13页。
④ 黄景欣：《试论词汇学中的几个问题》，见《中国语文》，1961年3月号。
⑤ 中译本见《语言学译丛》创刊号，1958。

和。[1] 某种语言的词汇，就是指该语言里全部词和词的等价物——熟语的总汇。[2] 语言学一般所说的词汇，不仅包括词儿，也包括由词构成的、性质作用相当一个词的语言单位，叫“语”，我们叫固定结构，如成语、谚语、俗语、歇后语。[3]

一种语言的词汇是该语言词语的总和。现代汉语词汇是现代汉语全部词语的总和。这里的“词语”指词和各种性质作用大致相当于词的固定结构（即所谓“语”，比一般说“词语”的“语”，范围要小一些），在现代汉语中就是指成语（百花齐放、德才兼备、近水楼台等）、谚语（活到老，学到老；无针不引线，无水不行船等）、歇后语（狗撵鸭子——呱呱叫，姜太公钓鱼——愿者上钩等）、惯用语（穿小鞋、戴高帽、开后门等）等。[4]

于是，词汇单位包括词和固定词组的说法广为流行，《辞海》1989年和1999年修订本，以及2010年出版的第6版，都采用这个说法，认为词汇是“一种语言里所有的词和固定词组的总汇”。《现代汉语词典》第5版还认为词汇是“一种语言所使用的词的总称”，第6、7版则改为“一种语言里所使用的词和固定短语的总汇”。

然而，这并不是当前的唯一说法。商务印书馆2000年出版的《古今汉语词典》还是认为词汇是“一种语言所使用的词的总汇”。特别是新近出版的王希杰的《汉语词汇学》，明确表示不同意黄景欣关于词汇的定义，认为“这一定义表面上很严密，其实不简明，不实用”；该书把词汇重新定义为“一种语言全部词的总汇”，认为“固定词组不是词，因此不是词汇的组成部分”。[5]

---

① 张永言：《词汇学简论》，华中工学院出版社，1982，第 1 页。
② 武占坤：《词汇》，上海教育出版社，1983，第 1 页。
③ 符淮青：《现代汉语词汇》，北京大学出版社，1985，第 5 页。
④ 林祥楣主编：《现代汉语》，语文出版社，1991，第 116 页。
⑤ 王希杰：《汉语词汇学》，商务印书馆，2018，第 230–231 页。

（二）“词汇”改称“语汇”之争

由于主张词汇包括“语”（或称固定短语，或固定词组），因此就产生了一个新的观点，就是主张把“词汇”改称为“语汇”。胡明扬主编的《语言学概论》说：“语汇就是一种语言中词和语的总和”；“语汇也可以叫作词汇，两种术语的意思差不多。不过说词汇容易被误解为只是指‘词’,说语汇就明确包括了‘语’。”[①] 在此之前,就有《现代汉语》教科书主张把“词汇”改称为“语汇”的。如人民教育出版社1982年出版的张志公主编的《现代汉语》（试用本）就把词汇称为语汇。对此,刘叔新曾经提出异议,他说：“语言学中指同一对象的术语人为地增多，是有害无益的，徒然带来术语使用上的混乱，增加术语规范的负担。术语“词汇”早已使用开来，成为中国语言学界的‘常用词’，要用‘语汇’来替换它，改变学术界惯用的术语，似无必要；何况‘语汇’不见得比‘词汇’优胜。”[②]

然而，把“词汇”称作“语汇”，也并非始自张志公主编的《现代汉语》。早在20世纪50年代，吕叔湘先生在《语言和语言学》一文里就曾用“语汇”来指称“词汇”。吕先生说：“每个语言自成一个独特的体系，语音、语法、语汇都是如此。”又说，“一个语言的所有语素和所有具有特定意义的语素的组合，总起来构成这个语言的语汇。罗列一个语言的语汇，解释每一个语汇单位的意义的是词典。词典是语汇研究的成果。”[③]

产生上述种种分歧，根本原因在于混淆了“语”与“词”的

---

① 胡明扬主编：《语言学概论》，语文出版社，2000，第 86–87 页。
② 刘叔新：《汉语描写词汇学》，商务印书馆，1990，第 16–17 页。
③ 吕叔湘：《吕叔湘语文论集》，商务印书馆，1983，第 37 页。

不同性质。针对这种情况，笔者在《论语词分立》[①]一文里提出"语词分立"的主张，要求确认"语"和"词"是两种性质不同的语言单位，把"语"从"词汇"里分立出来，把"词"从"语汇"里分立出来；要求明确"词汇"和"语汇"的定义，确认词汇具有系统性，语汇也具有系统性。

我们主张把词汇定义为"词的总汇"，把语汇定义为"语的总汇"。

（三）"语汇"与"熟语"[2]

有的学者认为，"语汇"是"词汇"的"异名同实"的又称，主张用"熟语"来指称"语的总汇"。

"熟语"，一般认为是从俄语фразеология译借过来的。它本来就是一个多义词。时代出版社1956年版《俄华大辞典》释为：❶成语；❷措词法；❸好听的空话。商务印书馆1963年版《俄汉大辞典》释为：❶成语，成语学；❷语言风格，用语（某人某团体或一时期所特有表达意思的方式）；❸空泛的词藻，漂亮的空话。这个词译借过来以后，理解和使用上出现了很大分歧，大致上分两派，一派把它作为"属概念"，一派把它作为"种概念"。

作为"属概念"的，用它来总称成语、谚语、惯用语、歇后语等，或把成语排除在外，总称谚语、惯用语、歇后语等。作为"种概念"的，有的把"熟语"和成语、谚语、歇后语等相并列，而把惯用语作为"属概念"；有的把"熟语"作为"惯用语"的别称，与成语、谚语、歇后语并列。

因此，有学者认为："'熟语'这个术语本身是个模糊概念，而且它同其他固定词组同中有异，异中有同。多着眼于'异'，则'熟

---

① 温端政：《论语词分立》，见《辞书研究》，2002年第6期。

语’与其他固定词组并列；多着眼于‘同’，则‘熟语’包容了其他固定词组。而且彼此同异程度又不尽一致，分合划界也费斟酌。”[①]“‘熟语’是个相当含混的语言学术语。究竟这个词指的是什么单位？还没有确定的、完全一致的认识。”[②]

科学术语的前提条件是概念必须明确。“熟语”的这种模糊性和实际使用中的随意性和不确定性，使它失去作为科学术语的必要条件。同时，汉语里的“语”，并不存在生熟问题。它的存在只能产生歧义。因此，我们建议不用“熟语”这个术语，而用概念明确的“语汇”来替代它。

二、词汇和语汇的系统性

（一）词汇的系统性[3]

词汇是否有系统性？曾经有人怀疑过。针对这种怀疑，王力先生曾说：“一种语言的语音的系统性和语法的系统性都是容易体会到的，唯有词汇的系统性往往被人们忽略了，以为词汇里面一个个的词好像是一盘散沙。其实词与词之间是密切联系着的。”[③]与此同时，周祖谟先生也明确指出，“词汇和语法构造一样，也是成体系的”，并认为“词汇的体系主要表现在词汇中的基本词汇和一般词汇在构词和语义之间的联系”。[④] 1961年，黄景欣先生进一步指出：“一种语言的词汇是由该种语言的一系列具有一定形式、意义和功能特征的互相对应、互相制约的词汇单位构成

① 许威汉：《二十世纪的汉语词汇学》，书海出版社，2000，第290页。
② 刘叔新：《固定语及其类别》，见《刘叔新自选集》，河南教育出版社，1993，第56页。
③ 王力：《汉语史稿》，科学出版社，1958，第545页。
④ 周祖谟：《汉语语汇讲话》，人民教育出版社，1959，第10页。

的完整体系。”[1]随着研究的不断深入，词汇的系统性已经再也没有人怀疑了。人们越来越清楚地认识到词汇内部成员彼此之间既相互区别又相互联系，形成一个有序的整体，李如龙先生还论述了汉语词汇的多元系统，包括词汇的构成系统、词汇的生成系统、词音的组合系统、词义的延展系统、词语的层级系统、言文分歧的交叉系统、词汇的空间分布系统、词汇的历时演变系统等。[2]

词汇的系统性，表现在以下几个方面：

1. 词汇成员结构的系统性

这表现在词的结构具有层级性和规律性。

汉语词汇里的词是由词素构成的。有的由一个词素构成，如，天、地、山、水、风、雨、鱼、鸟、花、草，等等；有的由两个或两个以上词素构成，如，明白、明察、明畅、明澈、明达、明灯、明断、明矾、明慧、明火、明鉴、明教、明净、明镜、明快、明朗等都是由两个词素构成的，明后天、明眼人、明晃晃、明闪闪等是由三个词素构成的。

合成词的结构也有规律。如，亲朋、批驳、劈刺、早晚、平安等属于并列型；天亮、地震、人和、眼花、电传等属于表述型；剧院、害虫、飞船、粉碎、聚居等属于偏正型；捐款、勘误、付账、放心、陈兵等属于支配型；推出、提醒、说破、除去、出外等属于补充型；阿姨、老表、凳子、尖儿、苗头等属于附加型；婆婆、偷偷、悄悄、花花绿绿、口口声声等属于重叠型。关于合成词的结构，后面还要进一步讨论。

① 黄景欣：《黄景欣语言研究论文集》，江苏教育出版社，1995，第3页。

② 李如龙：《论汉语词汇的多元系统》，见《江苏大学学报》（社会科学版），2011年第1期。

2. 词义关系的系统性

词汇里许多成员在意义上有层次关系。

有的是上下位关系。例如："动物"是上位词，下位词有野兽、家畜、野禽、家禽、昆虫、鱼，等等。野兽的下位词有老虎、狮子、狐狸、野猪等，家畜的下位词有牛、羊、猫、狗等，野禽的下位词有老鹰、鹞子、啄木鸟、猫头鹰等，家禽的下位词有鸡、鸭、鹅、鸽子、鹌鹑等，昆虫的下位词有蚊子、苍蝇、跳蚤、虱子、蝗虫等，鱼的下位词有黄鱼、带鱼、鲫鱼、鲤鱼、草鱼、鲈鱼、金鱼、金枪鱼等。

有的是整体和局部的关系。例如："身体"是整体，"头、手、脚"等是局部；相对于"口、鼻、眼、耳"等，"头"是整体，而"口、鼻、眼、耳"等是局部；相对于"手心、手掌、手指"等，"手"是整体，而"手心、手掌、手指"等是局部；相对于"脚心、脚掌、脚趾"等来说，"脚"是整体，而"脚心、脚掌、脚趾"等是局部。

有的是上下级关系。例如："省长、县长、区长、乡长"等。

有的是亲属关系。例如："曾祖父、祖父、父亲、儿子、孙子"等。

当然不是所有的词，都存在层次关系。有许多是处在同一个层次上的，如：由"米"构成的"米酒、米醋、米饭、米汤、米粉、米粒、大米、江米、玉米、小米、高粱米、花生米"等都属于互不隶属的同位词，但它们在意义上也有一定的联系。

词义还可以聚合为单义词和多义词，同义词和反义词。"北京、上海"等专有名词，"衣服、手表"等物品名称，"针灸、血压"等科学术语，都是单义词；"池塘"有两个义项，"池子"有四个义项（见《现代汉语词典》（第7版）），都是多义词。"答应"与"允许"，"干净"与"清洁"分别构成同义词；"喜欢"与"憎恨"，"愚笨"与"聪明"分别构成反义词。

3．同族词的系统性

像上面所举的以“米”为词素构成的一大批在意义上有一定联系的词，可以称为同族词。分析同族词的构成和特点，有助于认识词汇的系统性。试以“法”为词素组成的词为例。

“法”，根据现代汉语通行的工具书的解释，主要有下列意义：

（1）国家制定的法律、法令、条例、命令、决定等的总称。构成的词有：法律、法纪、法令、法度、法统、法网、法学、法家、法院、法庭、法制、法治、法官、法人、法槌、法警、法医、法典、法盲、法办、法场、宪法、民法、刑法、王法、军法、兵法、宗法、立法、执法、司法、变法、违法、犯法、非法、伏法、正法等。

（2）准则，标准。构成的词有：法则、书法、写法、语法、句法、词法、章法、笔法等。

（3）仿效，学习。构成的词有：效法、法古、法式、法书、法帖等。

（4）方法，方式。构成的词有：加法、减法、乘法、除法、法子、办法等。

（5）佛教的道理和力量。构成的词有：法理、法会、法力等。

（6）跟僧道有关的。构成的词有：法器、法术、法眼、法衣、斗法等。

以上六个义项中，前四个义项是古代就有的。第一个义项，如《礼记·曲礼》：“谨修其法而审行之。”《吕氏春秋·察今》：“上胡不法先王之法？”第二个义项，如《左传·成公十二年》：“今吾子之言，乱之道也，不可以为法。”第三个义项，如《易传·系辞上》：“崇效天，卑法地。”第四个义项，如《孙子·军争》：“故用兵之法，无恃其不来，恃吾有以待也。”在这四个义项中，第一个义项是最基本的，其他三个义项都是由它派生出来的。至于第五、六个义项，则是后起的。由此可以看出，同族词中，各个合成词的意义是有联系的，这是词汇系统性的一个重要表现。

4. 词的分类的系统性

词可以根据语法功能分为实词和虚词。实词又可分为体词、谓词和加词，体词又可分为名词、数词和量词，谓词又可分为动词和形容词，加词又可分为区别词和副词。虚词可以分为关系词和辅助词，关系词又可分为连词和介词，辅助词又可分为助词和语气词，从而形成词的分类系统。

5. 词汇构成来源的系统性

一种语言，既可以从古代书面语中继承有用的成分，又可以随着社会生活的发展和交际的需要不断地创造新词，还可以从其他民族的语言中吸取有用的成分。民族共同语可以从方言吸取有用的成分，还可以从各行各业的专门词汇中吸取通用的成分，从而形成古词、新词、外来词、方言词、行业词的来源系统。

（二）语汇的系统性[4]

语汇看起来比词汇更像一盘散沙，然而其实不然，语汇同词汇一样，也具有系统性，不过具体表现不完全一样。笔者在《汉语语汇学》一书里，认为语汇的系统性表现为：语是历史上形成并不断发展变化的，有的在先秦文献里就有记载，沿用至今；语可以按照形式和意义相结合的原则进行分类；各种语类之间相互联系，以及语义可以类聚等。这里再作进一步论述。

1. 语汇的成员在构成上，跟词汇一样，也具有层级性和规律性。

语汇成员在构成上的层级性表现在语是由语素构成的。如惯用语“炒冷饭”是由语素“炒”和“冷饭”构成的，成语“安如泰山”是由“安”“如”“泰山”三个语素组成的，谚语“人死如灯灭”

是由“人”“死”“如”“灯”“灭”五个语素组成的。成语的结构都是“二二相承”的，都只有一个语节，如：安居乐业、变本加厉；歇后语则都是由两个语节构成的，如：兔子的尾巴——长不了、老鼠过街——人人喊打；惯用语，有的只有一个语节，有的有两个语节，如：“唱对台戏”只有一个语节，“东一榔头，西一棒子”有两个语节；谚语，有的只有一个语节，有的有两个语节，少数的有三个、四个语节，如：“人穷志不穷”只有一个语节，“人是铁，饭是钢”是两个语节，“一个和尚挑水吃，两个和尚抬水吃，三个和尚没水吃”是三个语节，“饥不择食，寒不择衣，慌不择路，贫不择妻”是四个语节。这表明语汇成员在构成上具有层级性。

语汇成员构成的规律性表现在语的构成是可以划分类型的。如成语的结构可以先分为完全“二二相承”式和不完全“二二相承”式，完全“二二相承”式又可分为并列型和非并列型，并列型又可分为“主谓+主谓”型、“述宾+述宾”型、“述补+述补”型等，非并列型又可分为主谓式、述宾式、偏正式等；不完全“二二相承”式，又可分为主谓关系型、述宾关系型、述补关系型等。谚语、惯用语和歇后语的结构也可以划分类型。这表明语的结构和词的结构一样具有规律性。

2. 在意义上，语汇成员虽然没有像词汇成员那样具有层次关系，但可以聚合为同义语和反义语。如“情投意合”与“志同道合”，“知难而进”与“知难而退”分别构成同义成语和反义成语；“一锹掘不出一口井来”与“一口吃不成胖子”，“万事起头难”与“起头容易结梢难”分别构成同义谚语和反义谚语；“才出虎口，又入狼窝”与“才脱了阎王，又撞着小鬼”，“吹冲锋号”与“打退堂鼓”分别构成同义惯用语和反义惯用语；“老鼠掉在风箱里——两头受气”与“野狗钻篱笆——两头受夹”，“芝麻开花——节节高”

与“王小二过年——一年不如一年”分别构成同义歇后语和反义歇后语。

3. 不像词有同族词，语没有“同族语”，但语类之间可以相互转化，在不同语类之间形成同义现象。例如：

（1）成语与谚语之间的相互转化。

星火燎原（成语）⟷星星之火，可以燎原（谚语）

千虑一得（成语）⟷愚者千虑，必有一得（谚语）

吉人天相（成语）⟷吉人自有天相（谚语）

见兔顾犬（成语）⟷见兔而顾犬，未为晚也（谚语）

亡羊补牢（成语）⟷亡羊而补牢，未为迟也（谚语）

（2）成语与惯用语之间的相互转化。

目中无人（成语）⟷眼珠子里没有人（惯用语）

拆东补西（成语）⟷拆东墙补西墙（惯用语）

东张西望（成语）⟷东一张西一望（惯用语）

抱打不平（成语）⟷抱不平（惯用语）

呕心沥血（成语）⟷呕心血（惯用语）

（3）成语与歇后语之间的相互转化。

粗枝大叶（成语）⟷百年松树,五月芭蕉——粗枝大叶（歇后语）

喜出望外（成语）⟷中秋后一天结婚——喜出望外（歇后语）

不识抬举（成语）⟷哈巴狗坐花轿——不识抬举（歇后语）

滥竽充数（成语）⟷南郭先生吹笙——滥竽充数（歇后语）

无法无天（成语）⟷和尚打伞——无发（法）无天（歇后语）

（4）谚语与惯用语之间的相互转化。

牵牛要牵牛鼻子（谚语）⟷牵牛鼻子（惯用语）

上贼船容易，下贼船难（谚语）⟷上贼船（惯用语）

一口吃不成胖子（谚语）⟷一口吃成胖子（惯用语）

杀鸡焉用牛刀（谚语）⟷杀鸡用牛刀（惯用语）

有向灯的，就有向火的（谚语）⟷有的向灯，有的向火（惯用语）

（5）谚语与歇后语之间的相互转化。

远水不解近渴（谚语）⟷太行山上看运河——远水不解近渴（歇后语）

一物降一物（谚语）⟷卤水点豆腐——一物降一物（歇后语）

一步赶不上，步步赶不上（谚语）⟷老牛撵兔子——一步赶不上，步步赶不上（歇后语）

各人自有各人福（谚语）⟷鸡吃砻糠鸭吃谷——各人自有各人福（歇后语）

（6）惯用语与歇后语之间的相互转化。

矮子里选将军（惯用语）⟷矮子里选将军——短中取长（歇后语）

干柴遇烈火（惯用语）⟷干柴遇烈火——一点就着（歇后语）

大眼瞪小眼（惯用语）⟷张飞穿针——大眼瞪小眼（歇后语）

不费吹灰之力（惯用语）⟷三个指头捡田螺——不费吹灰之力（歇后语）

摸不着头脑（惯用语）⟷丈二和尚——摸不着头脑（歇后语）

不同语类在一定条件下能相互转化，也说明语汇的系统性。

4. 语同词一样也可以进行分类，但分类的方法不同，分类的结果也不同。

语的分类法，过去比较常见的有三种：

一是以语法结构为标准，把“语”分为“定型的词组”（如：唱对台戏、一回生二回熟）和“定型的句子”（如：旧瓶装新酒、脚正不怕鞋歪）。

二是以语义结构为标准，把“语”分为“融合性”的（如：塞翁失马、三下五除二）、“综合性”的（如：泼冷水、快刀切豆腐——两面光）和“组合性”的（如：谨小慎微、费力不讨好、人多力量大）。

三是以表达功能为标准，把“语”分为“描绘性”的（包括惯用语、歇后语和大部分成语）和“表述性”的（包括谚语和一部分成语）。

语的分类，同词的分类一样复杂，我们将在后面进行详细讨论。

5. 语汇和词汇一样，构成来源上也具有系统性。

词有古词，语有古语；词有新词，语有新语；词有外来词，语有外来语；词有方言词，语有方言语；词有行业词，语有行业语。一一相对应，说明语汇的构成来源也有系统性。

词汇和语汇的系统性，是一个比较复杂的问题，还有待于进一步深入地研究。

三、基本词汇和一般词汇

汉语的词汇和一般语言的词汇一样，可分为基本词汇和一般词汇两大部分。

（一）基本词汇[5]

基本词汇是语言中基本词的总汇。斯大林在《马克思主义与语言学问题》一书中指出：“语言中所有的词构成为所谓语言的词汇。语言的词汇中的主要东西就是基本词汇，其中包括所有的根词，成为基本词汇的核心。基本词汇是比语言的词汇窄小得多的，可是它的生命却长久得多，它在千百年的长时期中生存着并给语言构成新词的基础。”[①] 我国许多语言学者运用这个观点来分析汉语词汇，认为基本词汇具有全民性、稳固性和能产性的特点。

全民性，是指基本词流行的地域广，使用的频率高。全民族的人，不分所从事的行业、不分地域，都在普遍地使用。

稳固性，是指基本词存在的时间长，为世世代代的人们所不断地使用，不易发生变化，如“山、水、牛、马、天、地、大、小”等，上古至今，历代传承基本不变，生命力很强。

能产性，是指基本词是产生新词的基础，也就是说，基本词可以作为“根词”来构造新词。例如以“山”作为根词，可以构成许多新词，其中以“山”作为第一词素的就有：

山坳	山崩	山茶	山城	山川	山村	山地
山顶	山洞	山峰	山冈	山歌	山根	山沟
山谷	山国	山河	山核桃	山洪	山货	山积
山脊	山脚	山口	山岚	山里红	山梁	山林
山陵	山岭	山路	山麓	山峦	山脉	山猫
山门	山坡	山墙	山区	山泉	山势	山水
山水画	山头	山洼	山窝	山坞	山峡	山险
山乡	山响	山魈	山崖	山羊	山腰	山药
山野	山芋	山岳	山楂糕	山寨	山茱萸	
山庄	山嘴					

根据上述特点，基本词的范围大致上可以包括下列九种：

1. 跟自然界事物相关的，如：天、地、星、云；牛、羊、鱼、鸟；花、草、果、麦。

2. 跟生活和生产资料相关的，如：米、菜、房、屋；刀、斧、

① 斯大林：《马克思主义与语言学问题》，人民出版社，1953，第 21 页。

锄、犁。

3. 跟人体部位器官相关的，如：头、眼、脑、手、脚、心、牙。

4. 跟亲属关系相关的，如：父、母、兄、妹、姐、弟。

5. 跟人或事物行为、变化相关的，如：出、入、生、死、来、去、开、关。

6. 跟人或事物性质、状态相关的，如：大、小、长、短、粗、细、好、坏、多、少、高、低。

7. 跟人称和指代关系相关的，如：你、我、他、这、那、谁。

8. 跟数量和单位相关的，如：一、二、三、十、百、千、万、个、只、尺、寸。

9. 跟时令和方位相关的，如：春、夏、秋、冬、年、月、日、东、南、西、北、上、下、左、右。

（二）一般词汇

词汇中不属于基本词汇的，都是一般词汇。一般词汇和基本词汇的关系是外围和核心的关系。两者有区别，又有联系。由于社会的发展和语言的变化，有的一般词可能进入基本词汇。例如"党"，古代是一个多义的一般词，可以指一种地方基层组织单位，五百家为一党（《周礼·地官·大司徒》："五族为党。"郑玄注："党，五百家。"）；也可以指亲族（《礼记·杂记下》："其党也食之，非其党也弗食也。"郑玄注："党，犹亲也。"）；也可以指类（《礼记·仲尼燕居》："辨说得其党。"郑玄注："党，类也。"）；还可以指朋党（《左传·僖公十年》："丕郑、祁举及七舆大夫……皆里、丕之党也。"）。到了汉代，"党"的朋党义逐渐成为主要意义，用来指为私利而结成的集团，带有贬义，构成了"党羽、党阀、党锢、党徒、党棍、党禁、死党、同党、朋党、余党"等新词。现在，"党"常用来特指中国共产党，带有褒义，构成了"党报、党费、党风、党纲、党徽、党籍、党纪、党建、党课、党龄、党旗、党团、党委、党务、党校、党性、党章、党证、党组、政党、整党、建党、入党、脱党”等一大批新词。“党”已经由一般词成为基本词。

另一方面，古代的基本词也可能随着时代的变迁转为一般词。例如“君”，在古代是一个很常用、能产性很强的基本词（《仪礼·丧服》：“君，至尊也。”郑玄注：“天子、诸侯及卿大夫有地者，皆曰君。”），由“君”构成的词有“君侧、君臣、君道、君德、君父、君国、君侯、君家、君临、君命、君亲、君权、君人、君上、君体、君王、君位、君长、君主、君子、暴君、昏君、国君、储君”等等。“君”也可以用作对对方的尊称，或用在姓名后面表示尊敬，如“孟尝君、春申君”。现在，“君”的上述意义和用法已经消失或者不多见了。它已经不是基本词，成为一般词。

四、常用语、次常用语和非常用语[6]

语汇不同于词汇，没有基本语汇和一般语汇的区别。词汇里有作为基本词汇核心部分的根词，语汇里没有“根语”。

有些歇后语，后一部分是成语、惯用语或谚语，如：

八擒孟获——多此一举

小和尚念经——有口无心

王婆卖瓜——自卖自夸

丈二金刚——摸不着头脑

张飞穿针——大眼瞪小眼

太行山上看运河——远水不解近渴

“多此一举”“有口无心”“自卖自夸”都是成语，它们作为后语，分别与“八擒孟获”“小和尚念经”“王婆卖瓜”组成歇后语。这是歇后语的构成问题。不能说明“多此一举”“有口无心”“自卖自夸”这些成语具有能产性，更不能说明它们是“根语”，因为它们不像“根词”那样能产生更多的“语”。同样“摸不着头脑”和“大眼瞪小眼”都是惯用语，它们作为后语，分别与“丈二金刚”“张飞穿针”构成歇后语；“远水不解近渴”是谚语，它作为后语，与“太行山上看运河”组成歇后语。这也是歇后语的构成问题。不能说明“摸不着头脑”“大眼瞪小眼”这些惯用语和“远水不解近渴”这个谚语具有能产性，更不能说明它们是“根语”。

语汇虽然没有基本语汇和一般语汇的区别，但是，可以根据使用频率分为常用语、次常用语和非常用语。

（一）常用语

使用频率最高，通用性最强。人民教育出版社于2008年5月出版的《现代汉语小语典》是一部小型语典，收成语3216条、谚语1606条、惯用语1076条、歇后语1096条。所收的语都是最常用的。以A字母为例，收有：

阿猫阿狗　哀兵必胜　哀鸿遍野　哀毁骨立　唉声叹气
爱不释手　爱财如命　爱莫能助　爱屋及乌　碍手碍脚
安邦定国　安步当车　安分守己　安家立业　安家落户
安居乐业　安贫乐道　安然无恙　安如泰山　安身立命
安土重迁　安营扎寨　安之若素　鞍马劳顿　鞍前马后
按兵不动　按部就班　按图索骥　暗度陈仓　暗箭难防
暗送秋波　暗无天日　昂首阔步　嗷嗷待哺

——以上成语

挨好邻，出好邻　挨金似金，挨玉似玉　挨着勤的没懒的，挨着懒的没勤的　矮檐之下出头难　矮子面前莫说短　爱财人看金钱是命根，勤奋者视时间是生命　爱得

匆忙冷得快　爱叫的麻雀不长肉　爱美是人的天性，爱飞是鸟的天性　爱徒如子，尊师如父　爱惜衣服要从新时起，爱惜名声要从幼时起　爱笑者，心不衰；善保养，身不老　爱之愈深，责之愈严　安定病人心，疾病去七分　安乐时头要低，困苦时头要高　安逸生懒汉，逆境出人才　岸上不刮风，河里不起浪　按牛头吃不得草　按人口做饭，量身体裁衣　熬粥要有米，说话要有理

——以上谚语

挨闷棍　矮半截儿　爱面子　碍面子　按下葫芦浮起瓢　熬得过初一，熬不过十五　熬星星，熬月亮

——以上惯用语

矮子爬楼梯——步步高升　矮子里面挑将军——短中取长

——以上歇后语

（二）次常用语

次常用语，使用频率略低于常用语，通用性稍弱。商务印书馆2014年6月出版的《新华语典》是一部中型语典，收有一些次常用语。以A字母为例，收有：

哀而不伤　哀梨蒸食　哀丝豪竹　爱别离苦　爱博不专　爱才若渴　爱人以德　安常处顺　安富尊荣　安民告示　安内攘外　安如磐石　暗香疏影　黯然伤神　黯然失色　黯然销魂　傲睨自若　傲然屹立　傲雪凌霜

——以上成语

挨近锅子会沾黑，接近无赖会招灾　挨水易湿，近火易烫　爱的隔不断，不爱的连不上　爱而不教，禽犊之爱　爱夫为夫烦，爱妻为妻苦　爱闺女莫爱娇，爱儿子莫爱傲　爱亲才做亲　爱人之能，莫若学人之勤　爱上的猴子也

标致，看中的狗熊也漂亮　爱他的，着他的　爱之深，妒之切　安谷则昌，绝谷则亡　安宁保暖即神仙　暗室亏心，神目如电

——以上谚语

挨不上边　挨打不记数儿　挨了巴掌赔不是　挨了雹子又挨霜打　挨一日如三秋，盼一夜如半夏　爱盘不击鼠

——以上惯用语

鹌鹑飞到供桌上——与神斗嘴　矮子过河——淹（安）了心　矮子看戏——见人道好，他也道好　袄子没绱线——搞到夹层里去　鳌盘上的蚂蚁——一霎也站脚不住

——以上歇后语

（三）非常用语

非常用语，使用频率不高，通用性较低。一般中小型语类辞书不收，只见于大型的语类辞书。如：

《新华成语大词典》（商务印书馆辞书研究中心编，商务印书馆，2013）A字母收有成语：

阿鼻地狱　阿平绝倒　哀矜勿喜　哀天叫地　爱口识羞　爱礼存羊　爱贤念旧　僾见忾闻　安车蒲轮　安如覆盂　案无留牍　鳌里夺尊

《中国谚语大辞典》（温端政主编，上海辞书出版社，2011）A字母收有谚语：

阿母爱郎，脱裤换糖　哀中乐，殡葬之家动鼓乐；乐中哀，嫁女之家哭哀哀　爱人饶舌，破车饶楔　安卧扬帆，不见石滩；靠天多幸，白日入阱　盎有一斗米，莫溯藤峡水；囊有一陌钱，莫上府江船

《中国惯用语大辞典》（温端政、吴建生主编，上海辞书出版社，

2011）A字母收有惯用语：

挨黑枪　挨砖不爱瓦　爱吃枣儿汤　爱莠草儿弃嘉禾　鹌鹑嗉里寻豌豆　鞍上人斗人，坐下马斗马　熬不生，煮不熟

《中国歇后语大辞典》（温端政主编，上海辞书出版社，2011）A字母收有歇后语：

矮子爬楼梯——巴弗能够　爱奴儿掇着兽头诚以里掠——好个丢丑的孩儿

庵堂里的耗子落在鼓里——蒙着头挨揍　按着葫芦抠子——挤个精光

常用语、次常用语和非常用语，合起来构成语汇的全部。应当指出，常用、次常用和非常用只是相对而言的，中间很难有截然的界限。而且随着时代的变化，常用、次常用和非常用之间也可能出现调整。

和语一样，词也可以按照使用频率分为常用词、次常用词和非常用词。20世纪二三十年代就有学者从事这方面的研究。新中国成立后，特别是20世纪80年代，这方面的研究取得了可喜的成果。其主要标志是1986年6月由北京语言学院出版社出版的《现代汉语频率词典》。该书由北京语言学院语言教学研究所编写，其中最重要的内容包括，使用度最高的前8000个词词表、使用度较低的词语单位表。在"使用度最高的前8000个词词表"中，位居前茅的是"的、了、是、一、不、在、有、我、个、他、就、这、着、上、说、人、和、地、也、你、我们"等。"使用度较低的词语单位表"中，共列词语单位22446个，其中绝大部分是词。

常用词和常用语的研究，对于语文教学尤有重要意义。随着计算机技术的发展和各种类型语料库的建设，各类语与词的使用

频率的研究必将取得更大的成绩。

附论：

［1］笔者在《论语词分立》一文中曾经比较详细地叙述语言学界关于词汇定义的不同主张，摘引概述如下：

斯大林在《论马克思主义在语言学中的问题》里说："语言中所有的词构成为所谓语言的词汇。"这一句话，明白确切地表明，一种语言的词汇是由这种语言里所有的词构成的，明显地把"语"排除在外。但在同一篇文章里，他又说："语言，主要是它的词汇，是处在差不多不断改变的状态中。工业和农业的不断发展，商业和运输业的不断发展，技术和科学的不断发展，就要求语言用工作需要的新的词和新的语来充实它的词汇。"这里把"新的词"和"新的语"并举为词汇的组成部分，表明词汇应当包括"语"。但紧接着这句话，他又说："语言也就直接反映这种需要，用新的词充实自己的词汇，并改进自己的文法构造。"这里又把"语"排除在外。

长期以来，斯大林关于词汇的上述论断，对我国语言学者，特别是词汇学者有很大的影响。就20世纪五六十年代来看，对于词汇大致上有三种观点：

一是接受了词汇是语言里词的总汇的说法，把"词"看成是"词汇"的唯一构成单位，把"语"排除在外。如孙常叙先生在《汉语词汇》一书里，开头就写道："斯大林说的好。'语言中所有的词构成为所谓语言的词汇'。"该书第二部分"词汇和基本词汇"里又说："每种语言所蕴藏的词的总汇叫作'词汇'……换句话说，词汇总汇着一个个的词。"该书近40万字，比较全面地论述了汉语词汇，涉及面很广，但未涉及"语"。

二是接受了词汇是语言里词的总汇的说法，但不把"语"排除在外。

如周祖谟先生在《汉语词汇讲话》一书里说："'词汇'是指语言中所有的词来说的，语言中所有的词构成为语言的词汇。"但该书第四讲，在谈到现代汉语词汇的构成时说，"现代汉语词汇中还包括大量的成语"，并指出，"成语是语言中的固定的词组，它代表一个完整的意思，所以在句子里多半作为一个成分来用的，它的作用常常等于一个词。"

三是明确说明词汇应该包括"语"。如黄景欣《试论词汇学中的几个问题》等文认为词汇应包括词以及和词具有同等功能的固定词组。刘叔新先生在《汉语描写词汇学》一书里说："'词汇'不好只从字面上来理解。各种语言除了具有大量的词，又都具有很多成语之类的词的固定组合体。"又说，"'语'，就是词的固定组合体。它是词的等价物：在作为语言建筑材料来构造句子的作用上相当于词。……因此，把词汇理解为一种语言（一个语言符号系统）全部词语的总和，方才合理。"

王希杰《汉语词汇学》（第231页）认为："词汇可分为广义词汇和狭义词汇。狭义词汇是词的总汇，但不包括词的等价物。固定词组不是词，因此不是词汇的组成部分。自由词组、句子、句群也可以充当词的等价物，眼神、手势、实物也可能充当词的等价物。但是等价物就是等价物，不是词，不能归入词汇范畴，正如外科手术刀、剃刀、木刻刀等可用于杀人，但是不能作为武器的等价物归入武器系统。"

[2] 笔者在《再论语词分立》（《辞书研究》2010年第3期）一文里，认为"熟语"这个术语之所以具有模糊性，至少有以下几个原因：

1. 先天不足。

一般认为，"熟语"这个名称是20世纪50年代从俄语фразеология译借过来的。它本来就是一个多义词。据考证，фразеология源自希腊语phrasis和logos，直译为"短语学"，18世纪从法语移入俄语。在俄语言学界就有不同的理解，如：С. И.Ожегов 1957年曾提出"广义的熟语"和"狭义的熟语"的概念，他认为"广义的熟语"是指组合性熟语和谚语、俗语、名言等；而"狭义的熟语"

指类词词语(即溶合性熟语和接合性熟语)。Н. М. Шанский认为“俄语熟语学的研究对象是熟语，是在语义上与词等价的词的固定组合，以及在语义和结构上是句子的词的固定组合，即所有再现性单位”。А. И. Молотков认为“熟语是词的等价物”，“它在意义上是词，在形式上是词组”，“是有转义的词的组合”，“具有隐喻性、形象性和情感色彩”。可见，фразеология的含义在俄语里就没有形成统一的认识。

2. 含义不清。

人所共知，汉语里的“语”并不存在生熟问题，就像词没有生熟一样。“熟”在这里没有起到作为词素所应有的表义作用。有的学者用结构上的“稳固定型”来解释熟语的“熟性”，认为“熟语的熟性，根本的原因是决定它语形的稳固定型，不论是谚语、成语、俗语、歇后语、锦语都是以语形的定型为本质”。这说明“熟语”的所谓“熟性”，实际上是指结构上的固定性，而这在“语”的定义里就已经包含。“熟”在这里并不增加什么信息，只起到增加一个音节，组成双音词的作用。

3. 水土不服。

从上述Н. М. Шанский和А. И. Молотков的论述中可以看出，他们都强调“熟语是词的等价物”。我国学者在引进“熟语”这个术语时，同时引进了“熟语是词的等价物”的理论，而汉语的“语”在性质和作用上并不等同于词。用“熟语是词的等价物”的理论硬套在汉语头上，显得格格不入。

值得注意的是，我国词汇学早期的两本具有奠基性的重要著作孙常叙《汉语词汇》和周祖谟《汉语词汇讲话》，并没有出现“熟语”这个术语。《汉语词汇》是一部近40万字的巨著，比较全面地论述了汉语语汇，涉及面很广，但未涉及语。《汉语词汇讲话》虽然认为“现代汉语词汇中还包括大量的成语”，也未用“熟语”来指称。

同样值得注意的是，有一些重要文献也未采用“熟语”这个名称。科学出版社1965年出版的中国科学院语言研究所编的《中国语言学论文索引》(甲编)，在论文分类上，“谚语”自成一类，“成语、俗语”列在“词汇、词义”类下面，“歇后语”归入“修辞”类。该社1969年出版的《中国语言学论文索引》(乙编)，也没有出现“熟语”，而把成语、谚语、歇后语作为“特种词汇”的一部分，列在“汉语词汇”类下面。2003、2004年商务印书馆出版的《中国语言学论文索引》(1991—1995)和《中国语文》索引(1952—2002)，在论文分类上还是没有出现“熟语”，而是基本沿用《中国语言学论文索引》(乙编)的做法。

上述这些文献之所以把成语、谚语、歇后语等作为“特种词汇”，乃是语词不分情况下的一种权宜之计。实行语词分立，“特种词汇”的名称也就可以用“语汇”来替代。只要“语”的定义明确了，“语汇”作为“语”的总汇,就会像“词汇”作为“词”的总汇一样明确。因此,我们再次倡议用概念明确的“语汇”来替代内涵模糊的“熟语”。

[3] 对于词汇是否具有系统性，曾经有过不同意见。认为词汇没有系统性的代表学者是邢公畹先生。他在为刘叔新的论文集《词汇学和词典学问题研究》(天津人民出版社，1984)撰写的序文中称：

关于“词汇体系”，我同意叔新的意见：“不可以认为词汇是一个体系”(《论词汇体系问题》)。平常我们说“词汇体系”仅仅是指这个语言的词汇自成一套，有别于其他语言而已。但是语言本身却是一种不断趋向更完善、更丰富的“有序结构”，语言的语法就是这一“有序结构”的模式。大家知道，自然界中一切“活”的有序结构如果不能从环境中吸收物质和能量并且把它加以消散，那么，这一有序结构就会破坏、消失。语言的语法结构如果不能在言语中不断地把具体的语词供给它,并且不断地表达出各种各样的“意思”来，那么，这一语言也就立刻结束它的“生命”。如果说，凡是在物质与能量的消散中才能维持的有序结构都叫作“耗散结构”，那么语言恐

> 怕也是一种耗散结构，“词汇”不过是把“物质”和“能量”供给语言这一有序结构的东西而已，本身说不上“体系”。

这种说法遭到许多学者的反对。主张词汇具有系统性的学者越来越多。他们虽然都主张词汇具有系统性，但对系统性的表现，看法多有不同。许威汉《汉语词汇学引论》（商务印书馆，1992，第48–62页）认为词汇的系统性“可以从词的内部形式、外部形式及构成形式这几方面进行观察”。符淮青《现代汉语词汇》（增订本，北京大学出版社，2004）第一章“绪论”关于“词汇的系统性”作了以下论述：

> 在语言应用和词汇的研究中，人们逐渐发现，词汇中各个词不是如沙子那样各不相干的。它们之间是有联系有关系的。就共时来说，这表现在词的组织结构、词汇成员的意义等方面。20世纪50年代以后，受外国语言理论的影响，我国学者开始分析词汇的系统性问题。不同学者从不同角度作了论述。如周祖谟在《词汇和词汇学》（《语文学习》1958年第9期、第11期）一文中说明“词汇构成一个统一的词汇体系”，它表现为：
>
> 1. 古代就有词作为语素构成了一大批词（如“工”构成了“工人”“工业”“工整”“工致”等），这些词不仅在构词的成分上有关系，并且在语素的意义方面也有联系。如“工整”“工致”中的“工”是“工巧”之意，有别于“工人”“工业”中之“工”。
>
> 2. 每种语言的所有构成类型是成系统的，如汉语构词有两大类型：词根复合法（运动、展开等）和附加法（第一、麦子等），有别于俄语的改变重音、在词上加前缀后缀、词干复合，因此整个词汇构造上也就有了系统。
>
> 3. 词义的发展、词与词义方面的关系也表现出词汇是一个统一的整体。
>
> 这段说明论证词汇的体系性有三方面的表现：（1）由某一语素构成的同族词，不但构词成分有联系，构词成分的意义也有联系。（2）

词汇的构词类型是成系统的。(3)词义的发展、词和词义的各种联系，也显示了词汇的系统性。

[4] 过去有一个误解，认为语不具有系统性，其中一个理由是语在数量上比词少得多。随着调查研究的深入，语汇的资源得到越来越多的发掘，这种看法经受不住语言事实的检验。何承伟总策划的《语海》(上海文艺出版社，2000)，收条数超过10万，其中包括谚语24000条，歇后语32000条，惯用语10000条，俗语（有的是谚语，有的是惯用语）20000条，俗成语14000条。2004年5月，由上海辞书出版社出版的“中国俗语大全”，含《中国谚语大全》《中国歇后语大全》《中国惯用语大全》三种，每种各分上下编，上编收通行于口语的，下编收见于古今典籍的。其中《中国谚语大全》上下编分别收108000条和13000条；《中国歇后语大全》上下编分别收85000条和5000条；《中国惯用语大全》上下编分别收50000条和12000条。这说明汉语语汇浩如烟海，不仅是一个系统，而且是一个庞大的系统。

[5] 关于“基本词汇”的理论，词汇学界有不少学者提出过质疑。周荐在《基本词汇与一般词汇划分刍议》(《南开学报》1987年第3期）一文中指出：“历来划分基本词汇和一般词汇的标准有三个，即所谓稳固性、全民性和能产性。表面来看，这三个标准似乎并行不悖，相为表里，但细加推究，却在很大程度上存在着难以调和的矛盾。相当一部分词语并不同时具有上述三个方面的特性。换言之，某个词语表现出一个或两个方面的特性，并不必然也表现出另外的特性。”文章主张用“历史是否悠久”和“使用范围是否广泛”两条标准来区分基本词汇和一般词汇。该文也对将历史词语、古词语、新词语、行业词语、外来词语、方言词语等统统归入一般词汇的做法提出质疑。认为将历史词语放在现代汉语这个共时平面来讨论殊为不妥，认为古词语、新词语、行业词语、外来词语、方言词语等都“程度不同地有着基本词汇词语的性质特点”，“把它们人为地归入一般词汇，似也于理难通”。

李如龙在《论汉语词汇的多元系统》(《江苏大学学报》(社会科学版)2011年第1期)一文里认为，在基本词里可以分出核心词，在一般词汇里可以分出行业词、方言词、文言词、外来词、新造词等小类。基本词汇的特征，一般理解为稳定性、全民性、能产性。所谓稳定性是在历代相承中较少变异。所谓全民性是在全社会普遍通行，而一般词汇中的行业词通行于一定行业，方言词通行于一定地域，文言词通行于某些书面语，外来词和新词在未普及时也只在局部通行。所谓能产性是具有派生和组合新词语的能力。核心词是词汇的最小内核，往往是最早出现的、表示人类生活中最重要的概念，也是最常用的原始词。基本词和一般词大多是由核心词衍生而来的。核心词、基本词和一般词是一个同心圆的结构系统。

[6]周祖谟先生早在《汉语词汇讲话》里就提出“常用词”和“非常用词”的概念，他说：

> 现代汉语文学语言中的词汇包罗极广，其中有的是“常用词”，有的是“非常用词”。凡是日常用来表达人们的思想的词，一般人都能掌握的词，我们就称为“常用词”。专门的词和由古代沿用下来的文言词以及具有特殊修辞色彩的词，未必是一般人常常应用的，尤其是一些带有历史性的名词，一般的谈话和写作中很少应用，所以我们称为“非常用词”。常用词与非常用词的界限尽管不易划分，可是分别常用词和非常用词在语文教学上还是有意义的。

周荐在《基本词汇与一般词汇划分刍议》一文中指出：“只看常用与否来分类，是可以得出常用词语、次常用词语、非常用词语等类别的。这种分类对于指导人们掌握词语和进行词汇教学等能产生积极作用。”该文还认为，从根本上看，词语常用与否，取决于社会生活的需要；社会生活的需要，决定了哪些词语常用，哪些词语少用，哪些词语不用。而常用词语和部分次常用词语往往反映着社会生活的某些重要内容，其自身也成为人们交际交流思想的重要工具，因此，我们未始不可以把它们也看成语言词汇的一个基础。词语常用与否的划分，能使人们在一个简单明确的准则上来把握一定历史时期的语言词汇，也有助于揭示旧词语、新词语消长的事实和原因。

第三节　词汇学、语汇学和语词学

一、词汇学[1]

什么是词汇学？《辞海》（第6版）“词汇学”条的解释是：语言学的一个部门，以语言的词汇为研究对象。研究词汇的起源和发展历史的，叫“历史词汇学”；研究某个时期的词汇系统的，叫“描写词汇学”；研究语言词汇的一般理论的，叫“普通词汇学”。狭义的词汇学，只研究词的性质及其构造和词汇系统的构成及其规范；广义的词汇学，还包括词源学、词义学、词典学等。

一般所说的词汇学，是以狭义的词汇学为基础，也包括词义学和词典学。

汉语词汇研究有非常悠久的历史，先秦文献中就有许多词义解释的内容。但是作为语言学的一门分支学科，则是近几十年的事。20世纪50年代初，斯大林关于语言的学说和当时苏联语言学家论著的引进，使许多学者认识到开展以词汇为专门对象的研究的重要性和必要性。孙常叙《汉语词汇》和周祖谟《汉语词汇讲话》的先后问世，标志着汉语词汇学开始创立。

孙常叙《汉语词汇》以现代汉语实词为主要研究对象，分为三个部分论述了汉语词汇的一些主要问题。第一部分“词”，论述了汉语词的性质、结构、词义和造词法。第二部分“词汇和基本词汇”，前半部综论现代汉语词汇的性质以及它和古代汉语词汇的关系和区别，阐述了同音词、多义词、同义词、近义词、反义词的相对关系，分别说明了汉语方言词汇、专业词汇、同行语词汇和外来语词汇；后半部阐述了基本词汇的性质、现代汉语基本词汇的核心——根词问题，以及基本词汇的累积、传承和发展。第三部分“词汇音变”，论述了汉语词的造词音变和说话音变。周祖谟《汉语词汇讲话》共五讲，分别阐述“词和词汇”“词义”“同音词、同义词、反义词”“现代汉语的词汇和词汇的变化”“汉语词汇规范化问题”。可以看出，这两本著作为词汇学研究打下了比较坚实的基础。

此后，词汇研究的成果越来越多，特别是改革开放的新时期以来，出现了一批水平较高的词汇学专著。其中，上世纪80年代出版的有：任学良《汉语造词法》（中国社会科学出版社，1981），张寿康《构词法和构形法》（湖北人民出版社，1981），张永言《词汇学简论》（华中工学院出版社，1982），武占坤《词汇》（上海教育出版社，1983），武占坤、王勤《现代汉语词汇概要》（内蒙古人民出版社，1983），郭良夫《词汇》（商务印书馆，1985），葛本仪《汉语词汇研究》（山东教育出版社，1985），符淮青《现代汉语词汇》（北京大学出版社，1985）等。其中尤以张永言的《词汇学简论》影响较大。该书篇幅不大，只有六章，分别为序论，作为语言单位的词，词的意义，词汇体系中词的类别，同义词、反义词、同音词，熟语。在论述中吸收了苏联语言学者的一些研究成果，同时融入了作者自己在训诂学研究方面的深厚积累，带有普通词汇学著作的性质，有较完整的理论框架。

上世纪90年代出版的有：刘叔新《汉语描写词汇学》（商务印书馆，1990）、许德楠《实用词汇学》（北京燕山出版社，

1990)、许威汉《汉语词汇学引论》(商务印书馆,1992)、苏新春《汉语词义学》(广东教育出版社,1992)和《当代中国词汇学》(广东教育出版社,1995)、赵克勤《古代汉语词汇学》(商务印书馆,1994)、周荐《汉语词汇研究史纲》(语文出版社,1995)、符淮青《汉语词汇学史》(安徽教育出版社,1996)等。其中尤其值得注意的是刘叔新的《汉语描写词汇学》。该书分为十二个部分。第一部分为"导论",第二、三、四部分讨论"词汇的构成单位",第五、六部分讨论词和固定语的形式和意义,第七部分讨论各种词汇单位类集,第八部分讨论词汇的范围,第九、十、十一部分讨论结构组织,第十二部分讨论现代汉语词汇的体系性。在讨论过程中,严格区分共时的和历时的、语言的和言语的、普通话的和方言的、普遍的和个人的词汇现象。对前人提到的一些问题,进行了重新论证,并提出自己的看法。全书建立了词汇学的新体系,是对现代汉语词汇进行静态描写的一部具有开创性的著作。

进入新世纪,词汇学研究更是出现前所未有的繁荣局面,出版的著作有:许威汉《二十世纪的汉语词汇学》(书海出版社,2000),张志毅、张庆云《词汇语义学》(商务印书馆,2001),葛本仪《现代汉语词汇学》(山东人民出版社,2001),曹炜《现代汉语词义学》(学林出版社,2001)和《现代汉语词汇研究》(北京大学出版社,2004),宋均芬《汉语词汇学》(知识出版社,2002),刘中富《实用汉语词汇》(安徽教育出版社,2003),葛本仪主编《汉语词汇学》(山东大学出版社,2003),《汉语的词库与词法》(北京大学出版社,2004),周荐《汉语语汇结构论》(上海辞书出版社,2004),周荐、杨世铁《汉语词汇研究百年史》(外语教学与研究出版社,2006),苏宝荣《词汇学与辞书学研究》(商务印书馆，2008），方一新《中古近代汉语词汇学》（商务印书馆，2010），王云路《中古汉语词汇史》（商务印书馆，2010）等。[①]

这些著作的先后问世，表明汉语词汇学已经从创建逐步走向繁荣。

二、语汇学[2]

如同汉语词汇学以汉语词汇为研究对象一样，汉语语汇学以汉语语汇为研究对象。

汉语语汇学具有广阔的领域。从纵向看，汉语具有悠久的历史，汉语语汇学可以汉语任何一个历史时期的语汇为研究对象。从横向看，汉民族共同语即普通话和汉语各方言都有丰富的语汇，汉语语汇学首先以民族共同语的语汇为研究对象，也可以各方言区的语汇为研究对象。

语汇广泛流行在群众的口语里，同时也被吸收到历代的典籍里，因此，口语里的语汇和书面语的语汇，都是语汇学的研究对象。

汉语语汇学作为相对独立的学科，既要对汉语语汇的现状进行静态描写，又要对汉语语汇的历史演变进行动态观察；既要对汉语语汇内部结构系统进行分析，又要对外部关系进行考察；既要进行理论上的探讨，又要进行应用方面的研究。

对汉语语汇进行静态描写和动态考察，是汉语语汇学的基础。科学研究要以事实为基础。语汇研究更是如此。静态描写和动态考察是认识汉语语汇事实的两个密切联系的过程，在此基础上，进一步解释事实，把对事实的认识从感性提高到理性阶段，才能有效地进行汉语语汇内部结构系统的分析研究，才能认清语汇和

---

① 所列难免遗漏，2011 年以后出版的待补。

社会历史、人文地理等方面的关系。

理论探讨是汉语语汇学的核心。汉语语汇数量多，历史悠久，类型复杂，只有通过理论概括，认清语汇的性质和构成，各种语类的演变规律及其相互关系等，才能建立起汉语语汇学的科学体系。过去，在“语”被作为“词的等价物”理论指导下，或者说“词汇”是“词”和“语”的集合体，或者说“语汇”是“语”和“词”的集合体，“词汇”和“语汇”成为等义术语，概念不清，影响到理论系统的科学性。如有的专著或教材，把“词汇”定义为词和语的总汇，但在叙述“词汇的特点”时，只说词的特点，不说语的特点；在论述词汇的“本体系统”、词汇的“来源系统”时，也是只说“词”不说“语”，把“语”排除在“词汇”及其“本体”之外，然后另列“词汇的熟语系统”。所讲“熟语系统”，作为词汇的附属部分，又缺乏系统性。因此，从理论上认清“语”的性质，分清“语”和“词”的区别，实行“语词分立”，是建立汉语语汇科学体系的前提。

汉语语汇学并不是无源之水，它的前身是汉语熟语学。

在熟语的论著中，有代表性的是孙维张的《汉语熟语学》[①]。该书共分八个部分，分别为“熟语和熟语学”“熟语的特点”“熟语的分类”“成语”“惯用语”“歇后语”“谚语和格言”“熟语的形成和发展”。内容具有一定的深度和广度。

我们主张用“语汇”来替代“熟语”，并不意味着否定“熟语”的研究成果。恰恰相反，我们认为语汇学的建立是离不开“熟语学”的研究成果的。特别是熟语学也把成语、谚语、惯用语、歇后语等作为研究对象，这方面的研究成果，更是值得尊重，是不能不

---

① 孙维张：《汉语熟语学》，吉林教育出版社，1989。

继承的。

汉语语汇学既是汉语熟语学的继承，又是汉语熟语学的发展。它们之间既有联系，又有区别。这种区别或可概括为以下几点：

（一）理论依据不同

熟语学的理论依据，是把熟语看成是“词的等价物”，从而把熟语学看成是词汇学的一个分支。语汇学的理论依据是“语词分立”，语汇学是与词汇学平行的语言学分支学科。

（二）理论体系不同

语汇学对“语”和“语汇”都有明确的定义。

熟语学对“熟语”却始终没有一个明确的定义。一个有代表性的说法：“熟语的特质，就在一个‘熟’字上，‘熟’使它在人民群众中广泛流行、根基深，相对的定型、凝义，步步走上‘成熟’之语的道路。”又说：“熟语姓‘熟’，为人们熟识、熟记、熟知、熟用，总之是以‘熟’为性就是了。”[①] 这显然不是“熟语”概念的科学表述，说明“熟语”内涵和外延具有明显的不确定性。这直接影响到熟语学理论体系的科学性。这是熟语学有别于语汇学的一个明显的局限性。

（三）分类系统不同

分类是指“以对象的本质属性或显著特征为根据所作的划分”（《辞海》（第6版））。因此，分条系统往往体现对象内部的本质特征。

语汇学认为，语是可以按照内容和形式相结合的方法进行分类的。分类结果比较一致。后面还要详细讨论，这里暂略。熟语，则由于人们对它的性质和范围认识的不同，有着不同的分类系统。

---

① 武占坤：《汉语熟语通论》，河北大学出版社，2007，第4—5页。

下面介绍两种有代表性的分类系统。

一是以刘叔新为代表的分类系统。

刘氏主张先把熟语分为“言语的”和“语言的”两类。“言语的”也叫“常语”，包括谚语、名言（含格言、警语）、套语、成句子的俚语，其中谚语和成句子的俚语合称“俗语（俗话）”。“语言的”也叫“固定语”，包括成语、惯用语、歇后语、专门用语、专名语、准固定语。①

一是以周荐为代表的分类系统。

周氏把熟语分为“雅言”和“俗语”两类。“雅言”包括成语、专名语、专门用语；“俗语”包括谚语、歇后语、惯用语。周氏认为，格言、警句也属于熟语，不过“此类熟语与他类熟语又在很多地方存在着交叉关系，如不少成语事实上就是由格言转化来的，不少格言因为它反映了哲理或经验，其本身就是谚语。因此，可以承认格言是一个独立的熟语类”。②

对比一下，可以看出差别究竟有多大。说明熟语的分类系统还处在“各说各”的不成熟的状态。由于各家分类的着眼点不同，很难取得一致意见。

汉语语汇学是一门新兴的学科，还处在发展和完善的过程中。

三、语词学[3]

汉语语词学不是汉语词汇学和语汇学的简单相加，而应当是把语和词、语汇和词汇融合在一起，是一个具有汉语特色的新的理论体系。

---

① 刘叔新：《汉语描写词汇学》（重排本），商务印书馆，2005，第180页。

② 周荐：《熟语分类论》，见《词汇学词典学研究》，商务印书馆，2006，第246–267页。

汉语语词学的研究对象主要是，语词的构造，语词的分类，语词的意义，语词的发展和演变，方言语词，语典与词典编纂等。

汉语语词学当前的主要任务是进行自身的学科建设。其中，理论探讨是核心。加强词与语、词汇与语汇的比较研究，在此基础上，认清语词的性质和构成，各种类型语词的演变规律及其相互关系等，建立和逐步完善语词学的科学体系。这是语词学的长期任务。

应用研究应当是语词学的另一个主要任务。这方面的内容也十分丰富，包括语词的运用研究、语词的教学研究和语词类辞书的编纂研究，等等。

汉语语词学还有一个重要任务，就是要为社会主义的精神文明建设服务。词语是民族文化的重要载体。词语本身就是一种文化现象。语词学要注意发掘词语的文化内涵，使它成为中华民族先进文化的组成部分。

汉语语词学和其他学科一样，有与其研究对象和研究任务相适应的研究方法和手段。

田野作业法和文献采集法，是收集词语资料的两个基本方法。汉语词语具有历史传承性，既大量流传在人民群众口语里，又被历代作家作品所运用，保存在古今文献里。我国古今文献浩如烟海，从文献里采集词语材料是一项长期而艰巨的工程。

描写法和比较法是语言研究的一般方法，也是语词学研究的主要方法。

对汉语词语的描写，要注意三个问题。一是要把罗列事实和分析事实结合起来。罗列事实和分析事实的关系是辩证的。罗列事实是认识的开始，是研究的基础。分析事实，是由表及里，找出事实的内在联系，引出具有规律性的结论。二是要正确看待事实和理论的关系。罗列事实不是简单地堆积事实。事实如何罗列，要受理论的支配。理论出于事实，并受事实的检验。三是要处理好局部事实和整体事实的关系，不能用局部事实来代替整体事实。只有进行整体性的考察，才能得出比较全面的认识。

比较可分为纵向的历时比较和横向的共时比较。通过历时的比较，可以看出汉语词语形成的历史层次和演变过程。通过词语的共时比较，可以认清词和语、词汇和语汇的性质；认清词汇、语汇成员之间的区别和联系。通过词义、语义的比较，可以看出词语在意义上的复杂性，归纳出词义、语义演变的规律。

汉语语词学虽然是一门新的学科，但语词的收集和研究却由来已久。一个重要表现，是语文辞书中早就有词语兼收的传统。这在明清的俗语辞书中表现得尤为突出。如清代翟灏的《通俗编》，从经史子集和小说、词曲中收集了词、成语、谚语、惯用语等共5000多条，其中词约3500多条，语约1500多条。钱大昕的《恒言录》，共6卷，其中前5卷收的是词，第6卷“成语类”和“俗谚有出”收的是语。郑志鸿的《常语寻源》共收1068条，其中词564条，语504条，基本上相当。现代出版的许多词典，也是词语兼收。《汉语大词典》就收了不少语，以“吃”字开头为例，共收了202条，其中“语”91条，占45%。《现代汉语词典》1978年第1版前言称：“词典中所收条目，包括字、词、词组、熟语、成语等，共约五万六千条。”表明字、词、语兼收。2005年的第5版、2012年的第6版和2016年的第7版，都约收语5000条，占总收条近十分之一。这种语词兼收的情况，为汉语语词学提供了充分的研究资料。

附论：

［1］符淮青《现代汉语词汇》（增订本）第一章"绪论"在论述"词汇学"时指出：

词汇学是以词和词汇为研究对象的语言学部门。一般认为，它研究词的性质、词的创造和结构、词义的本质和内容、词义的发展、词的各种关系，研究词汇的划分、关系、发展，研究各种词语的应用和规范等等。

词汇学又分具体词汇学（也叫一种语言词汇学，即研究一种语言的词汇）和一般词汇学（研究词汇的一般理论），历史词汇学（研究词的本义，最早的形式和它的发展）和描写词汇学（研究一个时期的词汇），还有历史比较词汇学（比较研究有亲属关系的语言的词，以构拟它们在共同的母语中的形式和意义）。

现代汉语词汇学中包含有重要的认识论、语言学的理论问题。例如词和它所指示对象的关系问题，词义的本质问题，词义、词汇系统同客观事物现象的关系问题，都是基本的理论问题。这些问题长期为哲学家、逻辑学家、语言学家所关注。现代汉语词汇学的深入研究，有助于推进这些问题的探讨。

张永言在《词汇学简论》一书中谈到词汇学的任务时指出：

词汇学的主要任务是通过对语言中具体的词汇现象加以全面深入的研究来阐明关于词和词汇的一系列基本理论问题。如：作为语言单位的词的性质和特点、词义的特征和演变规律、词汇的系统性、词的语言内部联系和语言外部联系、词的类型、构词法的规则、词汇丰富和发展的方式和途径，等等。阐明这些问题对于人们的语言实践无疑具有十分重要的意义。

张志毅、张庆云在《词汇学的现代化转向》（《词汇学理论与实践》，商务印书馆，2001，第1–16页）一文里，把词汇学分为传统词汇学和现代词汇学，认为“传统词汇学的衰落已是大势所趋，现代词汇学的新兴已成必然”。该文对传统词汇学和现代词汇学的内容作如下比较：

传统词汇学的研究内容是多中心的，共有以下十个方面：

1. 词汇类别：基本词汇和一般词汇，共同语词汇，方言词汇，术语和行业词汇，外来词汇，古语词汇，旧词汇，新词汇等。

2. 构词法和造词法。

3. 词义类聚：多义词、同义词、近义词、反义词、类义词等。

4. 词的中心义和色彩义。

5. 词义跟概念、语音、事物的关系。

6. 词源和词的理据。

7. 词和词义的变化和演变。

8. 词和词义的解释和教学。

9. 词和词义的翻译。

10. 词典学。

现代词汇学的研究内容以词义为中心，兼顾以上十项，侧重如下十个内容：

1. 词汇和词义系统（结构）。

2. 词义结构、界说和性质。

3. 语义（词汇）场。

4. 位素理论：词位和语素、义位和义素，语素义和义素分析。

5. 词位、义位的民族个性和共性。

6. 语素的语义组合，义位组合，义丛，义位组合的规则以及语义关系。

7. 义位的语境语用义。

8. 词汇和词义的外部因子，如社会、民族、历史、文化、思维、心理等。

9. 可吸收的相关学科的成果：语义学、语音（音系）学、语法学、语用学、心理学、逻辑学、数理逻辑学、认知科学、哲学、数学、文化学等。

10. 词位、义位的共时变化和历时演变。

该文最后称："我们正引领企足，期待着一部典型的现代词汇学著作的诞生。"可至今未见有"典型的现代词汇学著作"问世。

王希杰在《汉语词汇学》里，认为"汉语词汇学是以汉语词汇为研究对象的语言学学科"，认为"汉语词汇学有狭义的和广义的区别。狭义的汉语词汇学是以汉语的共同语言为对象的词汇学，不包括汉语的方言词汇"。又称"词汇学可分为广义和狭义两种。研究语言中所有的词，包括实词和虚词的词汇学，是广义词汇学。最广义的词汇学还研究词的等价物。仅仅研究一部分词汇的是狭义词汇学。狭义词汇学的研究对象是具有词汇意义的词——词汇词。狭义词汇学不研究虚词——语法词。"

[2]《中国社会科学报》2010—2011年之间曾开展了一场关于语汇学的创立是否有学理支撑的讨论。

2010年5月18日，该报发表了周荐《中国词汇学发展需明晰定位》一文，对语汇学建立的学理依据提出了质疑。该文认为："一个学科能否建立起来，是否已经建设完足，主要有两个标尺，一要看它是否已有一套独立而完备的理论和学科体系，二要看它是否已具一定的历史和现实的研究力。"据此质疑语汇学的建立是否有学理依据。

2011年3月8日，该报发表的黄忠廉《创立语汇学有学理支撑》一文，针对周文提出不同的观点。该文从四个方面进行论证：1. 建立的可能性；2. 建立的可行性；3. 建立的可观性；4. 科学发展的可持续性。文章认为"语汇是客观存在的语言事实，其系统研究完全可以催生语汇学"，"语汇学的建立也符合语言学研究的现实"。

在此之前，支持创建汉语语汇学的文章，正式发表的已有多篇。李行杰在2006年第1期《语文研究》上发表的《构建中国语言学特有的语汇学——读温端政〈汉语语汇学〉》一文，认为语汇学的建立，“是语言学中国化的成功案例”。在2007年召开的第一次语汇学学术研讨会上宣读的张振兴的《语汇学之成立》、李如龙的《语汇学三论》和杨蓉蓉的《一门新兴的有待完善的学科——读〈汉语语汇学〉〈语语汇学教程〉》（以上均见《汉语语汇学研究》，商务印书馆，2009）等文章，都对语汇学的建立表示支持。

笔者在《树立正确的语词观》一文中指出：

语汇学之所以能够成立，除了黄忠廉的《创立语汇学有学理支撑》等文所提出的理由之外，还有几点值得注意：

第一，语汇和词汇一样是一个庞大的系统。

第二，语类辞书的大量编辑出版催生了语汇学。

第三，熟语学的研究取得突破，为语汇学的建立提供了借鉴。

该文还说：“现在看来，语汇学的成立已经不再仅仅是理论上的探讨，而是成为不可忽视的现实。全国性的语汇学学术研讨会已经开过五次，宣读论文数百篇。每次会议的纪要都在语言学界重要的刊物上登载；每次会议的论文集都由商务印书馆出版，语汇学的影响超过预期。”

正如中国语言学会会长侯精一先生在祝贺首届汉语语汇学学术研讨会成功召开的“贺词”里所说：“汉语语汇学有着丰富的内容，是一门有着美好发展前景的分支学科，值得更多的学者投入。”

王希杰《汉语词汇学》（第231页）称：“我们支持新出现的‘语汇学’，认为语汇学是同词汇学并列的专门研究词的等价物熟语的学问，同时承认语汇是广义词汇学的一个组成部分。”

[3]周荐在《语词分合问题引发的若干思考》（《世界汉语教学》2014年第4期）一文里对语词学的建立提出质疑，摘引如下：

> 李小平（2008）提出在“词汇学”“语汇学”之上再建立一个“词语学”；嗣后，温端政（2010）也提出要“在‘语词分立’基础上，实现‘语词合一’，建立汉语词语学”。如今数年过去了，我们似未

> 见到两学者进一步揭示“词语学”(或“汉语词语学”)具体的研究对象、研究内容和研究方法究竟是什么。两学者所说的“词语学”，如果是在变身后的“语汇学”和瘦身后的“词汇学”之上建立起来，它的前提是“语汇学”和“词汇学”分袂的成立，它们两者的研究方法和研究对象存在着不同；之后，才能考虑在“语汇学”“词汇学”之上建立一个统辖这两者的“词语学”。如今，“语汇学”和“词汇学”在研究方法和研究内容上有何不同尚未能说清，即考虑在它们之上建立一个“词语学”，是否稍显匆忙？拟建立的“词语学”与此前早已存在的“词汇学”是何种关系？与拟下辖的“词汇学”“语汇学”是何种关系？跟这个“词语学”平行的或相邻的学科都有哪些？各是何种关系？如何展开互补性研究？上述问题倘搞不清楚，就推出“词语学”这样一个上位概念来，是否稍显唐突？如此仓促搭建起来的学科系统能否成立？这些都是值得认真考虑的。

周文对“词语学”的质疑，有其积极的一面，促使我们考虑它所提出的许多问题。但是，不能因为有人质疑，就不去实践。实践是检验真理的标准。只有通过实践，才能检验语词学（或词语学）是否可以建立。当然一个新学科的建立和完善不可能一蹴而就，往往要经过几代人的努力。

第二章　语词的分类

我们在“绪论”里已经提到词和语的分类，这里再进一步讨论。

词和语都可以进行分类，但分类标准和具体做法既有相同或相似的一面，又有不同的一面。

第一节　语词相同或相似的分类法

一、按历史属性分类

按历史属性分类，可分为古词和新词，古语和新语。

（一）古词[1]和古语

1. 古词

古词可以分为两类：历史词和文言词。

（1）历史词

历史词所表示的事物或现象在历史上存在过，但现在已经消失，日常交际中已经不用，只是在说明历史事件、历史现象，或者是研究历史的学术著作中才会运用。历史词主要有以下几类：

A. 古代器物的名称。如：鼐（大鼎）、褦（nài，古代避暑用的凉笠）、簋（guǐ，古代祭祀宴享时盛黍稷的器皿）、櫑（léi，古代登山乘坐的用具）、翿（dào，古代用羽毛做成的一种舞具）、篚（fěi，古代一种椭圆形盛物的竹器）。

B. 古代典章制度的名称。如：久宾（古代朝会大典设“久宾”）、九赋（周代的九种赋税）、剕（fèi，古代断足的酷刑）、刵（èr，古代割去耳朵的刑罚）、度牒（古代官府发给和尚、尼姑证明其出家修行的文书）。

C. 古代官职的名称。如：九扈（相传为少皞时主管农事的官名）、九官（相传舜设置的九个大臣）、牧正（古代官名，主管畜牧）、官守（古代指任职的官吏）、官家（古代对官吏或有权势者的称呼，也作对皇帝的称呼）。

D. 古代人名、少数民族名。如：轩辕（古代传说中中华民族的始祖黄帝的名字，因居于轩辕之丘而得名）、共工（古代传说中人名）、杜康（相传我国最早发明酿酒的人）、僬（jiāo，古代西南少数民族名）。

E. 古代地名、水名、乐器名。如：牧野（古代地名，在今河南省淇县南）、溱（古水名，源出今河南省新密市，东南会洧水）、九区（古代湖泽名）、箜篌（古代拨弦乐器）。

此外，还有古代对少数民族的蔑称。如：獠（古代对南方少数民族的蔑称）、蛮夷（古代对四方边远地区少数民族的蔑称）。

（2）文言词

文言词是指古代汉语使用过，现在已经很少或不再使用的词，但它们所表示的事物、现象、观念等在现实生活中还存在，只不过被现代汉语里的词所替换。

文言词包括文言实词和文言虚词。

文言实词中有的是单音词，如：兹（现在）、缄（书信封口）、纵（释放）等；有的是双音词，如：庶民（平民）、迩来（近来）、矢誓（发誓立志）、衰替（衰败）、率尔（轻率）等。

文言虚词有：之（的）、乎（吗 / 呢）、者（与动词、形容词等或其他词组结合成名词性词组，表示“……的人或东西、事情”）、亦（也）、毋（别）、甚（很）等。

2. 古语

古语不像古词那样可分为历史词和文言词，但古语有历史语和传承语的区别。

（1）历史语

历史语指只见于古代文献的语，没有流传下来，现在已经不用。以《春秋左传》为例，下面这些当时称为“谚”的语，现在都已经不用。

隐公十一年：周谚有之曰：“山有木，工则度之；宾有礼，主则择之。”

闵公元年：且谚曰：“心苟无瑕，何恤乎无家?”

僖公七年：谚有之曰：“心则不竞，何惮于病。”

宣公十六年：谚曰：“民之多幸，国之不幸也。”

昭公元年：谚所谓“老将知而耄及之”者，其赵孟之谓乎！

昭公三年：谚曰：“非宅是卜，唯邻是卜。”

昭公十九年：谚曰：“无过乱门。”

昭公二十八年：谚曰：“唯食忘忧。”

定公十四年：谚曰：“民保于信。”

“山有木，工则度之；宾有礼，主则择之”，意思是：山上有树木，工匠就会量材使用它；宾客有礼节，主人就会择优选他。“心苟无瑕，何恤乎无家”，意思是：如果心地坦荡无私，还愁什么没有家呢？“心则不竞，何惮于病”，意思是：心里如果不坚强，何必害怕屈辱？“民之多幸，国之不幸也”，意思是：老百姓多存侥幸心理，是国家的不幸。“老将知而耄及之”，意思是：人老了，积累了经验，会聪明一些，但糊涂却跟着到来。“非宅是卜，唯邻是卜”，意思是：所谓卜居，不是选择住宅，只是选择邻家。“无过乱门”，意思是：不要经过动乱人家的门前。“唯食忘忧”，意思是：只有吃饭的时候，最能忘记忧愁。“民保于信”，意思是：老百姓以讲信用来保全自身。前面都标明“谚”，说明是当时的谚语，它们都没有流传下来，现在已经不用，成为历史语。

又如汉·司马迁《史记》：

赵世家：谚曰：“死者复生，生者不愧。”

赵世家：谚曰：“以书为御者不尽马之情，以古制今者不达事之变。”

外戚世家：谚曰：“美女入室，恶女之仇。”

游侠列传：谚曰：“人貌荣名，岂有既乎。”

佞幸列传：谚曰：“力田不如逢年，善仕不如遇合。”

滑稽列传：谚曰：“相马失之瘦，相士失之贫。”

货殖列传：谚曰：“千金之子，不死于市。”

陈丞相世家：鄙语曰：“儿妇人口不可用。”

司马相如列传：鄙谚曰：“家累千金，坐不垂堂。”

“死者复生，生者不愧”，意思是：所作所为对得起死去的人，即使死者再生，也无愧对之事。“以书为御者不尽马之情，以古制今者不达事之变”，意思是：以书本上说的方法驾驭马，往往不符合马的实情；用古代的常规来判断今天的事情，往往不适应事情的变化。“美女入室，恶女之仇”，意思是：美女一进家门，便会引起丑女的嫉妒。“人貌荣名，岂有既乎”，意思是：人的相貌和名声没有既定的联系。“力田不如逢年，善仕不如遇合”，意思是：尽力耕田，不如逢个好年景；善于谋求官职，不如遇个好机会。“相马失之瘦，相士失之贫”，意思是：考察一匹马的好坏，会因为只看到马瘦而失误；考察一个人的才能，会因为只看见他的贫穷而失察。“千金之子，不死于市”，意思是：富贵人家的子弟犯了刑律，可以用钱赎命，不会死于市曹。“儿妇人口不可用”，意思是：小儿、妇女的话听不得。“家累千金，坐不垂堂”，意思是：富人不在房檐下坐，以防瓦片掉下来伤身。前面也都标明“谚”或“鄙语”“鄙谚”，说明是当时的谚语，它们也都没有流传下来，现在已经不用，成为历史语。

（2）传承语[2]

语的传承性很强，有的经久不变，有的虽有变化，但可溯源流。常见的有以下两种情况：

一是语形和语义都古今相承。如：

提刀而立，为之四顾，为之踌躇满志。（《庄子·养生主》）

以若所为，求若所欲，犹缘木而求鱼也……缘木求鱼，虽不得鱼，无后灾；以若所为，求若所欲，尽心力而为之，后必有灾。（《孟子·梁惠王上》）

失火而取水于海，海水虽多，火必不灭矣，远水不救近火也。（《韩非子·说林上》）

夫秦灭六国，楚最无罪。自怀王入秦不反，楚人怜之至今。故楚南公曰：“楚虽三户，亡秦必楚”也。（《史记·项羽本纪》）

鄙语曰：“不习为吏，视已成事。”又曰：“前车覆，后车诫。”（《汉书·贾谊传》）

“踌躇满志”“缘木求鱼”“远水不救近火”“楚虽三户，亡秦必楚”“前车覆,后车诫”都完整地继承下来,不仅语形上古今未变,而且语义上一脉相承。

二是语形略有变化，语义古今相承。如：

有国之母,可以长久。是谓深根固柢,长生久视之道。(《老子》五九章)

一言而可以兴邦，有诸？（《论语・子路》)

此师延之所作，与纣为靡靡之乐也。(《韩非子・十过》)

故曰："巧诈不如拙诚。"乐羊以有功见疑，秦西巴以有罪益信。(《韩非子・说林上》)

“深根固柢”，宋・司马光《上庞枢密论贝州事宜书》始作“根深柢固”，相传至今。“一言而可以兴邦”，唐・刘禹锡《唐故相国李公集记》始作“一言兴邦”，相传至今。“靡靡之乐”，宋・罗泌《路史・后记十三下》始作“靡靡之音”，相传至今。“巧诈不如拙诚”，汉・刘向《说苑・丛谈》作“巧伪不如拙诚”，宋・王楙《野客丛书》卷二九作“巧诈宁拙诚”，相传至今。

（二）新词和新语[3]

1. 新词

斯大林在《论马克思主义在语言学中的问题》一文里说："语言的词汇的变化不是像上层建筑一样。它的变化不是用废除旧的、建设新的那种方法来实现的，而是用新词去充实现行的词汇的方法来实现的，这些新词是由于社会制度改变，由于生产、文化、科学等等发展的结果所产生的。同时，虽然通常从语言的词汇中消失了一些已经陈旧的词,可是添加的新词的数量却要多得多。”①今天看来，这段话是正确的。

① 斯大林：《马克思主义与语言学问题》，人民出版社，1953，第23页。

（1）新词的性质

新词，也叫新造词，是指随着社会制度的改变和生产、文化、科学等的发展而不断创造出来的词。新词是一个历史概念，每个时期都会产生新词。某个历史时期产生的新词，对于新的历史时期就不再是新词。“五四”时期产生的新词，如“号召、考验、左倾、右倾”等现在已经不属于新词了。中华人民共和国成立后一个时期产生的新词，能不能算是新词，学界有不同的意见。一种认为是新词；一种认为不是新词，新词是指1978年改革开放以来所产生的新创造的词。

（2）新词产生的途径

新词产生的途径，有两种情况。一种是词形和意义都是新的。如：（下文新词释义系作者据《现代汉语词典》（第7版）、《现代汉语规范词典》（第3版）等辞书改编，下同）

【评优】评选优质的、优秀的。

【热炒】大事炒作。

【发廊】美容理发店（多指小型的）。

【低端】等级、档次、价位等在同类中较低的。

【的士】小型载客出租车。

另一种是利用原有的词形，增加或赋予新义。如：

【菜单】原指写有各种菜肴名称及价格的单子；现增指选单，即显示在电子计算机屏幕上，供操作者进行项目选择的目录。

【参赞】原指参谋协助；现增作使馆的外交官名（外交代表的主要助理人）。

【透明度】原指光线可以透过并让人看得清楚的程度；现增指事物的公开程度。

【人流】原义指同属某一阶层或某一类别的人；新义指

人工流产。

【偶像】原义指用泥土、木头等雕塑成的神像、佛像等；新义指人们崇拜的对象。

【空调】原义指对室内、舱内、车内等空气的温度、湿度、净度进行调节；新义指空调器（空气调节的装置）。

下面按结构方式，列举一些大家比较公认的新词。

【点击】移动计算机鼠标，把鼠标指针指向要操作的地方，并用手指按动鼠标上的按键。

【打拼】为生计或前途拼命去干。

【访演】访问演出。

【缺失】缺少，欠缺；缺陷，失误。

【拥堵】拥挤，堵塞。

【封杀】查封，禁止。

【打压】打击压制。

【打造】原指制造金属器物等；现增指设计，建立，塑造。

【生猛】原指鲜活的、活蹦乱跳的；现增指猛烈、莽撞、勇猛，富有生气和活力的，可用于人。

【斩获】原指在战争中斩杀与俘获；现增指收获、获取，特指体育比赛中获得奖章、奖牌或较好名次。

——以上并列式

【医改】医疗制度改革。

【物流】商品实物流通。

【情变】恋人或夫妻的感情发生变故。

【婚变】夫妻离异等婚姻变故。

【双赢】双方都获益。

——以上主谓式

【手机】手持式移动电话终端机的简称。

【车位】停放车辆的位置。

【大腕】称有实力、名气大的人。

【小蜜】称有钱、有权势或有地位的人的年轻情人。

【帅哥】称英俊潇洒的年轻男子。

【三通】我国大陆与台湾地区之间相互通邮、通航、通商。

【三陪】指服务人员（多为女性）在酒吧、舞厅、卡拉OK厅等娱乐场所为异性客人提供陪酒、陪舞、陪唱等带有某种色情成分的服务。

【力邀】竭力邀请。

【共识】共同的认识，一致的看法。

【快递】特快专递的简称。

【风景线】狭长的风景地带，比喻值得注意的社会现象。

【世博会】世界博览会的简称。

——以上偏正式

【下海】比喻离开原来的工作，投身商业界做买卖。

【入世】原指投身到社会里，后增指加入世界贸易组织。

【打黑】打击黑社会性质的犯罪团伙；打击黑哨行为。

【扫黄】清除黄色出版物和音像、电子制品等，打击卖淫嫖娼等非法色情活动。

【申奥】向国际奥委会申请举办奥运会。

【立项】工程、科研等经过论证、批准，立为项目。

【考研】报考（硕士学位）研究生。

【扶贫】通过对贫困地区、贫困人口的扶持或资助，以改善其生产生活条件，增加收入，摆脱困境。

【下岗】原指警卫人员完成任务，离开岗位；现增指失去工作岗位。

——以上述宾式

【买断】一方出资，一次性地购买另一方的作品、商标、专利等某些权利，另一方出让后即放弃上述权利。

【拉动】采取积极措施带动事物向前发展。

【套牢】指投资者买入股票等证券后，因价格下跌而无法获利卖出。

【盘活】采取措施，使资产、资金恢复流动，产生效益。

【盘升】股票价格、期货价格等缓慢上升。

【跟进】原用于军事方面，指按要求与前面的部队保持一定距离，跟随前进；现增指在后面紧跟着行动。

【攀升】原指向高处爬升；现增指价格、数值等往上升。

【抬升】原指地形、气流、海水潮位等升高；现增指数量、价格、地位等上升。

【启动】原指机器、仪表、电气设备等开始运转；现增指法令、措施等开始实施，带动、开拓，使活跃。

——以上述补式

【细化】将任务、目标等进行细致的分解，使具体化。

【荒漠化】指干旱、半干旱地区和湿润、半湿润地区的生态环境遭到破坏而引起土地退化的现象。

【柔性】原指温柔的性格，柔软的特性；现增指可以改变或通融的。

【老外】原指外行；现增指外国人。

【老总】原多用于尊称中国人民解放军的某些高级领导；现增指尊称有总工程师、总编辑、总经理等头衔的人。

——以上附加式

2．新语

新语产生的时代可以比照新词，一种放宽到中华人民共和国成立后一个时期出现的；一种限于1978年改革开放以来出现的新语。新语主要是利用语言的原有材料，按照传统的构语方法而产生的。和新词一样，一种是语形和语义都是新的，一种是利用原有语形增加新义。

一般来说，成语比较容易产生新语，惯用语次之，谚语和歇后语较少。下面列举一些大家比较公认的新语。

【踏石留印】踏在硬石上也能留下印痕，形容工作扎实，不管干什么工作都能留下自己业绩，常与“抓铁有痕”连用。

【暗箱操作】指利用职权，不公开、不公正地做某事。

【车匪路霸】在铁路、公路沿线或在火车、汽车上进行抢劫等犯罪活动的匪徒恶霸。

【可圈可点】值得加以圈点，形容表现出色，值得肯定或赞扬。

【社情民意】社会情况和民众的意见、愿望。

【换位思考】从对方的立场和角度来思考问题。

【双向选择】双方互相进行选择。

【套期保值】以规避现货价格风险为目的的期货交易行为。

【无罪推定】刑事被告人在没有经过法院依法判决其有罪时，应当被认定为无罪的原则。

【不可抗力】不能预见、不能避免并不能克服的客观现象。

【傍大款】女性投靠有钱的男性（多指做其情人），也泛指投靠有钱的人。含贬义。

【硬着陆】原指人造卫星、宇宙飞船等不经减速而以高速度降落到地面或其他星体表面上；现增指采取过急过猛的措施，生硬地解决某些重大问题。

【软着陆】原指人造卫星、宇宙飞船等利用一定装置减速后，以很低的速度不受损坏地降落到地面或其他星体表面上；现增指采取稳妥的措施，使经济等重大问题和缓、平稳地得到解决。

【零增长】没有增长，指保持原有的数量或水平。

【走过场】原指戏曲中角色出场后不停留，穿过舞台从另一侧下场；现增指敷衍了事。

【接地气】比喻贴近老百姓的现实生活，跟广大群众息息相通。

【坐冷板凳】比喻长期受冷遇或长期做寂寞清苦的工作。

【两条腿走路】比喻为达到同一目的，同时采取两种不同的方法。

【穿新鞋，走老路】比喻形式上改变了，实质上还是老一套。

【吹喇叭，抬轿子】比喻为人吹嘘捧场，竭力讨好。

【一统就死，一放就乱】指权力集中、直接管理就缺乏活力；权力分散下放，又会造成混乱失控局面。

【鸡毛可以上天】比喻小人物可以成就大事情。含褒义。

【一把钥匙开一把锁】比喻不同的人要用不同的方法去做工作。

【合则两利，离则两损】指合作对双方都有利，不合作对双方都有害。

【玻璃罩里的苍蝇——眼见光明没出路】指前景看似好，实际上没有把握，难以期待。

【拖拉机撵兔子——有劲使不上】指有力气用不上；或有本事难施展。

【电线杆做火柴——大材小用】比喻大人物被用来做小事；或有大才能的人没有被用在重要岗位上。

二、按吸收来源分类

语言的词语，除了从古代书面语中继承有用的成分外，还从外国语言和本国其他民族语言中吸取有用的成分；民族共同语还可以从方言词语和各行各业使用的词语中吸取有用的成分。它们分别被称为外来词语、方言词语和行业词语。

（一）外来词语

外来词语，是外来词和外来语的合称。下面分别叙述。

1．外来词[4]

（1）外来词的性质

外来词是指从外国语言和本国其他民族语言中连音带义吸收来的词。这里所说的外来词，一般不包括所谓“外来概念词”。外来概念词，也叫意译词，是根据外来概念的意义，用汉语的构词材料和构词方式创造出来的新词。例如，dollar译为“美元”，democracy译为“民主”，software译为“软件”，supermarket译为“超级市场”。用这种方法吸收的，一般认为不属于外来词。

外来词有一个重要条件，就是不仅吸收其义，而且借用其音。如：

【吉普】借自［英］jeep。

【卡通】借自［英］cartoon。

【咖啡】借自［英］coffee。

【克里姆林宫】借自［俄］Кремль。

（2）外来词的类型

借用外来词，大致有以下几种方式：

A．完全音译。如：

【戈壁】借自［蒙］gobi。

【喇嘛】借自［藏］la ma。

【马达】借自［英］motor。

【克格勃】借自［俄］КГБ，是Комитет Государственной Безопасности的缩写。

【欧佩克】借自［英］OPEC，是Organization of the Petroleum Exporting Countries的缩写。

B．意译兼音译。如：

【芒果】借自［英］mango，源自马来语mangga。

【苦力】借自［英］coolie，cooly。

【引擎】借自［英］engine。

【休克】借自［英］shock，源自古法语choquer。

【乌托邦】借自［英］Utopia。

C．半音译半意译。如：

【啤酒】借自［英］beer。

【摩托车】借自［英］motorcycle。

【霓虹灯】借自［英］neon lamp，源自希腊语neon。

【芭蕾舞】借自［法］ballet，源自意大利语balletto。

【爱克斯射线】借自［英］X-ray，源自德语X-strahl。

D．直接借用。这类词也叫"字母词"，由西文字母构成，或其中含西文字母。如：

【DVD】（［英］digital video disc的缩写）数字激光视盘。

【WTO】（［英］World Trade Organization的缩写）世界贸

易组织。

【UFO】([英] unidentified flying object的缩写)不明飞行物。

【BP机】(BP,[英] beeper的缩写)无线寻呼机。

【e化】(e,[英] electronic的第一个字母)电子化。

以上所列外来词，一个共同的特点，就是都是借音或含有借音的因素。但转借自日语的词是个例外，转借自日语的词是借形借意不借音。主要的有以下两种情况：

一种是本为古代汉语用词，日文利用来意译外来语，又为汉语吸收。如：

【文明】借自日语“文明 bunmei”，意译英语civilization，源于《易·乾》:“见龙在田，天下文明。”孔颖达疏：“天下文明者,阳气在田,始生万物,故天下有文章而光明也。”文明，原是两个词，指文采、光明。

【精神】借自日语“精神 seishin”，意译英语mind; spirit，源于《庄子·天道》:“水静犹明，而况精神。”精神，指人的精气、灵魂。

【宪法】借自日语“憲法 kenpō”，意译英语constitution，源于《国语·晋语九》:“赏善罚奸，国之宪法也。”宪法，原指法度、法典。

【想象】借自日语“想像 sōzō”，意译英语imagination，源于《楚辞·远游》:“思旧故以想象兮，长太息而掩涕。”想象，原指缅怀、思念。

【组织】借自日语“組織 soshiki”，意译英语tissue; organization，源于《辽史·食货志》:“饬国人树桑麻，习组织。”组织，原指经纬相交，织作布帛。

【劳动】借自日语“労働 rōdō”，意译英语labour，源于《三国志·魏志·华佗传》:“人体欲得劳动，但不当使极耳。”劳动，原指劳作、活动，是两个词。

另一种是日文意译外来语，用汉字书写，利用汉语材料创造的。如：

【主观】借自日语“主観 shukan”，意译英语 subject。

【体操】借自日语“体操 taisō”，意译英语gymnastics。

【景气】借自日语“景気 keiki”，意译英语boom；prosperity。

【引渡】借自日语“引渡 hiki-watashi”，意译英语delivery；extradition。

【政党】借自日语“政党 seitō”，意译英语political party。

吸收外来词在汉语里有悠久的历史。汉代就曾经从匈奴和西域借词，如“骆驼、猩猩、琵琶”等借自匈奴，“葡萄、石榴、琉璃”等借自西域。佛教传入后，又从梵语吸收了一大批与佛教相关的词，如“佛陀［梵buddha］”“菩萨［菩提萨埵之略称，梵bodhi-sattva］”“沙门［梵śramaṇa］”“阿鼻地狱［简称阿鼻，梵avīci］”等。随着对外交往越来越密切，汉语吸收的外来词会越来越多。

2. 外来语

外来语是指从外国语言和本国其他民族语言中吸收来的语。总的来说，语的传承性较强，吸收外国语言和本国其他民族语言中的语的能力较差，但也不是没有。现在有些常用的成语就是古代翻译佛经过程中吸收到汉语里的。如：

【大慈大悲】语出后秦·鸠摩罗什译《法华经·譬喻品》:“大慈大悲，常无懈倦，恒求善事，利益一切。”

【不可思议】语出东汉·支娄迦谶译《阿閦佛国经》卷上："不可思议诸佛佛之境界，不可思议诸神神之境界，不可思议诸龙龙之境界。"

【飞蛾投火】语出东汉·支娄迦谶译《佛说遗日摩尼宝经》："譬如飞蛾自投灯火中。"

【皆大欢喜】语出东汉·支娄迦谶译《道行般若经》卷二《功德品》："鬼神皆大欢喜。"

【独一无双】语出西晋·竺法护译《生经》卷二《佛说舅甥经》："此人方便，独一无双，久捕不得，当奈之何？"

【前因后果】语出东晋·僧伽提婆等译《阿毗昙心论》卷四《契经品》："问：'如前因后果，以何等故，世尊前说果后说因？'"

【五体投地】语出《楞严经》卷一："阿难闻已，重复悲泪，五体投地，长跪合掌，而白佛言。"

【天花乱坠】语出《心地观经》卷一："六欲诸天来供养，天华乱坠遍虚空。"

这些成语至今还有生命力。

还有的成语取材来自外国，如：

【火中取栗】法国寓言诗人拉·封登（Jean de La Fontaine，1621—1695）在《猴子与猫》中说，猴子见火炉上烤着栗子，很想吃，叫猫去偷，猫爪上的毛给火烧了，偷来的栗子让猴子吃了。后用"火中取栗"比喻冒着风险替别人出力，自己却没有得到一点好处。

在谚语方面，像"苦海无边，回头是岸""救人一命，胜造七级浮屠"等，都跟佛教有关，而佛教是西汉哀帝元寿元年（公元前2年）从印度传入中国内地的。

【苦海无边，回头是岸】指尘世的痛苦和磨难，如同苦海无边无际，只有悟道，才能得到解脱。苦海：比喻无穷无尽的苦境，见《大佛顶首楞严经会解》八、《法华经·寿量品》。回头：指大彻大悟，改邪归正。岸：彼岸。

【救人一命，胜造七级浮屠】指救人一条活命，比建造七级佛塔的功德还要大。浮屠：佛塔，佛火化后用土石积聚堆高而成的大冢，又作“浮图”“佛图”，源自梵语 buddhastūpa。

这两个谚语都含有外来词成分，也可以看成是外来语。

和外来词相比，外来语在数量上要少得多，而且都是意译的，未见有音译、意译兼音译、半音译半意译的，更没有类似“字母词”的“字母语”。

（二）方言词语

方言词语，是方言词和方言语的合称。下面分别叙述。

1. 方言词

（1）方言词的性质

方言词有两个含义。一是指通行于方言地区的词，这些词是方言词汇系统的组成部分，是普通话所没有的，如“螳螂”，太原话叫“扁担婆”，合肥话叫“刀螂”，长沙话叫“禾老虫”，广州话叫“马狂螂”，厦门话叫“草猴”，福州话叫“草蜢哥”。这些都是方言词。二是指原来通行于方言区，后来被民族共同语即普通话吸收，成为普通话里的词。有的是完全吸收，使人忘记了它原来是方言词，如“搞”，原来是通行于西南地区的方言词，后来被普通话吸收，完全成为普通话里的词；有的成为普通话里的词，但还带有一定的方言色彩，如“不中”，原来通行于哈尔滨、洛阳等地，后被普通话吸收，《现代汉语词典》（第7版）收了这个词，注〈方〉，解释为“不中用，不可以，不好”。

（2）普通话吸收方言词的情况

普通话吸收方言词，主要有以下两种情况：

一是方言词所代表的东西是普通话所没有的，普通话要指称这些东西，就要吸收表示这些东西的方言词。如：

【槟榔】生长在热带地区。这个词原来通行在梅县、南宁、雷州等地。

【龙眼】生长在福建、广州等地。这个词原来也通行在梅县、南宁、雷州等地。

【乌拉】也作靰鞡。东北地区冬天穿的一种鞋，用皮革制成，里面垫乌拉草。这个词原来通行于东北地区。

【雪糕】用水、牛奶、鸡蛋、糖、果汁等混合搅拌冷冻而成的冷食。原通行于杭州、广州、武汉等地。

【亭子间】旧式楼房中位于房子后部楼梯中间的一种小房间，狭小阴暗，楼下多用为厨房。原通行于上海、杭州一带。

二是方言词表达的思想内容丰富，普通话没有相应的词可以替代。如：

【龌龊】原通行于上海、苏州、扬州、杭州等地，既指脏、不干净，又指人品质恶劣，还指黄色下流等。

【蹩脚】原通行于上海、苏州、扬州、杭州、宁波地区，指质量不好，本领不强。

【瘪三】原通行于上海一带，指城市中无正当职业而以乞讨或偷窃为生的游民。

【靓】原通行于广东一带，形容美丽、漂亮，多用于对男生或女生外貌的赞美。

【噱头】原通行于上海、苏州、南京、杭州一带，指引人发笑的话或举动，也指花招儿，形容滑稽。

2. 方言语

方言语跟方言词一样，也有两个含义。一是指通行于方言地区的语，这些语是方言语汇系统的组成部分，是普通话所没有的。以山西忻州方言为例：

【鬼说六道】指说假话哄骗人。

【烟喷雾罩】形容烟雾腾腾的样子。

【调油和面】比喻挑拨是非，引起争端。

【热月火天】指夏季炎热的天气。

【铁壁银山】形容资产雄厚。

——以上成语

【捉明月】形容办事很有能力。

【射毽子】比喻怂恿别人去做某事。

【拣酸枣】形容人吃东西速度很快。

【五马倒六羊】用五匹马换六只羊，指越换越不好。

【不交言，不过话】指互不交流或往来。

——以上惯用语

【手光面光盆子光】指和面要做到“三光”。

【山场大了有绿骡子】比喻世间什么怪事都有。

【小公鸡叫明集不住时间】比喻经验不足的人把握不住时间。

【左眼跳财，右眼跳崖】旧指男人左眼皮跳动是吉利的征兆，右眼皮跳动是不吉利的征兆。

【羊是一群，狼是一个】比喻无能的人再多也没用，强者可以以少胜多。

——以上谚语

【王母娘娘下厨房——亲手自造】比喻领导者亲自动手去做某事。

【入咤秋里茭子——老来红】立秋以后，高粱颗粒变成红色，比喻人老了反而吃得开。

【山羊钻栅子——露出黑蹄黑爪来哂】比喻人暴露出真相或丑恶本质。

【山雀儿嗑麻子——瞎糟蹋五谷哩】讽刺人浪费食物。

【石头缝里的山药——吃不上也要抠烂】比喻自己得不到的东西，别人也休想得到。

——以上歇后语

另一种也是指原来通行于方言区，后来被民族共同语即普通话吸收，成为普通话里的语。方言语之所以被普通话所吸收，主要是因为它表达的思想内容特殊，普通话没有相应的语可以替代。例如：

【打牙祭】原指商店、作坊或包工单位每逢月初、月中做一顿有荤菜的饭，为雇员改善伙食，后来泛指偶尔吃一顿丰盛的饭。原通行于长沙、南昌、成都地区。

【拆烂污】本指拉稀屎，比喻办事不负责任，把事情弄得难以收拾。原通行于杭州、宁波地区。

【炒鱿鱼】鱿鱼一炒就卷起来，像是卷铺盖，借指解雇、辞退。原通行于广州、柳州、南宁等地区。

【摆龙门阵】指谈天或讲故事。原通行于成都、贵阳地区。

【煲电话粥】指长时间地通过电话聊天儿，或一次电话用了很长时间。原通行于广州、柳州等地区。

为普通话所吸收的方言语，在数量上要比方言词少，且多为惯用语。

关于方言词和方言语，后面还要进一步叙述，这里只作简要说明。

（三）行业词语

行业词语包括行业词和行业语。

1．行业词

行业词包括两个方面。

（1）各行各业用的词，如：

农业：春耕、秋收、抗旱、排涝、沤肥、试验田。

工业：车床、切削、模具、填料、机械油。

商业：盘点、采购、亏损、促销、盈利、清仓。

交通：晚点、超载、调度、航班、车次、吨位。

戏曲：行当、龙套、小生、花旦、红脸、花脸、道白。

摄影：曝光、逆光、放大、定影、显影。

（2）各门学科用的词，也称专科词，如：

哲学：存在、物质、唯物、唯心、同一性、辩证法。

化学：化合、混合、电解、有机物、无机物、原子价。

物理学：共振、伏特、超导、比热、赫兹、微波、放射。

数学：平方、立方、微分、负数、分数、外角、圆周率。

文艺学：形象、脚本、喜剧、悲剧、情节、潜台词。

语言学：元音、辅音、主语、谓语、单句、复句、把字句。

行业词是丰富普通话词汇的重要来源之一，对于发展科学文化事业有重要意义。

2．行业语

行业语是指各行各业用的语。最值得注意的是谚语的行业性和惯用语来源的行业性。

（1）谚语的行业性

在汉语里，各行各业都有自己的谚语。下面列举一些常见的行业谚。

农谚：农是百行本　万物土中生　要龙要虎，不如要土　农家一枝花，全靠粪当家

林业谚：荒山变绿山，不愁吃和穿　要想栽好树，先得育好苗　三分造，七分管

渔业谚：鱼走一条线　大雪大捕，小雪小捕　紧拉鱼，慢拉虾（指捕鱼收网要快，捕虾收网要慢）

气象谚：风是雨头　早晨雾，晴破肚　朝霞不出门，晚霞行千里　八月十五云遮月，正月十五雪打灯

卫生保健谚：病急乱投医　病有病理，医有医术　饭后百步走，活到九十九　病来如山倒，病去如抽丝

武术谚：拳打一招熟　拳无力，终是空　刀法在身，赛过黄金　剑贵轻灵，刀贵厚实　枪如游龙，棍似旋风，胳膊像车轮

许多行业谚，已被吸收为通用的语，还很常用。如“农家一枝花，全靠粪当家”“病急乱投医”“病来如山倒，病去如抽丝”。

（2）惯用语来源的行业性

许多惯用语源于各行各业，如：

医药：打预防针　吃定心丸　动大手术　打强心针　吃迷魂药　换汤不换药

戏剧：唱对台戏　唱独角戏　唱傀儡戏　喝倒彩　唱主角　唱白脸　唱空城计

军事：动干戈　打头阵　打游击　打埋伏　放冷炮　开小差　杀回马枪　放烟幕弹

音乐：定调子　唱高调　唱反调　吹喇叭　敲边鼓　唱赞歌

弹钢琴

商业：打折扣　摆门面　打算盘　讲价钱　散摊子　倒牌子掏腰包

交通：开快车　开倒车　开绿灯　闯红灯　上贼船　走弯路

体育：打擦边球　放马后炮　耍把戏　扎空枪　摊底牌

这些来自各行各业的惯用语，在语义上都有一个抽象化的过程。通过抽象化，脱离原来的具体意义，赋予新的比喻义，才能成为惯用语。如"打预防针"，如果指的是为预防某种疾病而接种疫苗，那它还不是惯用语，只有当它用来比喻事先做好预防性的工作，它才是惯用语。

附论：

［1］曹炜在《现代汉语词汇研究》（北京大学出版社，2004）一书里，叙述了古词界定中的分歧，指出关于古词的性质有五种意见，摘引如下：

> 1. 非现代汉语词语说。即认为古语词是古代汉语中所使用的、在现代汉语中已经不用或少用了的一些词语，这些词语不应看作是现代汉语词汇中的成员。
>
> 2. 古代、近代汉语词语说。即认为古语词"是指古代、近代汉语的词汇"，其中的"很大一部分已作为传承词为现代汉语所吸收"，另有一小部分"通常不再使用"。
>
> 3. 现代汉语书面词语说。即认为古语词是"产生、流行于古代而只在现代书面语中沿用下来的词语（如'谒、履、徙、莞尔、其、者、毋庸置疑、暴戾恣睢'等）"，其中"还包含一些在古代白话著作或白话作品里出现过而后来一直用在白话文书面语当中的单位(如'怎生、恁地、些须、端的、落草'等)"。

4. 现代汉语文言色彩词语说。即认为古语词是产生、流行于古代而被现代汉语所吸收的具有文言色彩的词语，多用于书面语，有些在口头上也很习用；至于那些“从古代一直沿用到现在的一些已成为现代普通话的基本词的词（如‘山、水、来、新’等）”，以及那些“已经死了的词汇”，则均不属于古语词。

5. 在现代汉语中有特殊用途的古代汉语词语说。即认为古语词是产生、流行于古代而在现代汉语书面语中有特殊用途的词语，它既包括那些具有文言色彩的词语（如“目、履、食、甘、倦、迕、囹圄”等），也包括一些虽不具有文言色彩但反映古代的社会生活的词语（如“劓、刖、谥、太监、朝廷、科举、状元、员外”等）。

[2] 传承语的情况相当复杂，仔细分析，有以下几种情况：

1. 有的原封不动传承至今。如：

【从善如登，从恶如崩】出自《国语·周语下》。

历代引用的有：

夫人情惮难而趋易，好同而恶异，与治道相反。传曰：“从善如登，从恶如崩。”言善之难也。（汉·张纮《临困授子靖留笺》，又见《资治通鉴·魏明帝太和三年》）

圣人以义理诲人，力挽之不能回，而此等语，一见之入骨髓，使人情志不可收拾。从善如登，从恶如崩，古语有之，可不慎乎？（元·许衡《鲁斋语录》上）

成立之难如升天，“从善如登”也；覆坠之易如燎毛，“从恶如崩”也。（明·叶子奇《草木子·钩玄》）

用之则家道安和，舍之则家道废坠矣。古语云：“从善如登，从恶如崩。”可不慎所从哉！（明·曹端《〈夜行烛〉序》）

首先，思想上要严起来。从善如登、从恶如崩。针尖大的窟窿能通过斗大的风。要加强党员干部思想教育，坚定理想信念，防止思想滑坡。（习近平《在中央党的群众路线教育实践活动第一批总结

暨第二批部署会议上的讲话》）

2．有的既有原封不动引用，又有稍作变化。如：

【割鸡焉用牛刀】出自《论语·阳货》："子之武城，闻弦歌之声。夫子莞尔而笑，曰：'割鸡焉用牛刀？'"

历代原封不动引用的有：

隋仁寿中为尚书左丞李纲所荐，授安养尉。尚书左仆射杨素见师古年弱貌羸，因谓曰："安养剧县，何以克当？"师古曰："割鸡焉用牛刀？"素奇其对。（《旧唐书·颜师古传》）

割鸡焉用牛刀，打听波女妖娆，有一日平步青霄，不信鸿鹄同燕雀。（元·金仁杰《追韩信》一折）

割鸡焉用牛刀，不劳温侯亲往。吾斩众诸侯首级，如探囊取物耳！（《三国演义》五回）

索超笑道："割鸡焉用牛刀，自有战将建功，不必主帅挂念！"（《水浒全传》六三回）

人家说"割鸡焉用牛刀"，你直是扑个把苍蝇，要用起铁扇公主的芭蕉扇子来了。（《冷眼观》二四回）

稍作变化的，引作"杀鸡焉用牛刀""杀鸡不用牛刀"。如：

常言道："杀鸡焉用牛刀。"那里消得正统军自去，只贺某聊施小计，教这一伙蛮子，死无葬身之地！（《水浒全传》八五回）

那些小毛贼，杀鸡焉用牛刀。要是不从大处着眼，反倒惹的打草惊蛇。（刘江《太行风云》四五）

常言说："杀鸡不用牛刀。"你们掏耳朵也用不着大马勺嘛！（魏巍《东方》三部五章七）

【行百里者半于九十】出自《战国策·秦策五》："'行百里者半于九十'，此言末路之难。"

后世原封不动引用的有：

臣闻行百里者半于九十，言其末路之难也。（《宋书·颜延之传》）

逮于直绳在手，厉气明目，持坚无术，末路蹉跎，行百里者半于九十，彪之谓也。(《北史·韩麒麟等传》)

行百里者半于九十。故夫古之智者，尝尽心于垂成之际也。(宋·陈亮《酌古论·邓禹》)

凡做事，将成功之时，其困难最甚。所以，“行百里者，半于九十”，有志当世之务者，不可不戒，不可不勉。(李伯箫等《领导手册·用人编》)

稍作变化的，引作“行百里者半九十”“行百里半九十”等。如：

亏功一篑未成丘山，凿井九阶不次水泽，行百里者半九十，小狐汔济濡其尾。(宋·黄庭坚《赠元发弟》)

古语曰：“行百里者半九十。”末路之难也。知不至，虽弗畔，不足赖也。(宋·陆九渊《与章茂献书》)

语云：“行百里者半九十。”西铭必有以处此。(清·侯方域《答张天如书》)

语曰：“行百里者半九十。”井掘九仞，犹为弃井，山亏一篑，遂无成功。(梁启超《过渡时代论》)

常言说得好：“行百里者半九十。”我们这次经过许多日子，用了许多心机，才有今天这个局面。(贺原《邪派高手》一一回)

中国有句老话：“行百里半九十。”这十里，往往比前面九十里更艰苦。(巴波《静静的密林》四)

我不是给老戴和老杨泼冷水，不过俗语说，“行百里半九十”，我们绝不要因前一阶段进行得很顺利，现在就可以匆忙了。对待科学，心急是不行的。(程树榛《钢铁巨人》一七章)

【前事之不忘，后事之师】出自《战国策·赵策一》：“前事之不忘，后事之师。君若弗图，则臣力不足。”

后世原封不动引用的有：

鄙谚曰：“前事之不忘，后事之师。”是以君子为国，观之上古，验之当世，参以人事，察盛衰之理，审权势之宜，去就有序，变化因时，故旷日长久，而社稷安矣。（汉·贾谊《过秦论下》，《史记·秦始皇本纪》"鄙谚"作"野谚"。）

昔象封有鼻，不任以政，诚由爱深，不忍扬其过恶。前事之不忘，后事之师也。（《后汉书·东平宪王苍传》）

文景守成，忘战戢役，骄纵吴楚，养虺成蛇，既为社稷大忧，盖前事之不忘，后事之师也。（《三国志·吴志·吴主权传》，裴松之注引《魏略》）

鄙语曰："不习为吏，如视已事。"卢辩注："视已事，观前成事也。古谚云：'前事之不忘，后事之师也。'"（《大戴礼记·保傅》）

（柳）忱曰："朝廷狂悖日滋，京师贵人莫不重足累息。独不见萧令君乎？以精兵数千，破崔氏十万众。竟为群邪所陷，祸酷相寻。前事之不忘，后事之师也。"（《资治通鉴·齐纪·东昏侯永元二年》）

稍作变化的，引作"前事不忘，后事之师"。如：

故恭俭畏忌，必蒙祉祚。奢淫谄慢，鲜不夷戮。前事不忘，后事之师也。（汉·张衡《上陈事疏》，又见晋·袁宏《后汉纪》卷一九）

臣读书至此，未尝不为戾太子流涕也。古人云："前事不忘，后事之师。"伏愿陛下念之。（《旧唐书·刑法志》）

苏子瞻刻于持论，其既也，言行相顾，颠沛不负所学。前事不忘，后事之师，固无以易此也。（清·包世臣《徐季雅博议补序》）

前事不忘，后事之师。一个马克思主义政党对自己的错误所抱的态度，是衡量这个党是否真正履行对人民群众所负责任的一个最重要最可靠的尺度。（习近平《在纪念毛泽东同志诞辰120周年座谈会上的讲话》）

3. 有的既有原封不动引用，又有更换后一部分或略作变化。如：

【饥者易为食，渴者易为饮】出自《孟子·公孙丑上》："且王者之不作，未有疏于此时者也；民之憔悴与虐政，未有甚于此时者也。饥者易为食，渴者易为饮。”

后世原封不动引用的，如：

饥者易为食，渴者易为饮。若久涂炭则易政，如渴不择饮也。（唐·马总《意林·孟子十四卷》）

久安之民骄佚，骄佚则难教；经乱之民愁苦，愁苦则易化。譬犹饥者易为食，渴者易为饮也。（《资治通鉴·唐纪·太宗贞观四年》）

又道是饥者易为食，渴者易为饮。大凡人在饥渴之中，觉得东西好吃。（《二刻拍案惊奇》卷二二）

兄能与协和交欢，此则饥者易为食，渴者易为饮之会。（章炳麟《与熊克武书》）

更换后一部分或略作变化的，如：

此枯木生华，白骨更肉，非臣之敢望也。饥者易食，寒者易衣，臣之谓矣。（三国魏·曹植《转封东阿王谢表》）

夫饥者易为食，寒者易为衣。天下元元，瞻望新政。（《晋书·段灼传》）

看来关于李自成行事仁义，饥民到处响应的话，确有其事，不过都不免传言过实。这好比饥者易为食，寒者易为衣。（姚雪垠《李自成》二卷四〇章）

4. 有的既有原封不动引用，又有稍作变化，或转引作成语。如：

【宁为鸡口，无为牛后】出自《战国策·韩策一》：“臣闻鄙语曰：‘宁为鸡口，无为牛后。’今大王西面交臂而臣事秦，何以异于牛后乎？”

后世原封不动引用的，如：

臣闻鄙语曰：“宁为鸡口，无为牛后。”今西面交臂而臣事秦，何异于牛后乎？夫以大王之贤，挟强韩之兵，而有牛后之名，臣窃为大王羞之。（《史记·苏秦列传》）

《颜氏家训》云：“太史公曰：‘宁为鸡口，无为牛后。’此是删《战

国策》耳。”（宋·孙奕《履斋示儿编》卷二）

〔净〕主帅岂不闻古人云：“我宁山头望廷尉，不能廷尉望山头。”又道是：“宁为鸡口，无为牛后。”你道归朝有路，叹失水蛟龙谁护？（清·孔尚任、顾彩《小忽雷传奇·误投淮帐》）

稍作变化，引作“宁为鸡口，毋为牛后”或“宁为鸡口，勿为牛后”。如：

大丈夫宁为鸡口，毋为牛后。（明·张凤翼《红拂记·俊杰知时》）

咱虽不曾读书，总得说“宁为鸡口，毋为牛后”，这样一个绒攮的，却教他来提调着咱，心里怎肯输服？（清·江左樵子《樵史通俗演义》二六回）

韩愿道：“生员虽贫士也，语云：‘宁为鸡口，勿为牛后。’岂有圣门弟子，贪纨绔之膏粱，而乱朝廷之名教者乎！”（《好逑传》二回）

“宁为鸡口，毋为牛后”，公等死利之心，纵难澌灭，稍安毋躁，以待汉族光复之后。（黄侃《论立宪党人与中国国民道德前途之关系》）

“宁为鸡口，毋为牛后”，与使他人啖我而饱也，宁自啖而不足。（章炳麟《社会通诠商兑》）

引作成语“鸡口牛后”或“鸡尸牛从”。如：

久冥心于虫臂鼠肝，岂过计于鸡口牛后。（宋·刘宰《代任谢乡举》）

彼所谓蜗角蝇头，彼所谓鸡口牛后，是又韩先生吐弃而不屑道者也。（明·薛冈《蘧庐稿序》）

凫飞雁集，本无系于公朝；鸡尸牛从，尚窃怀于私计。（宋·李正民《吉州到任谢执政启》）

5. 有的既有原封不动引用，又有稍作变化，或单引前一部分，或单引后一部分。如：

【士为知己者死，女为悦己者容】出自《战国策·赵策一》：“豫让遁逃山中，曰：‘嗟乎！士为知己者死，女为悦己者容。吾其报知氏之仇矣。'"

后世原封不动引用的，如：

豫让遁逃山中，曰："嗟乎！士为知己者死，女为悦己者容。今智伯知我，我必为报仇而死，以报智伯，则吾魂魄不愧矣。"（《史记·刺客列传》）

故士为知己者死，女为悦己者容；马为策己者驰，神为通己者明。（三国蜀·诸葛亮《便宜十六策·察疑第五》）

古语云："士为知己者死，女为悦己者容。"那吴王既待你如此恩情，只该从中调停那越王归国，两不相犯。（清·艾衲居士《豆棚闲话》二则）

稍作变化，引作"士为知己用，女为悦己容""士为知己死，女为悦己玩（玩，指演技献艺）""士为知己死，女为悦己容"或"士为知己者使，女为悦己者容"。如：

顾自以为身残处秽，动而见尤，欲益反损，是以抑郁而无谁语。谚曰："谁为为之，孰令听之？"盖钟子期死，伯牙终身不复鼓琴。何则？士为知己用，女为悦己容。（《汉书·司马迁传》）

士为知己死，女为悦己玩。思义苟敷畅，他人焉能乱？（宋·王谠《唐语林》卷七）

〔二煞〕士为知己死，女为悦己容。（云）豫让蒙俺主君知爱，超出流辈，今日安忍背主事仇！（元·杨梓《豫让吞炭》四折）

常言说得好："士为知己者使，女为悦己者容。"我为笑脸狐狸如此卖命，他却恩将仇报。（赵博《梁山小将传》二回）

6. 有的或原封不动引用，或稍作变化，前后两个部分都转化为成语。如：

【众心成城，众口铄金】出自《国语·周语下》："民所曹好，鲜其不济也；其所曹恶，鲜其不废也。故谚曰：'众心成城，众口铄金。'"

【众口铄金，三人成虎】出自《邓析子·转辞》："古人有言：'众口铄金，三人成虎。'不可不察也。"

后世原封不动引用，或稍作变化的，如：

臣闻众心成城，众口铄金，则舆人之诵不可轻也。（唐·高郢《再上谏书》）

古人有言："众口铄金，三人成虎。"（宋·王楙《野客丛书·众口铄金》）

贾生之见忌，以诸大臣不悦，而后绛侯之言入；晁错之见杀，以诸侯王不悦，而后袁盎之谮行。语云："众口销骨，三人成虎。"不可弗辨也。（明·彭汝让《木几冗谈》）

也引作成语"众心成城""众口铄金""三人成虎"。如：

故警逻不懈则可守，储峙有余则可守，众心成城则可守，将不骄盈则可守。（宋·周南《丁卯召试馆职策》）

今见两河、三晋、山东、山西，虽寇骑纷纭，豪杰连络，众心成城，不下百万。（清·丁耀亢《金屋梦》一九回）

窃问众口铄金，浮石沉木，三人成市虎，慈母投其杼。（《三国志·魏书·孙礼传》）

盖嫌疑之地，不可不慎；众口铄金，不可不畏。（元·谢应芳《与陈彦直书》）

群言淆乱，异说争鸣；众口铄金，积非成是。（鲁迅《述香港恭祝圣诞》）

三人成虎事多有，众口铄金居自宽。（宋·黄庭坚《劝交代张和父酒》）

嗟乎！百犬吠声，积羽折轴；十夫挠推，三人成虎。此墨翟有素丝之悲，阮籍有穷途之哭也。（明·王廷陈《寄舒子》）

且类曾参杀人，三人成虎。忧谗畏讥，不可终日。（郑振铎《劫中得书记·序》）

7. 有的多只引一部分，或作一些变化。如：

【流丸止于瓯臾，流言止于智者】出自《荀子·大略》："语曰：'流丸止于瓯臾，流言止于智者。'此家言邪学之所以恶儒者也。"

后世多引后一部分，如：

小人言不可信类如此，亦在大贤斟酌而断之。"流言止于智者"，正谓此耳。（唐·韩愈《京尹不台参答友人书》）

流言止于智者，诸兄都是高人，怎么戏言当真？（《隋唐演义》二三回）

或作一些变化，如：

鬼哭竟何冤，雨粟亦奚自，纷纷稗官传，流言止于智。（明·杨慎《观〈论衡〉有感》）

[3] 对于新词、新语的"新"字，学界有不同理解。有的学者把"新"的时间段定为距今15—20年，超出的就不是新词语。多数学者认为1978年改革开放以来新创造的词为新词。

另外，对"新"究竟是指形式（词形、语形）新，还是内容（词义、语义）新，还是形式、内容两者都新，也有不同意见。多数学者认为应该兼顾形式和内容。

针对语文辞书不够重视收录新词新义的现象，吕叔湘先生在《大家来关心新词新义》（《辞书研究》1984年第1期）一文里呼吁大家都来关心新词新义。他说："我提议大家来关心新词新义。这是因为现有的大大小小的语文词典对于这方面都没有给以足够的重视。要论汉语词汇研究的现状，考古之风还相当兴隆，像'脱颖'这个词应该怎么讲就能争论不休。唐宋以来的俗语词，最近几十年里研究的人多起来，也还很有点成绩。唯独现代词语，应该最受重视，可是最不受重视。"他认为产生这种情况，原因有两点：

第一，因为编词典的是"读书人"，对书本里的东西感兴趣，对生活中的东西不感兴趣，或者不太感兴趣；对书斋中来的词汇比较敏感，对市场上来的，车间里来的，田野里来的就不那么敏感。找词汇只在著名作家、著名作品里找，一般报刊就不大理会，至于什么手册、传单、广告等等就更不在话下了。

其次，有语言规范问题。一般语文词典只收一般词语，也就是说，要排除太专门的词语、方言词语以及昙花一现的词语。道理是对的，分寸却难于掌握。现在一般的倾向是偏于保守。要想到人们的生活在发展，在前进，专门词语、方言词语都在不断地涌进一般词汇。有些新词新义是不是来去匆匆的过客，还是要就此定居下来，也难于预测。吕先生的意见是“与其失之于严，无宁失之于宽”。补救的办法是：一、标明词语的性质，加上学科名称和口语、方言的标志；二、过几年修改一次，该加的加，该减的减，这在中小型词典不是难于办到的。

［4］把完全音译、意译兼音译、半音译半意译，以及字母词看作是外来词，一般都同意。借形借意不借音的，看法存在分歧。主要有三种意见：一种认为借形词和意译词都不是外来词；一种认为借形词和意译词都是外来词；一种认为借形词是外来词，意译词不是外来词。还有的学者认为，对借形词、意译词应区别对待。就借形词来说，现代汉语的一些词，只出现在日语和现代汉语中，而不见于古代汉语中，且是在20世纪初才出现在汉语中的，一般可以认定是借形词，如“母校、图案、营养、舶来品”等；现代汉语的一些词，日语、现代汉语中有，古代汉语中也有，但是现代汉语中的词与日语中的词意义相同，而两者同古代汉语中的词义迥然有别，一般也可以认定是借形词，如“博物、发明、机关、经济、理事”等；现代汉语的一些词，日语、现代汉语、古代汉语中都使用，而且意义也基本相同或相近，这些词就不能作为借形词，而应看作是本民族传承词，如“法律、计划、机械、精神、元帅”等。就意译词来说，被称为“仿译词”的如“蜜月、马力、冰箱”等，其构成成分是直译的，应看成是外来词；词所反映的概念义

是外来的，但构词成分及结构形式是本民族的，如“飞机、火车、轮船、面包、自行车”等，应当看成是本民族词，不是外来词。（参见曹炜《现代汉语词汇研究》，第90—100页）

第二节　语词不同的分类法

语词的分类有不同的一面，即词可以按语法功能分类，而语则不能；语可以按形式与内容相结合的方法进行分类。

一、词按语法功能分类[1]

根据词的语法功能，可以分为实词和虚词两大类。实词和虚词的不同，表现在以下几个方面：

从功能上看，实词能够单独充当句法成分，虚词不能单独充当句法成分。

从意义上看，实词表示事物、动作、行为、变化、性质、状态、处所、时间等等，虚词有的只起语法作用，本身没有什么具体意义，如“把、被、所、了、的”等；有的表示某种逻辑概念，如“和、或、因为、为了、通过、所以”等。

实词是开放性的，难以一一列举其成员；虚词是封闭性的，可以穷尽性地列举其成员。

实词一般分为名词、动词、形容词、数词、量词、区别词、副词、代词等八类；虚词一般分为介词、连词、助词、语气词等四类。除此之外，还有两种词既不能归入实词，也不能归入虚词，是比较特殊的两类词，这就是感叹词和拟声词。

词的语法功能分类，通常是语法学讨论的问题，这里不多叙述。

二、语按内容与形式分类[2]

语都是实的，没有虚的，不像词那样可以按语法功能分为实词和虚词，更不能分为名词、动词、形容词，等等。但语可以依自身的特点，按照内容和形式相结合的方法进行分类。可按两个层次进行分类。

（一）第一个层次分类

1. 先根据形式上的特点，把歇后语分出来。歇后语是“引述语”，都具有“引子”和“叙述性注释”两个部分。

2. 分出歇后语后，剩下的语按内容分为两大类：表述语和描述语。

表述语的特点是具有知识性。内容十分广泛，既有对客观事物的认识（如：“人眼是杆秤”“人是铁，饭是钢”），也有在社会实践中形成的经验（如：“强扭的瓜不甜”“巧妇难为无米之炊”）。

表述语的表达方式不拘一格，可以直陈，也可以采用引申或比喻的手法，但不管是哪种手法，都是通过判断或推理体现某种思想认识。

描述语，描述人或事物的形象和状态，描述动作行为的性状。描述语的特点是没有知识性。描述语不受结构形式限制，可以采用词组形式（如：“摆架子”“东张张，西望望”），也可以采用句子形式（如：“背靠背”“一朵鲜花插在牛粪上”）。

（二）第二个层次分类

对表述语和描述语再进行分类。分别按形式上是否“二二相承”进行划分：非“二二相承”的表述语为“谚语”，非“二二相承”的描述语为“惯用语”，“二二相承”的表述语和描述语合成“成语”。

综上所述，语的分类系统可以图示如下：

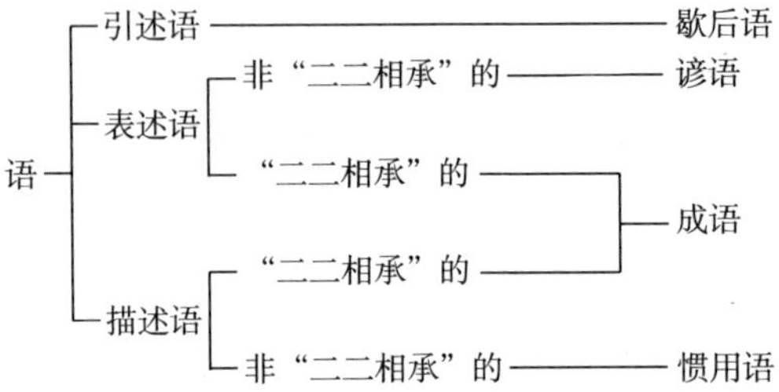

本书采用了这种分类系统。它的最大好处是：分类标准明确，各语类之间的界限清楚，分类结果符合传统习惯和人们的语感。过去纠缠不清的如成语与惯用语的区别、成语与谚语的区别、谚语与惯用语的区别，都得到了比较好的解决。

须要说明的是，“二二相承”有两个含义。一是不论语法结构还是语音结构都采取“二二相承”式（如“暴风骤雨”“家喻户晓”“水涨船高”“身败名裂”等），这属于完全“二二相承”式。另一种，语法结构虽然不是“二二相承”式，但语音结构或习惯读音是“二二相承”式（如“坐以待毙”“豁然开朗”“记忆犹新”“一衣带水”等），这属于不完全“二二相承”式。

“二二相承”，不能简单地理解为“四字格”。像“唱对台戏”“放马后炮”“丢乌纱帽”等，虽然属于“四字格”，但采用的是“一三”音步，不属于成语而属于惯用语。像“旁观者清”“物离乡贵”分别采用的是“三一”和“一三”音步，不属于成语而属于谚语。

在此基础上，成语、谚语、惯用语和歇后语，都可以再分类。

1. 成语的再分类

成语可以从多个角度进行再分类。

（1）从语义结构的角度分类

有的学者主张把成语分为“组合性成语”和“非组合性成语”两类。前者语义“跟它字面意义的逻辑组合是一致或基本一致的”，如“扬长避短”“既往不咎”“丰功伟绩”等；后者“实际意义和字面意义的差异较大，字面意义只能为理解实际意义提供一定线索，而不能显示出它全部内容”，如“草木皆兵”“得陇望蜀”“覆水难收”等。[①] 有的主张，在此基础上，再把“非组合性成语”，分为“融合性成语”和“综合性成语”，加上“组合性成语”，变成三类。“融合性成语”语义构成方式的特点是整体性最强，融合程度最高，构成成分失去独立性，语义结构不可分析，语义的形成与语源、社会因素直接相关，如“暗度陈仓”“杯弓蛇影”“病入膏肓”等；“综合性成语”语义构成方式的特点是融合的程度比较高，构成成分具有相对的独立性，“语形”结构可以分析，但不直接表现语义，语义的构成具有相对的语言内部的理据性，如“按图索骥”“白驹过隙”“抱薪救火”等。[②]

（2）从叙述性质的角度分类

首先可以分为“表述性成语”和“描述性成语”两大类。表述性成语数量比较少，可以不再分类。描述性成语数量较多，可以根据描述的方式再分为三类：

直陈式，如“爱不释手”，指喜爱得不肯放开手，语义是组合语素的直接陈述。

引申式，如“兢兢业业”，出自《诗经·大雅·云汉》：“旱既大

---

① 武占坤、王勤：《现代汉语词汇概要》，内蒙古人民出版社，1983，第 261–263 页。

② 孙维张：《汉语熟语学》，吉林教育出版社，1989，第 161–168 页。

甚，则不可推。兢兢业业，如霆如雷。”汉·毛亨《传》：“兢兢，恐也；业业，危也。”原形容危惧，后用来形容小心谨慎，不敢懈怠。

比喻式，如“井底之蛙”，指生活在浅井或水坑里的青蛙，《庄子·秋水》：“井蛙不可以语于海者，拘于虚也。”后比喻眼光狭窄、见识短浅的人。

（3）从语法性质的角度分类

首先可以分为“体词性成语”和“谓词性成语”两大类。

“体词性成语”从结构上看，又可分为两类：

整体定中结构，如“雕虫小技”“庞然大物”“不刊之论”“嗟来之食”等。

双体定中结构，如“粗茶淡饭”“天涯海角”“南腔北调”“生龙活虎”等。

谓词性成语，从结构上看，又可分为主谓结构、述宾结构、联合结构、偏正结构、连动结构、兼语结构等。[①]

（4）从意义内容的角度分类

从意义内容角度分类有不同的分法，这里介绍王理嘉、侯学超编著《分类成语词典》（广州人民出版社，1985）的分法。该书先把成语分为“景物描写”“评文论艺”“教育学习”“人物品行”“心理情绪”“言辞表达”“社会斗争”“社会生活”“行事取法”“情势状态”“政治法律”“军事经济”12大类，每类又各分若干小类，共127小类。

2. 谚语的再分类

谚语可以从不同的角度分类。从谚语产生和流行的时代上分，可以分为古谚和今谚。从流行的地区上分，可以分为吴谚、粤谚、

① 孙维张：《汉语熟语学》，吉林教育出版社，1989，第169–173页。

晋谚等。通常多按内容分类。其分类系统如下：

- 谚语
  - 社会谚
    - 哲理谚
    - 社会知识谚（含讽颂谚）
    - 思想修养谚（含劝诫谚）
  - 自然谚
    - 生产谚
      - 农谚
      - 林业谚
      - 畜牧谚
      - 副业谚
      - 渔业谚
      - 其他行业谚
    - 气象谚
    - 风土谚
    - 生活常识谚

3. 惯用语的再分类

惯用语既可根据语义表达方式，又可根据意义内容和结构进行再分类。

（1）根据语义表达方式，可以分为以下五类：

A. 白描式，如：

面和心不和　手脚不干净　饥一顿，饱一顿　白刀子进，红刀子出　好话说尽，坏事做绝　白天游门走四方，黑夜点灯补裤裆

B. 引申式，如：

挑重担　没理占三分　吃软不吃硬　睁着眼睛说瞎话　当面鼓，背后锣　公说公有理，婆说婆有理　三分像人，七分像鬼

C. 比喻式，如：

碰钉子　背黑锅　挂羊头卖狗肉　拉大旗作虎皮　过了

河就拆桥　八字没有一撇　按着葫芦抠子儿

D. 借代式，如：

耍嘴皮子　化干戈为玉帛　富了方丈穷了庙　抱着贼秃叫菩萨　东倒吃猪头，西倒吃羊头

E. 夸张式，如：

鸡蛋里面挑骨头　吃虱子留后腿　拳头上立人，胳膊上跑马　搬上碌碡都压不出屁来　拔出一根毫毛，比我们腰杆儿还粗

（2）根据意义内容再分类，有的把惯用语分为“体貌”“品性”“心理”“行为”“境遇”“人际”“言语”“动物”“鬼神”“自然”“状态”“其他”共12类。其中，“行为类”又分为17小类，“境遇”类又分为10小类，“状态”类又分为7小类。[①]

（3）根据结构再分类，结果如下表：

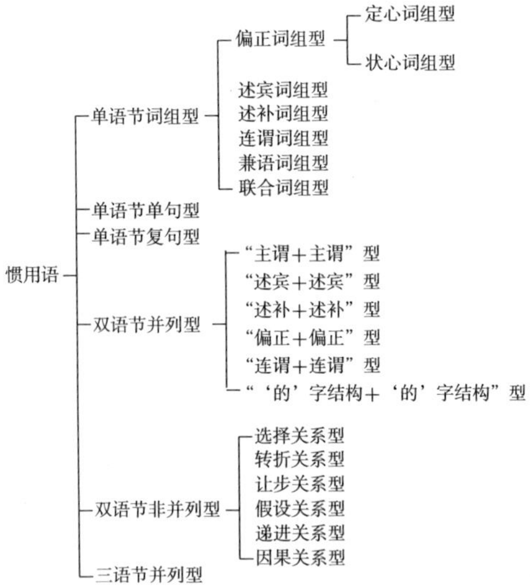

① 见温端政主编：《分类惯用语词典》，上海辞书出版社，2006。

4．歇后语的再分类

在歇后语的再分类上，有不少学者做过尝试，提出了不同的分类意见：

有的“按照修辞手法不同”，把歇后语分为“比喻性歇后语”“假借性歇后语”“谐音性歇后语”“双关性歇后语”“引用性歇后语”五类。[①]

有的主张先把歇后语分为“喻意型”和“会意型”两大类。喻意型再分为“半喻式”（如“唱戏的吹胡子——假生气”）和“全喻式”（如“老鼠尾巴上害疖子——出脓也不多”）；会意型再分为“本义式”（如“大流子的弟弟，三流子的哥哥——二流子”）和“别解式”，其中“别解式”又分为“多义别解”（如“十五个吊桶打水——七上八下”）和“谐音别解”（如“外甥打灯笼——照旧（舅）”）。[②]

有的主张先把歇后语分为“直陈型”和“双关型”两大类。[③]双关型又可分为：

（1）“转义双关”型，即利用后一个语节里某个词语的多义性产生转义而形成双关；

（2）“谐音双关”型，即利用同音异形字或近音异形字形成双关；

（3）“假借双关”型，即利用同音同形异义字形成双关；

（4）“组合双关”型，即利用词与词的组合形成双关；

（5）“借喻双关”型，即采用借喻手法（被比喻的事物和比喻词都不出现）形成双关。

---

① 夏光芬：《关于歇后语》，见《语文学习》，1978 年第 2 辑。
② 谭永祥：《歇后语新论》，山东教育出版社，1984，第 108 页。
③ 温端政：《汉语语汇学》，商务印书馆，2005，第 414–415 页。

附论：

［1］词按语法功能分类，各家的分类系统不尽相同。如：

朱德熙的《语法讲义》把汉语的词分为实词和虚词两大类。从功能上看，实词能够充任主语、宾语或谓语，虚词不能充任这些成分。从意义上看，实词表示事物、动作、行为、变化、性质、状态、处所、时间等等，虚词只起语法作用，本身没有什么具体意义。实词包括体词和谓词两大类。体词的主要语法功能是作主语、宾语，一般不作谓语；谓词的主要功能是作谓语，同时也能作主语和宾语。体词包括名词、处所词、方位词、时间词、区别词、数词、量词以及一部分代词。谓词包括动词和形容词以及一部分代词。此外还有拟声词和感叹词。列表如下：

实词	体词	1. 名 词 水 树 道德 战争
		2. 处所词 北京 图书馆 邮局
		3. 方位词 里 上 里头 东边
		4. 时间词 今天 现在 从前 星期一
		5. 区别词 男 女 金 银 新式 高级
		6. 数 词 一 二 十 百 千 万
		7. 量 词 个 只 块 条
		8. 代 词（体词性） 我 谁 这 那 什么
	谓词	代 词（谓词性） 这么 那么样 怎么
		9. 动 词 来 写 买 研究
		10. 形容词 红 大 干净 多
虚词		11. 副 词 很 也 已经 再
		12. 介 词 把 被 从 连
		13. 连 词 可是 如果 即使 和
		14. 助 词 的 所 得 似（shì）的
		15. 语气词 啊 吗 呢 吧
		16. 拟声词 啪 哗啦 叮叮当当 叽里咕噜
		17. 感叹词 哦 哎呀 嗐

张斌主编的《新编现代汉语》（复旦大学出版社，2002）把词类先分为实词、虚词、拟音词三大类。实词再分为体词、谓词、加词三类，体词包括名词和数量词，谓词包括动词和形容词，加词包括区别词和副词。虚词再分为关系词和辅助词两类，关系词包括连词和介词，辅助词包括助词和语气词。拟音词再分为象声词和叹词。代词比较特殊，另外对待，可分为代体词、代谓词、代加词。

[2] 语的分类中，有一个热门话题就是关于成语与惯用语的区分问题。刘叔新认为："表意的双层性是汉语成语的区别性特征，据此可把成语同其他固定语单位区别开，特别是同惯用语区别开，从而能以具有明确的个性而确定下来。"（《汉语描写词汇学》（重排本），第139页）

邢公畹主编的高等学校教学用书《现代汉语教程》（南开大学出版社，1994，第139-140页）写道：

> 惯用语不同于成语，它没有意义的双层性，字面的意义就是真实意义。如"全心全意、具体而微、供不应求、总而言之、想当然、打瞌睡、对事不对人"等等。这就是说，有无意义的双层性应是成语和惯用语的区分标准。

这些说法不能说完全没有道理，有不少成语在意义上确实具有双层性。如成语"胸有成竹"，字面上是指画竹子时心里有一幅竹子的形象，真实意义是比喻做事之前已经有通盘的考虑；又如成语"同室操戈"，字面上是说一家人动起刀枪来，真实意义是指内部相互争斗。但是，语言实际并不这样单纯。操作起来，遇到许多问题和困难。

第一，是否具有意义的双层性，往往难以辨别。

第二，把惯用语限定为"不含有双层性的意义"，与多数人对惯用语的认识相背离。

第三，用是否具有意义的双层性作为标准来区别成语和惯用语，分出来的结果，与人们的语感有很大的落差。

因此，用表意是否具有双层性来区分成语和其他语类，特别是惯用语，遭到许多学者的质疑。有的学者直言："'表意的双层性'不是也不应该是将成语与他类熟语分别开来的本质特征。"（周荐《熟语分类问题研究》，《词汇学问题》，天津古籍出版社，1998，第80－105页）

以上参看温端政《汉语语汇学》（第55－59页）。

第三章　语词的生成

第一节　原生和再生

从语词生成的先后顺序上看，词的生成是“原生”的，语则是“再生”的，是通过词的组合产生的。这是语词生成最大的不同。

一、词的原生性

词的产生有一个从无理据到有理据的过程。两千多年前，荀子就说：“名无固宜，约之以命，约定俗成谓之宜，异于约则谓之不宜。”（见《荀子·正名》）当时出现的大量单音词，都是无理据的约定，名实、音义之间没有必然联系。如最早造出来的汉字，包括象形的（日、月、山、水）、表意的（指事：本、末；会意：上、下）、谐声的（每、诲、悔、敏；非、悲）和假借为抽象义的（然、而、莫），大多可以认定为音义偶然约定而不具备可论证性。

上古汉语中后来出现的“音义皆近，音近义同或义近音同”的“同源字”，可以视为半理据词。如：（下例摘自王力《同源字典》，商务印书馆，1982）

裳—常（同音）

《诗·卫风·有狐》：“之子无裳。”传：“在下曰裳，所以配衣也。”《魏风·葛屦》：“可以缝裳。”笺：“裳，男子之下服。”《说文》:“常，下裙也。裳，常或从衣。”

《书·君牙》:“纪于太常。”传:“王之旌旗画日月曰太常。”《周礼·春官·巾车》:“建大常十有二斿。”注:“大常，九旗之画日月者。”《秋官·大行人》:“建常九斿。”注:“常，旌旗也。”朱骏声曰:“按，常裳二字，经传截然分用，并不通借。疑‘常’训旗，‘裳’训下裙，各宜出为正篆也。”徐灏曰:“常(裳)之引申为旗常。戴氏侗曰:‘谓其属幅如常(裳)也。’”

质—赘(质月旁转)

《说文》:“质,以物相赘也。”按,“质”是抵押的意思。《左传·隐公三年》:“周郑交质。王子狐为质于郑，郑公子忽为质于周。”《史记·吕不韦传》:“子楚为秦质子于赵。”《墨子·备水》:“为异舍食亓(其)父母妻子以为质。……”《荀子·大略》:“盟诅不及三王，交质子不及五伯。”

《说文》:“赘，以物质钱。”《汉书·贾谊传》:“家贫子壮则出赘。”集注引应劭:“出作赘婿也。”师古曰:“赘，质也。家贫无有聘财,以身为质也。”《严助传》:“民待卖爵赘子,以接衣食。”集注引如淳:“淮南俗卖子与人作奴婢,名为赘子,三年不能赎，遂为奴婢。”师古曰:“赘，质也。”

令—命(来明邻纽，叠韵)

《书·说命上》:“臣下罔攸禀令。”传:“令亦命也。”《周礼·夏官·大司马》:“犯令陵政则杜之。”注:“令,犹命也。”

《国语·鲁语下》:“诸侯朝修天子之业命。”注:“命,令也。”《吕氏春秋·孟春纪》:“命田舍东郊。”注:“命，令也。”

按,《孟子·离娄上》:“既不能令，又不受命。”“令”字一般用作动词，“命”字一般用作名词。

上古汉语后期出现的因义合成的双音词，如“大夫、北海、二心、先王、夏日、东海、边疆、黄泉、车辙、妖星、败绩、祭服、无有、周旋、草木、城郭、斧斤、土地、纪纲、鸟兽、社稷、国家、跋涉、辛苦、死生、施舍、忠贞、欣喜”等等，都是有理据的了。[①]

不管有没有理据，词都是原生的。

二、语的再生性

语大于词，是再生的，因此具有理据性。如：

成语“狼子野心”，是由“狼子”和“野心”两个词组合而生成的，比喻凶残的人用心险恶，本性难改。最早见于《左传·宣公四年》：“初，楚司马子良生子越椒。子文曰：‘必杀之。是子也，熊虎之状，而豺狼之声，弗杀，必灭若敖氏矣。谚曰：狼子野心。是乃狼也，其可畜乎？’”此语后来沿用下来。如：宋·周密《齐东野语·李全》：“先是，权尚书胡榘，尝言全狼子野心，不可倚仗。”明·无名氏《精忠记·应诏》：“兹迩戎虏猖獗日甚，狼子野心，朝和暮背，既去复来，为我国家之患久矣。”宗璞《南渡记》一章：“那蚕食政策是明摆着的。狼子野心，无法餍足。一味忍让，终有国破家亡的时候。”

谚语“见兔而顾犬，未为晚也；亡羊而补牢，未为迟也”，是由“见”“兔”“而”“顾”“犬”“未”“为”“晚”“也”“亡”“羊”“补”“牢”“迟”等组合而生成的。意思是：看见兔子才回头叫狗去追捕，并不算晚；羊被偷了以后再修补羊圈，也不算迟。常比喻局势已经十分紧迫或事情已经出现差错，只要及时采取补救措施，仍然不失为明智之举。最早见于《战国策·楚策四》：“庄辛至，襄王

① 以上参看李如龙：《论汉语词汇系统的生成与发展》，见《汉语词汇学论集》，厦门大学出版社，2011，第15–16页。

曰：‘寡人不能用先生之言，今事至于此，为之奈何？’庄辛对曰：‘臣闻鄙语曰：见兔而顾犬，未为晚也；亡羊而补牢，未为迟也。’……”此语后来也沿用下来。《太平御览》卷四五七引刘向《新序》作“亡羊而固牢不为迟，见兔而呼狗不为晚”：“楚襄王亡失江汉鄢郢之地，乃使召庄辛。辛曰：‘庶人有称曰：亡羊而固牢不为迟，见兔而呼狗不为晚。汤武以百里王，桀纣以天下亡。’”宋·陆佃《埤雅·释兽·羝》作“亡羊治牢，未为晚也”：“然则圣贤之智，犹有所未达，而况于凡庸者乎!故曰：‘三折肱知为良医。’又曰：‘亡羊治牢，未为晚也。’”张恨水《魍魉世界》九章作“亡羊补牢,犹为未晚”:“亚英将两杯酒斟得满满的，端起杯子来向亚雄一举道：‘喝!我们亡羊补牢，犹为未晚。也好，你跟着我到乡场上去过两天，让你也好换一换环境。’”

惯用语“风马牛不相及”,是由“风”“马”“牛”“不”“相”“及”组合而生成的，意思是：两地距离很远，即使牛、马走失，也不会跑到对方境内；也说马与牛不同类，雌雄不相诱。语出《左传·僖公四年》:“君处北海，寡人处南海，唯是风马牛不相及也。”此语后来作为惯用语流传下来，用来比喻两者毫无关系，互不相干。宋·刘克庄《答南雄翁教授书》:“人情喜面谀，虽至亲骨肉间，犹有隐情，足下于仆风马牛不相及，而意气倾攻，倒瑕指疵，慨然以订顽砭愚自任，推足下之心，将以其美诸身者而淑诸人也。”明·汤显祖《南柯记·围释》:“太子，君处江北，妾处江南，风马牛不相及也，不意太子之涉吾境也。何故？”《老残游记二集》九回作“风马牛不相干”:“你想我那阳间的丈夫，自己先不成个人，连他父母听说也做了野鬼，都得不着他的一点祭祀，况夫妻情义，更如风马牛不相干了。”

歇后语“韩信将兵——多多益善”,由“韩信”“将”“兵”“多多”“益”“善”组合而生成，意思是越多越好。此语出自《史记·淮阴侯列传》：“上（刘邦）问曰：‘如我能将几何？（韩）信曰：‘陛下不过能将十万。’上曰：‘于君何如？’曰：‘臣多多而益善耳。’”明·王世贞《艺苑卮言》卷三作“韩信用兵——多多益办”·“韩信用兵，多多益办，此是化工造物之妙，与文同用。”后多作“韩信将兵——多多益善”。《续孽海花》四一回：“我们的目光要注重在民众，不要注重在一人。我们应当乘时势危急，组织团体，集合人材。如韩信将兵，多多益善，以扩张党势。”唐亢双等《闹海记》一〇：“陈忠利转念一想，觉得还是女人的话实际。……于是忙不迭地说：‘要，要！韩信将兵，多多益善。’”

第二节　造词法和造语法

语词的生成和发展就是造词法和造语法的形成和发展。造词法主要是研究合成词的词素采用什么方法进行组词表义的，使新词不断涌现，满足交际的需要；造语法则是探讨组合语素、语步、语节以表达语义的方法。造词法和造语法有相同或相似的一面，也有不同的一面。

一、造词法[1]和造语法相同或相似之处

（一）都采用组合法

合成词多采用这种方法，把词素组合起来，直接表示词义。例如：（本书中词的释义除特别标注外，均摘自《现代汉语词典》（第7版））

【和蔼】态度温和，容易接近。

【和畅】温和舒畅。

【和风】温和的风。

【和乐】和睦快乐。

【和美】和睦美满。

【和洽】和睦融洽。

【和善】温和而善良。

【和顺】温和顺从。

【和谈】和平谈判。

【和婉】温和委婉。

【和悦】和蔼愉悦。

这些词都是利用“和”的词素义构成的。“和蔼”“和畅”“和风”“和善”“和顺”“和婉”“和悦”里的“和”用的是“温和”义；“和乐”“和美”“和洽”里的“和”用的是“和睦”义；“和谈”里的“和”用的是“和平”义。

有的可以不止一个义项。如：

【和好】❶形和睦：兄弟～。❷动恢复和睦的感情：～如初｜重新～。

【和缓】❶形平和；缓和：态度～｜口气～｜局势～了。❷动使和缓：～一下紧张气氛。

【和平】❶名指没有战争的状态：～环境｜保卫世界～。❷形温和；不猛烈：药性～。

【和气】❶形态度温和：对人～｜～生财。❷形和睦：邻居们相处得很～。❸名和睦的感情：别为小事儿伤了～。

这些词也是运用“和”的词素义构成的，并在词汇意义的基础上，增加语法意义，使其词性发生变化。“和好”“和缓”由形容词转化为动词；“和平”由名词转化为形容词；“和气”由形容词转化为名词。

运用组合法，也可以造出三音节的复合词。如：

【花生油】名用花生米榨的油，主要供食用。

【定居点】名牧民、渔民等定居的地点。

【见面礼】名❶初次见面时赠送的礼物（多指年长对年幼的）。❷见面时的礼节：握手、鞠躬是最平常的　。

【读后感】名读过一本书或一篇文章以后的感想（多指书面的）。

【床头柜】名放在床头边的小柜子。

【贺年片】名向亲友、师长等祝贺新年或春节的纸片，一般印有祝贺文字和图画。

【钉齿耙】名用大铁钉做齿的耙，用来弄碎土块，平整土地。使用时平放在地面上，用牲畜或拖拉机等牵引。

“花生油”是由复合词素“花生”+词素“油”组合而成的；“定居点”是由复合词素“定居”+词素“点”组合而成的；“见面礼”是由复合词素“见面”+词素“礼”组合而成的，由于“礼”有“礼物”“礼节”两个义项，组合成的“见面礼”也有两个义项。“读后感”是由（词素“读”+词素“后”）+词素“感”组合而成的；“床头柜”由（词素“床”+词素“头”）+词素“柜”组合而成；“贺年片”由（词素“贺”+词素“年”）+词素“片”组合而成；“钉齿耙”由（词素“钉”+词素“齿”）+词素“耙”组合而成。

组合法也是造语的重要方法。这种方法构造出来的语，语义由造语成分的意义和成分之间的组合关系意义构成。如：（成语、谚语、惯用语、歇后语的释义分别摘自《新华成语词典》（商务印书馆，2002）、《新华谚语词典》（商务印书馆，2005）、《新华惯用语词典》（商务印书馆，2007）、《新华歇后语词典》（商务印

书馆，2008），以及《新华语典》（商务印书馆，2014），有的略作改编，下同）

【残茶剩饭】（成语）指残剩的茶水和饭食。

【误入歧途】（成语）歧途：邪路。因失误而走上错误的道路。

【万事和为贵】（谚语）指为人处世和和气气最可贵。

【万事起头难】（谚语）指不论干什么事情，难的是开好头。

【外甥多似舅】（谚语）指外甥的长相、性格等往往很像舅父。

【仇可解不可结】（谚语）有了仇恨要设法和解，不要继续结仇。

【口服心不服】（惯用语）口服：嘴上说信服。指嘴上认输，心里仍然不服气。

【比上不足，比下有余】（惯用语）指跟上面的层次相比，差一些；跟下面的层次相比，又好一些。指处于中等水平或中间状态。多用于自慰或劝人。

【拉着和尚叫姐夫——乱攀亲】（歇后语）和尚不结婚，不可能有小舅子。指乱拉亲戚关系。

这些语都是采用组合法构成的，字面意义就是实际意义。歇后语主要靠后一部分表义，因此歇后语的语义多看后一部分。

组合法是最基本的造语方法。从句法形式来看，可分为词组式和句子式。

1. 词组式

造出来的语，在句法形式上是词组。如：

【插翅难逃】（成语）即使插上翅膀，也难逃掉。

【常恶不悛】（成语）悛：悔改。长期作恶，不知悔改。

【出人意料】（成语）超出了人们预先的估计。

【操之过急】（成语）操：做，从事。办事过于急躁。

【担风险】(惯用语)指承担一定的危险。

【看在眼里，记在心里】(惯用语)指仔细观察，留心记忆。

【墙头上跑马——难掉头】(歇后语)古代在城市四周建筑的防护墙，墙顶路面较窄。指只能向前，难以走回头路。

2. 句子式

造出来的语，在句法形式上相当于句了，只是结构相对固定，没有一定的句调。如：

【供不应求】(成语)供应不能满足需求。

【本性难移】(成语)人本来的个性难以改变。

【才貌双全】(成语)双全：两者兼备。才能高，相貌也好。

【名利双收】(成语)既获得好的名声，又获得实际利益。

【百闻不如一见】(谚语)听说百遍，也不如亲眼见一次来得可靠。指亲临考察非常重要。

【男儿有泪不轻弹】(谚语)指男子汉要刚强，不轻易在人前落泪。

【朋友妻，不可欺】(谚语)指对朋友的妻子要尊重，不可欺辱。

【大懒使小懒】(惯用语)指自己是大懒人，还要使唤别人。

【九娘娘的天书——谁也看不懂】(歇后语)指文字难以辨认，或文章很难读懂。

【捂着耳朵偷铃铛——自己骗自己】(歇后语)指自我欺骗。

有的是复句。如：

【本小利微】(成语)本钱不多，获利微薄。

【物美价廉】(成语)商品质量好，价格便宜。

【南人驾船，北人乘马】(谚语)指南方人多生活在水乡，善于行船；北方人多生活在旱地，善于骑马。

【恼一恼，老一老；笑一笑，少一少】（谚语）指烦恼会催人衰老，笑口常开会使人变得年轻。

【好话说尽，坏事做绝】（惯用语）指嘴上说的话尽是好听的，实际上什么坏事都干得出来。

【你有千条计，我有老主意】（惯用语）指对方不论采用什么办法，都不能改变自己的主意。

【千里送鹅毛——礼轻人意重】（歇后语）指礼物虽然很轻，但人的情意却很深厚。

（二）都采用引申法

引申造词法指的是在组合词素的基础上，通过抽象化，引申出与组合义有联系的新义。如：

【春宵】名 春天的夜晚，也指男女欢爱的夜晚：~苦短。

【打造】动 ❶制造（多指金属器物）：~农具｜~船只。❷创造或造就：~优质品牌｜~企业形象｜~优秀人才。

【压缩】动 ❶加上压力，使体积缩小：~空气｜~饼干。❷减少（人员、经费、篇幅等）：~编制｜~开支。

【读书】动 ❶看着书本，出声地或不出声地读：~声｜~笔记｜读了一遍书。❷指学习功课：他~很用功。❸指上学：妈妈去世那年，我还在~｜他在那个中学读过一年书。

“春宵”指春天的夜晚，用的是组合法，用来指男女欢爱的夜晚，用的是引申法。“打造”的第一个义项“制造（多指金属器物）”，用的是组合法，第二个义项“创造或造就”，是把第一个义项抽象化，用的也是引申法。“压缩”也一样，第一个义项“加上压力，使体积缩小”，用的是组合法，第二个义项“减少（人员、经费、篇幅等）”是第一个义项抽象化，也是用的引申法。“读书”有三个义项，第一个义项“看着书本，出声地或不出声地读”用的是组合法，第二、三义项用的是引申法。

运用引申法，还有缩小意义范围或者扩大意义范围的功能。缩小意义一般用“特指”。如：

【大陆】名 ❶广大的陆地：亚洲～（不包括亚洲的岛屿）。❷特指我国领土的广大陆地部分（对我国沿海岛屿而言）：台胞回～探亲。

【新区】名 ❶新解放的地区。特指第三次国内革命战争开始后解放的地区。❷新的住宅区、商业区、开发区等：浦东～。

【和事佬】名 调停争端的人，特指无原则地进行调解的人。

【短信息】名 文字简短的信息，特指用手机通过移动通信网发出，可以显示在对方手机显示屏上的简短文字、图片等。

扩大意义范围一般用“泛指”。如：

【红绿灯】名 红灯和绿灯，泛指交通信号灯。

【春秋】名 春季和秋季，常用来指整个一年，泛指岁月：苦度～。

【代价】名 ❶获得某种东西所付出的钱。❷泛指为达到某种目的所耗费的物质或精力：胜利是用血的～换来的｜用最小的～办更多的事情。

【心传】❶ 动 禅宗指不立文字，不依经卷，唯以师徒心心相印，传受佛法。❷ 名 泛指世世代代相传的某种学说。

和引申造词法一样，引申造语法也是在组合语素的基础上，通过抽象化，引申出与组合义有联系的新义。

【名不副实】（成语）名：名声。副：符合。名声与实际不符。多指空有虚名。

【笨手笨脚】(成语) 形容人动作粗笨，不灵巧。

【茶余饭后】(成语) 喝茶之余用饭之后的一段时间。泛指闲暇的时候。

【柴米油盐】(成语) 泛指日常生活必需品。

【千年纸墨会说话】(谚语) 指文据、契约是有力的凭证，时间再长都有效。

【年年防俭，夜夜防贼】(谚语) 年年都要预防歉收，夜夜都要预防盗贼。指防俭和防盗要坚持不懈。

【嚼舌根】(惯用语) 指信口胡说，搬弄是非。

【七嘴八舌头】(惯用语) 形容人多嘴杂，说个不停。

【驴粪蛋——里面坏，外面光】(歇后语) 指表里不一，外表好看，内里很坏。常含责骂意。

（三）都采用比喻法

比喻造词法，指的是在组合词素的基础上，通过比喻手法，形成与组合义有联系的新义。可分为两种类型：一种是完全比喻，一种是局部比喻。

1．完全比喻

完全比喻，是指整个词都用比喻手法。又有以下三种情况。

（1）词素的组合义不起作用，起作用的是比喻义，释文用“比喻”表示。如：

【春晖】名 春天的阳光，比喻父母的恩惠。

【新苗】名 比喻新出现的有发展前途的人或事物：乒坛～。

【暗潮】名 比喻暗中发展，还没有表面化的事态。

【绊脚石】名 比喻阻碍前进的人或事物：骄傲是进步的～。

【半瓶醋】名 比喻对某种知识或某种技术只略知一二的人。

【顶梁柱】名 比喻起主要作用的骨干力量。

【挡风墙】名 比喻可以起保护作用的人或事：父母要放手让孩子吃苦磨炼，不要一味充当～。

“春晖”本指春天的阳光，这是词素“春”和“晖”的组合义，但这个意义实际上不起作用，起作用的是它的比喻义：比喻父母的恩惠。“新苗”本指刚出土的幼苗,这是词素“新”和“苗”的组合义，它实际上不起作用，起作用的是它的比喻义：比喻新出现的有发展前途的人或事物，所以释文只出现比喻义。“暗潮”本指暗地里涌动的潮水，这是词素“暗”和“潮”的组合义，它实际上不起作用，起作用是它的比喻义：比喻暗中发展，还没有表面化的事态，所以释文只出现比喻义。“绊脚石”“半瓶醋”“顶梁柱”“挡风墙”的情况与此类似，不同的是它们是三音节的复合词。“绊脚石”由（词素“绊”+词素“脚”）+词素“石”组合而成；“半瓶醋”由（词素“半”+词素“瓶”）+词素“醋”组合而成；“顶梁柱”由（词素“顶”+词素“梁”）+词素“柱”组合而成；“挡风墙”由（词素“挡”+词素“风”）+词素“墙”组合而成。它们的组合义也都不起作用，起作用的是比喻义，所以释文也都只出现比喻义。

（2）词素的组合义和它的比喻义都起作用，从而形成两个义项，第一个义项是组合义，第二个义项是比喻义，第二个义项释文用“比喻”表示。如：

【疮疤】名 ❶疮好了以后留下的疤：背上有一块～。❷比喻痛处、短处或隐私：别老揭人的～。

【压榨】动 ❶压取物体里的汁液：用甘蔗制糖，一般分～和煎熬两个步骤。❷比喻剥削或搜刮。

【打架】动 ❶互相争斗殴打：有话好说，不能～。❷比喻有矛盾，不协调：你说的话前后～。

【打气】动 ❶加压力使气进入（球、轮胎等）。❷比喻鼓动：撑腰～。

【大炮】名 ❶通常指口径大的炮。❷比喻好发表激烈意见或好说大话的人。

【暗箭】名 ❶暗中射出的箭。❷比喻暗中伤人的行为或诡计：明枪易躲，～难防。

【错位】动 ❶离开原来的或应有的位置：骨关节～。❷比喻失去正常的或应有的状态：名利使他的荣辱观发生了～。

【吹鼓手】名 ❶旧时婚礼或丧礼中吹奏乐器的人。❷比喻为某人或某事进行吹嘘捧场的人。

【大杂烩】名 ❶用多种菜合在一起烩成的菜。❷比喻把各种不同的事物胡乱拼凑在一起的混合体（含贬义）。

（3）实际上是用比喻法造词，但释文不用比喻表示。如：

【鸡眼】名 皮肤病，脚掌或脚趾上角质层增生而形成的小圆硬块，样子像鸡的眼睛，硬块有尖，尖端向内，局部有压痛。

【猫眼】名 门镜的俗称。

“鸡眼”是一种长在脚掌或脚趾上的皮肤病，因为它的样子像鸡的眼睛，故称。这是用的比喻造词法，但释文不用“比喻”两字。“猫眼”指的是门镜，一种安装在房门上的透明小圆镜，可通过它在屋里看清门外的人，因为形状像猫的眼睛，故称。这也是用的比喻造词法，释文也不用“比喻”两字。

2. 部分比喻

复合词里只有部分词素用的是比喻义。分为下列两种情况：

（1）双音节复合词，第一个词素或第二个词素用的是比喻义。如：

【雪白】形 状态词。像雪那样的洁白：～的墙壁｜梨花盛开，一片～。

【雪亮】形 状态词。像雪那样的明亮：电灯把屋里照得～｜群众的眼睛是～的。

【雪松】名 常绿大乔木，高可达75米，叶子针形，绿色、蓝绿色或银灰色，球果卵形，树冠圆锥形，初生的叶子有白粉，像雪，是著名的观赏树种。

【笔挺】形 状态词。像笔杆儿一样立得很直：～地站着｜士兵站得～～的。

【笔直】形 状态词。像笔杆儿一样直：～的马路｜站得～。

【鱼贯】副 像游鱼一样一个挨一个地接连着（走）：～而行｜～而入。

【雪花】名 空中飘下的雪，形状像花，因此叫雪花：北风吹，～飘。

【雨雾】名 像雾一样的细雨：～茫茫｜～笼罩了江面。

【心潮】名 像潮水一样起伏的心情：～澎湃。

【麦浪】名 指田地里大片麦子被风吹得起伏像波浪的样子：～滚滚。

【瀑布】名 从山壁上或河床突然降落的地方流下的水，远看好像挂着的白布。

【车流】名 道路上像河流似的连续不断行驶的车辆。

【大鳄】名 比喻实力强或势力大的人或事物。

"雪白""雪亮""雪松""笔挺""笔直""鱼贯"，都是第一个词素用的是比喻义，第二个词素用的是本义；"雪花""雨雾""心潮”“麦浪”“瀑布”“车流”“大鳄”都是第二个词素用的是比喻义，第一个词素用本义。

（2）三音节复合词的情况比较复杂，试看下面几例：

【闷葫芦】名 ❶比喻极难猜透而令人纳闷儿的话或事情：这～里到底是什么名堂！❷比喻不爱说话的人：她是个～，一天到晚难得开口。

【蝴蝶结】名 用带子系成的形状像蝴蝶的结子。

【马蹄表】名 圆形或马蹄形的小钟，多为闹钟。

【灯笼裤】名 裤子的一种，裤腿肥大，下端收缩，形似灯笼。

【稻草人】名 稻草扎成的假人，多用来插在田地里驱赶鸟雀。指没有实际本领和力量的人。

“闷葫芦”里，词素“闷”用的是本义，“葫芦”是一个词素，用的是比喻义。“蝴蝶结”里，词素“结”用的是本义，“蝴蝶”是一个词素，这里是比喻用法。在“马蹄表”“灯笼裤”“稻草人”里，“表”“裤”“人”用的是本义，“马蹄”“灯笼”“稻草”用的是比喻义。（作者注：《现代汉语词典》（第7版）把“稻草人”解释为“比喻没有实际本领和力量的人”，这里用“比喻”欠妥，“人”不能比喻“人”，应用“指”。）

比喻造语法，跟比喻造词法类似，指的是在组合语素的基础上，通过比喻手法，形成与组合义有联系的新义。也可分为两种类型：一种是完全比喻，一种是局部比喻。

完全比喻，是指整个语都用比喻手法。

【并驾齐驱】（成语）并驾：几匹马并排在一起拉车。齐驱：共同快跑。比喻彼此之间不分先后，不相上下。

【笨鸟先飞】（成语）比喻能力差的人做事时恐怕落在后面

而提早行动。

【比翼连枝】（成语）比喻夫妻恩爱，形影不离。

【瓜熟蒂落】（成语）比喻条件或时机成熟，事情自然成功。

【姜是老的辣】（谚语）比喻老年人经历丰富，办事老练。

【兔子不吃窝边草】（谚语）比喻坏人一般不在自家附近干坏事。指坏人为便于立足，忌讳损害周围人的利益。

【死猪不怕开水烫】（谚语）比喻人反正已经身处绝境，索性豁出去，任凭事态发展。

【能狼难敌众犬】（谚语）比喻再有本事的人也难敌众人。

【脚踩两只船】（惯用语）比喻两边都占着，等候时机才作抉择。也比喻同时做两件事。

【胡子眉毛一把抓】（惯用语）比喻不分轻重、主次或先后，胡乱做某事；或不分青红皂白，盲目对待某些人。

【老黄牛过河——各趟各的水】（歇后语）比喻各人走自己的路。

局部比喻，是指语里只有部分语素用的是比喻义。

【民怨沸腾】（成语）沸腾：开水翻腾。百姓的怨恨情绪像开水那样翻腾起来。形容民众对当政者的不满达到了极点。

【冰肌玉骨】（成语）像冰一样的肌肤，像玉一样的骨骼。形容女子肌肤洁白润泽。或形容花朵洁净艳丽。

【女人是枕边的风】（谚语）指妻子在枕席上给丈夫说的话，丈夫由不得不听。

【铁打的衙门流水的官】（谚语）指机关单位驻地像铁打似的固定不变，而官员却像流水一样，不断更换。

【土相扶为墙，人相扶为王】（谚语）土和土相挨可以垒成墙，人和人相扶持可以成就王业。指人与人团结协作，就能成就大事。

【在蜜罐里长大】（惯用语）指在幸福的环境中成长起来。

【金刚的外貌，观音的心肠】（惯用语）指人外表粗鲁或严厉，内心却精细或慈善。

【武大郎卖豆腐——人熊货软】（歇后语）指人性格懦弱，能力或体力不行。也指装备很差。

“民怨沸腾”里，“沸腾”是比喻，指民怨像开水翻腾一样。“冰肌玉骨”里，“冰”和“玉”是比喻。“女人是枕边的风”里，“枕边的风”是比喻。“铁打的衙门流水的官”里，“铁打”和“流水”是比喻。“土相扶为墙，人相扶为王”里，“土相扶为墙”是比喻。“在蜜罐里长大”里，“蜜罐”是比喻。“金刚的外貌，观音的心肠”里，“金刚”和“观音”是比喻。“武大郎卖豆腐——人熊货软”里，“货软”是比喻。

（四）都采用借代法

借代造词法，指的是在组合词素的基础上，通过借代手法，形成与组合义有联系的新义。借代的手法可分为以下两种：

1．完全借代

完全借代，是指整个词都用借代手法。又有以下几种情况。

（1）借用某种特征来造新词。如：

【须眉】名 ❶胡须和眉毛：～皆白的老人。❷指男子：堂堂～｜巾帼不让～。

【巾帼】名 巾和帼是古代妇女戴的头巾和发饰，借指妇女：～英雄｜～丈夫（有男子气概的女子）。

【乌纱帽】名 纱帽。借指官职。也叫乌纱。

“须眉”里的“须（胡须）”是男子的特征，用来借代男子。“巾帼”里的“巾”是指古代妇女戴的头巾，“帼”是指古代妇女盖发的饰物，合起来借代妇女。“乌纱帽”是古代的一种帽子，因多用作官帽，所以用来借代官职。

（2）借用相关材料或工具来表义。如：

【丹青】名 红色和青色的颜料，借指绘画：~手（画师）|~妙笔|擅长~。

【笔墨】名 指文字或诗文书画等：~流畅|西湖美丽的景色，不是用~可以形容的。

【版筑】名 筑土墙用的夹板和杵（筑土墙时，夹板中填入泥土，用杵夯实）。借指土木营造的事情。

“丹青”本指绘画用的颜色，用来指代绘画。“笔墨”本指笔和墨，泛指文具，用来指代书画或文章等。“版筑”本指筑土墙的用具，用来指代土木营造的事情。

（3）借用相关的动作造出新词。如：

【裁缝】名 以做衣服为职业的人。

【开关】名 ❶电器装置上接通或截断电路的设备。通称电门。❷设在流体管道上控制流量的装置，如油门开关、气门开关。

“裁缝”本是动词，指裁剪缝制（衣服），用来指代以缝制衣服为业的人，变成名词。“开关”本指开和关的动作，用来指代与开和关的动作相关的设备和装置。

（4）借用部分造出相关的新词。如：

【眉目】名 眉毛和眼睛，借指容貌：~清秀。

【眉宇】名 两眉上面的地方，借指容貌：~不凡。

“眉目”“眉宇”都是容貌的局部，借用来指容貌。

（5）其他。

【眉睫】名 眉毛和眼睫毛，借指眼前：失之~|迫在~。

【新雨】名 ❶初春的雨；刚下过的雨。❷〈书〉借指新朋友：旧知~。

【鱼雁】〈书〉名 借指书信（古时有借鱼腹和雁足传信的说法）：频通~｜~往返。

【黑马】名 原指一匹不被人注意却在比赛中意外夺魁的黑马（故事见于英国小说《年轻的公爵》）。借指在比赛或选举等活动中出人意料获胜的竞争者。

2. 部分借代

复合词里只有部分词素用的是借代义。如：

【黑车】名 指没有牌照的或非法运营的车辆。

【黑地】名 指没有登记在国家地亩册子上的田地。

【黑户】名 指没有户口的住户。也指没有营业执照的商号。

【黑货】名 指漏税或违禁的货物。

【黑市】名 暗中进行非法买卖的市场：~交易。

【黑手】名 指暗中进行阴谋活动的人或势力。

【黑窝】名 指坏人聚集隐藏、干坏事的地方：掏~。

【黑心】名 阴险狠毒的心肠：起~。

【黑话】名 ❶帮会、流氓、盗匪等所使用的暗语。❷指反动而隐晦的话。

【黑社会】名 指社会上进行犯罪活动及其他非法活动的各种有组织的黑暗势力，如反动帮会，流氓、盗窃集团，走私、贩毒团伙等。

【红灯区】名 指某些国家或地区城市中色情场所集中的地区。

“黑”本指黑色，引申指黑暗。用来指代非法的、坏的或狠毒的等，作为一个词素构成“黑车”“黑地”“黑户”“黑货”“黑市”“黑手”“黑窝”“黑心”“黑话”“黑社会”等新词，词素“车”“地”“户”“货”“市”“手”“窝”“心”“话”“社会”等都用的本义，只有“黑”用的是指代义。“红灯区”里的“红灯”，本指红色的灯，因色情场所的门外多有红灯作标志，所以用“红灯”做指代，造出新词。

借代造语法，跟借代造词法相似，也是指在组合语素的基础上，通过借代手法，形成与组合义有联系的新义。不过，用借代手法造的语，多采用部分借代。如：

【病入膏肓】（成语）膏肓：我国古代医学将心尖脂肪叫膏，将心脏与隔膜之间叫肓，认为是药力达不到的地方。指疾病已到了不可救治的地步。也比喻情况严重，无法挽回。

【笔墨官司】（成语）指通过写文章进行的争论。

【笔走龙蛇】（成语）形容书法或文章洒脱雄健，很有气势。

【名落孙山】（成语）名：名字。宋·范公偁《过庭录》：“吴人孙山，滑稽才子也。赴举他郡，乡人托以子偕往。乡人子失意，山缀榜末，先归。乡人问其子得失，山曰：‘解名尽处是孙山，贤郎更在孙山外。’”意为榜上最后一名是我孙山，令郎还在我之后，意即榜上无名。后用“名落孙山”指考试或选拔未被录取。

【男儿膝下有黄金】（谚语）指男子汉有人格尊严，不能卑躬屈膝，轻易向人下跪。

【死知府不如活老鼠】（谚语）指旧时官场势利，即使像知府这样的高级官员，一旦失势，还不如一只活着的老鼠。

【化干戈为玉帛】（惯用语）干戈：古代武器，喻指战争。玉帛：玉器和丝织品，古代诸侯会盟时携带的礼品。比喻把战争转化为和平。也比喻把争端或不和转化为和平相处。

【好心当成驴肝肺】(惯用语)驴肝肺：比喻极坏的心肠。好好的一颗心，竟然被当作驴的肝肺。指好心被当成恶意。

【老母猪耳朵——骨头太软】(歇后语)指人性格软弱，不刚强。

“病入膏肓”里的“膏肓”，借指心脏里药力达不到的地方，是以部分代整体。“笔墨官司”里的“笔墨”，是以工具来代本体。“笔走龙蛇”里的“龙蛇”，本指龙和蛇，这里借指草书的笔势，是以形象代本体。“名落孙山”里的“孙山”，是以相关的人名来指代落榜。“男儿膝下有黄金”里的“黄金”，是贵重东西，用来借指不轻易，是以特征来代本体。“死知府不如活老鼠”里的“活老鼠”，是很低贱的东西，借指失势后的官员，也是以特征来代本体。“化干戈为玉帛”里，“干戈”借指战争、“玉帛”借指和平，是以相关的工具或材料来代本体。“好心当成驴肝肺”里的“驴肝肺”，一般认为是坏的心肠，借指坏的心眼，也是以特征代本体。“老母猪耳朵——骨头太软”里的“骨头”，本指人和脊椎动物体内支持身体、保护内脏的坚硬组织，借指人的性格，是以相关的材料来指代本体。

（五）都采用夸张法

词采用夸张法构成的，如：

【万死】动 死一万次(夸张说法)，形容受严厉惩罚或冒生命危险：罪该～｜～不辞。

【万事通】❶ 动 什么事情都知道或通晓。❷ 名 什么事情都知道或通晓的人。

【千里眼】名 ❶旧小说中指能看到很远地方的人。❷旧时称望远镜。

语采用夸张法构成的似乎更多，如：

【千呼万唤】（成语）形容一再呼唤、催促。

【麟肝凤髓】（成语）麒麟的肝，凤凰的骨髓。比喻珍稀的美味佳肴。

【米珠薪桂】（成语）珠：珍珠。薪：柴。桂：桂木。米贵如珠，薪贵如桂。形容物价极高。

【一寸光阴一寸金】（谚语）寸光阴：指日影移动一寸；形容时间短。指时间像黄金一样宝贵。

【人心不足蛇吞象】（谚语）指有的人往往贪得无厌，就像蛇想把大象吞下去一样。

【滴水之恩,不忘涌泉相报】（谚语）滴水：形容少。涌泉：涌出来的泉水，形容多。指受人恩惠，要加倍报答。

【笑掉了大牙】（惯用语）形容某事可笑之极。

【心有天高，命如纸薄】（惯用语）指人志向很高，但命运不佳，实现不了。

【喝口凉水都塞牙】（惯用语）连喝口凉水都会塞住牙缝。形容人倒霉，干什么都不顺利。

【三年不漱口——一张臭嘴】（歇后语）指说话难听，惹人厌恶。

“千呼万唤”，极言呼唤次数之多。“麟肝凤髓”，麒麟的肝，凤凰的骨髓，极言食物的珍贵。“米珠薪桂”，极言物价之高。“一寸光阴一寸金”，极言时间的宝贵。“人心不足蛇吞象”，极言人心的不知足。“滴水之恩，不忘涌泉相报”，极言报恩的重要。“笑掉了大牙”，极言某人或某事之可笑。“心有天高，命如纸薄”，极言人心志之高而命运之薄。“喝口凉水都塞牙”，极言人时运之不佳。“三年不漱口——一张臭嘴”里的“三年不漱口”极言不漱口的时间之长。

（六）都采用虚构法

词采用虚构法构成的，如：

【铁嘴】名 指能言善辩的口才，也指能言善辩的人。

【银鹰】名 比喻飞机（多指战斗机，含亲昵意）：祖国的~在天空翱翔。

【金曲】名 指深受听众喜爱的歌曲作品：十大~。

语采用虚构法构成的，如：

【大海捞针】（成语）比喻很难办到或无从寻觅。

【千钧一发】（成语）钧：古代重量单位，三十斤为一钧。千钧的重量系在一根头发上。形容情况极其危急。

【只要功夫深，铁杵磨成针】（谚语）只要肯下苦功，铁杵也能磨成针。指只要下到功夫，并能持之以恒，再难的事情也能做到。

【宰相肚里好撑船】（谚语）指做宰相的人胸襟宽阔。也泛指大人物或品德高尚的人，为人处世豁达大度。

【阴沟里翻船】（惯用语）比喻在不该出问题的地方出了问题。

【鸡蛋里挑骨头】（惯用语）比喻无中生有，故意挑刺、找毛病。

【酒盅里洗澡——小人】（歇后语）指品格卑下的人。

【搬起碾盘打月亮——不识轻重】（歇后语）形容人自高自大，言行不讲分寸。

“大海捞针”也作“海底捞针”，是虚构的想象。“千钧一发”出自《汉书·枚乘传》：“夫以一缕之任系千钧之重，上悬无极之高，下垂不测之渊，虽甚愚之人犹知哀其将绝也。”千钧重量的东西系在一根头发丝上，也是现实中不可能的。“只要功夫深，铁杵磨成针”，宋·祝穆《方舆胜览·眉州·磨针溪》载：相传唐代诗人李白读书未成时，曾想弃学，后见一个老年妇女在溪边磨一根铁杵，说要把它磨成针，李白深受教育，从此发愤读书。又清·俞樾《茶香室丛钞》卷一〇："宋郑思肖有百二十图诗，有一题云：骊山老母磨铁杵欲作绣针图。今俗语云：‘只要功夫深，铁杵磨成针。’亦有所本。"这说明，“只要功夫深，铁杵磨成针”这个谚语，是根据传说虚构出来的。“宰相肚里好撑船”，见于明·冯梦龙《古今笑·文戏·杨公复诗》："数点浮萍容不得，如何肚里好撑船？谚云：‘宰相肚里好撑船。’"设想宰相度量之大。“阴沟里翻船”“鸡蛋里挑骨头”“酒盅里洗澡”“搬起碾盘打月亮”，也都是虚构出来的。

二、造词法和造语法不同之处

造词法和造语法也有不同的一面，表现在：

（一）词汇有语音造词法，语汇没有语音造语法

语音造词法分为拟声法和音变法。

1. 拟声法

拟声法指摹拟自然界和人类社会生活中的各种声音。用拟声方法造出来的词叫拟声词，也叫象声词。

（1）摹拟自然界声音的拟声词，有单音节的，也有双音节、三音节或四音节的。

单音节的，如：叭　嗖　呼　当　咣　嘎　汪

双音节的，如：扑通　咕噜　咔嚓　咕咚

三音节的，如：轰隆隆　呼啦啦

四音节的，如：噼里啪啦　稀里哗啦　叽里咕噜

（2）摹拟人类社会生活中各种声音的，也叫叹词。有的表示

强烈感情，有的表示招呼应答。

表示强烈感情的，如：啊　嗨　咦　哎呀　哎哟

表示招呼应答的，如：喂　唉　哼　嗯

拟声词可以单独成句或者作为句子的一个独立成分，如：轰隆隆，轰隆隆。外面传来开采山石的爆炸声。｜呸！｜喂，你的书掉了。｜哎哟，疼死我了！｜你试试看，哼！

拟声词也可以作句子成分，如：哗哗的水声（定语）、风呼呼地吹着（状语）、车声隆隆，马蹄哒哒（谓语）。

2. 音变法

音变法是通过语音变化的方法产生新词。

（1）用儿化造新词，如：

盖（gài 由上而下地遮盖，动词）

盖儿（gàir 器物上部有遮蔽作用的东西，名词）

扣（kòu 套住或搭住，动词）

扣儿（kòur 扣子，名词）

（2）用改变声调造新词，如：

好（hǎo 优点多的，使人满意的，形容词）

好（hào 喜爱，动词）

少（shǎo 数量小，形容词）

少（shào 年纪轻，形容词）

（二）语多采用意合法，词则比较少见

用意合法造语时，只出现一些标识性的成分，而且不按一般的语法规则进行组合。因此，不大好用语法规则进行常规分析。在语义上不能按语素义进行分析，只能根据约定俗成的整体意义去理解。

意合的造语方法，又可分为摘取法、紧缩法和概括法。

1．摘取法

摘取几个关键性的成分作为标识。如：

【管窥蠡测】(成语)出自《汉书·东方朔传》:“以管窥天，以蠡测海。”原意是从竹管中观察天，用瓠瓢测量海水，后形容眼光狭窄，见识短浅。

【老健春寒秋后热】(谚语)指老年人的健康不易常保，就像春寒、秋后热不会持久一样。

【三年桃，四年杏】(谚语)指各种果木从栽培到结出果实的时间有所不同，桃树需要三年，杏树需要四年。

2．紧缩法

选择某些具有代表性的成分，压缩而成。如：

【见仁见智】(成语)语出《周易·系辞上》:“仁者见之谓之仁，知者见之谓之知。”指对同一问题，各人有各人的看法和道理。

【一力降十会】(谚语)指一个力气大的人可以降伏十个会武艺的人。

【痴心女子负心汉】(谚语)指在恋爱婚姻中，女方往往多情，男方却常常变心。

这些都是选取几个代表性成分，压缩掉某些虚词或次要的成分。

3．概括法

运用构语成分，把古代寓言、神话、传说故事或历史事件等概括成语。语义与语源相关，不能单纯从字面去理解。如：

【自相矛盾】(成语)语出《韩非子·难一》:“楚人有鬻楯与矛者，誉之曰：‘吾楯之坚，物莫能陷也。’又誉其矛曰：‘吾矛之利，于物无不陷也。’或曰：‘以子之矛，陷子之楯，何如?’

其人弗能应也。夫不可陷之楯与无不陷之矛,不可同世而立。”楯:同“盾”。后用“自相”和“矛盾”两个语步来概括这个寓言,产生了“自相矛盾”这个成语。

【求只求张良,拜只拜韩信】(谚语)张良:刘邦的重要谋臣。韩信:被刘邦拜为大将军。在楚汉战争中,二人辅助刘邦打败项羽,称为开国元勋。后用“求只求张良”“拜只拜韩信”两个语节进行了概括,产生了“求只求张良,拜只拜韩信”这个谚语,指求人帮助要找高手。

【身在曹营心在汉】(惯用语)语出《三国演义》第二十五回:关羽被曹兵围困,经曹将张辽劝降,羁留曹营,“(曹)操待之甚厚:小宴三日,大宴五日;又送美女十人,使侍关公”,但关羽不为所动,仍一心思念蜀汉。后用“身在曹营”“心在汉”两个语步,概括这件事,产生“身在曹营心在汉”这个惯用语。

【太公钓渭水——走老运】(歇后语)太公:指姜太公,吕尚的别名,字子牙。相传姜子牙80岁时在渭水边钓鱼,遇到周文王,得到重用,后辅助周武王取得天下。后用“太公钓渭水”“走老运”两个语节进行概括,产生了“太公钓渭水——走老运”这个歇后语,指人到老年时突然交了好运。

(三)语多采用转化法,词则比较少见

所谓转化法,指通过意义转化,把特指具体、个别事物的意义,经过抽象,转化为虚指或泛指的意义,从而使自由词组或行业用语转化为语。这种构语法多用于创造惯用语。根据转化的方式可以分为虚指式和泛指式。

1. 虚指式

把特指具体事物的意义,转化为虚指,使自由词组转化为语。

以“灌米汤”为例。如果是指把米汤灌进人或动物的喉咙里，就不是语而是自由词组。例如：

薛陆氏正给刘根生灌米汤，忽然见沈长支咳咳喘喘地走进门，好似得了救星。（陈登科《活人塘》）

听人说宋家大院鸡发了瘟，灌米汤可以不发瘟。（叔文《费家的二小》）

以上两例里的“灌米汤”都是自由词组，不是语。下面三例里的“灌米汤”情况明显不同：

这知县后来又穿着新衣裳上辕禀见过几次。署院很拿他灌米汤，叫他先行回任，将来出个大点的缺还要借重。（《官场现形记》二〇回）

李三姑奶又进一步给葫芦灌米汤说：“以后要跟你岳叔学，刚才要不是你岳叔，身家性命可难保。”（李晓明等《破晓记》一八回）

胡国光闭目一笑，张铁嘴灌他米汤时的面容，又活现在眼前了。（茅盾《蚀·动摇》）

这三例里的“灌米汤”，意义都虚化为用甜言蜜语奉承人、迷惑人，都由自由词组转化为惯用语。

2. 泛指式

把特指某个具体事物的意义，转化为泛指，使自由词组转化为语。

试以“打折扣”为例。如果是指商品按原价的一定比率降价出售，就不是语而是自由词组。例如：

先是小试其技：送画片继而打折扣，自九折以至对折……（鲁迅《书籍和财色》）

公司的营业也平常，股票即使照原价打个小折扣，一时

也不容易卖出去。（巴金《秋》四四）

以上两例里的“打折扣”都是自由词组，不是语。下面三例里的“打折扣”意义发生了变化：

在阶级社会里所流传下来的书史之类，可靠性是要打折扣的。（郭沫若《武则天生在广元的根据》）

车夫阿二也自觉诧异：怎么他的力气也打了折扣？（茅盾《拟〈浪花〉》）

范登高说：“正因为他们家里有落后的，才要让进步的在里边做些工作。”范登高这话要打点折扣。（赵树理《三里湾》一八）

这三例里的“打折扣”，是指减少或者降低事物的数量、质量，不完全按规定的、已承认的或已答应的来做，或指古代流传下来的书史的可靠性，或指人的力气，或指人的话语。意义转化之后，都成了惯用语。

（四）语常采用双关造语法，而词则很少见

双关造语法，指的是借助语素的同音、近音或多义的条件，表达两种含义，达到言在此而意在彼的效果。又可分为谐音双关、转义双关、假借双关、组合双关、借喻双关。

1. 谐音双关

谐音双关，是利用同音异形字或近音异形字形成双关。如：

【逃之夭夭】（成语）《诗经·周南·桃夭》：“桃之夭夭，灼灼其华。”原形容桃花茂盛鲜艳。后来借“桃”谐“逃”音，用“逃之夭夭”作为逃跑的诙谐说法。

【大萝卜还用屎浇】（谚语）浇：谐“教”。大萝卜秧不用粪肥浇灌也长得大。犹言哪里还用你教，也比喻能成才的人不用费心调教。

【不蒸馒头蒸口气】(惯用语)第二个“蒸”谐“争”。指某种行动不为别的，为的是争一口气。

【空棺材出丧——木中无人】(歇后语)木：谐“目”。眼睛里没有旁人。形容骄傲自大，看不起别人。

【三尺长的梯子——搭不上檐】(歇后语)搭：谐“答”。檐：谐“言”。指答不上话来。

【何家的姑娘姜家的婆娘——姜何氏】(歇后语)姜何氏：谐“刚合适”。指正好合适。

2. 转义双关

这是利用某个语素的多义形成转义。如：

【黄连树下弹琴——苦中作乐】(歇后语)苦：双关，本指苦味，转指困苦、痛苦。指在困苦中强作欢乐。

【啄木鸟找食——全凭嘴】(歇后语)嘴：双关，本指嘴巴，转指说话。指全凭能说会道。

【吊死鬼搽粉——死要面子】(歇后语)死：双关，本指死亡，转指程度达到极高。指虚荣心极强，总怕损害自己的体面。

【石板上钉钉子——硬碰硬】(歇后语)硬：双关，本指坚硬，转指强硬。指用强硬的态度对付强硬的态度。

3. 假借双关

这是利用同音、同形语素的“假借”关系形成双关。如：

【老鼠上秤钩——自称自】(歇后语)称：双关，本指称东西的“称”，转指“称赞”的“称”。指自己夸耀自己。

【脑门上长瘤子——额外负担】(歇后语)额：双关，本指“额头”的“额”，转指“额数”“额定”的“额”。指超出规定数额或范围，另外加上去的负担。

【黑瞎子叫门——熊到家了】(歇后语)熊：双关，本指狗熊，转指“熊包”的“熊”。形容人懦弱无能到了极点。

4．组合双关

利用语素与语素的组合而形成双关。如：

【脚后跟拴绳子——拉倒】（歇后语）拉倒：双关，本指一拉就摔倒，转以合成一个词。指某事作罢，不进行。

【哑巴见面——没说的】（歇后语）没说的：双关，本指没有话语可说，转指没有什么可以挑剔或指责的缺点。形容人或事物很完美。

【百年松树，五月芭蕉——粗枝大叶】（歇后语）粗枝大叶：“粗枝”与前一个语节“百年松树”相应，“大叶”与前一个语节“五月芭蕉”相应，合成为一个成语。比喻做事不认真、不细致。

5．借喻双关

采用借喻手法（被比喻的事物和比喻词都不出现）形成双关。如：

【哈巴狗戴串铃——充什么大牲口】（歇后语）串铃：连成串的铃铛，多挂在骡马等大牲口的脖子上。本指冒充大的牲口，转喻冒充很有气派的人。

【胖老婆骑瘦驴——肥瘦相搭】（歇后语）本指肥胖的和瘦的相搭配，转喻能力强的和能力弱的相互搭配。

【隋炀帝游江南——自坐龙舟人拉纤】（歇后语）本指自己坐在龙舟上，让别人来拉纤，转喻别人劳动自己享受。

从上面所举的例子可以看出，运用双关造语法，最多的是歇后语。

（五）造歇后语特有的“引注法”

歇后语全都是由前“引”后“注”的两个部分构成的，我们把这种造语法叫作“引注法”。其他语汇，包括成语、惯用语、谚语，不用这种造语法，词汇更不用。

引注法是指采用前引、后注的方法，使语节之间形成“引子”和“注释”的关系。这是汉语语汇独特的构语方法，用来构造歇后语。

根据语节的不同构成方式，可分为：

1. 单引法：引子为一个语节。如：

吃了萤火虫——肚子里明

竹篮打水——一场空

2. 双引法：引子为两个语节。如：

老天不下雨，老人不说理——没法治

云南的老虎，蒙古的骆驼——谁也不认识谁

3. 单注法：注释为一个语节。如：

蚂蚁进磨盘——条条是道

屎壳郎打嚏喷——满嘴喷屎

4. 双注法：注释为两个语节。如：

张飞打铁——人也硬，活也硬

屎壳郎趴在鞭梢上——光知道腾云驾雾，不知道死在眼前

附论：

［1］造词法最早是孙常叙先生提出来的。他在《汉语词汇》一书里进行了详细的论述。他把汉语造词方法分为语音造词方法、语义造词方法、结构造词方法三种：

语音造词方法，即象声造词，有“模仿自然物声”的，有“模仿人

造物声”的。

语义造词方法，分为“变义造词”和“比拟造词”。变义造词又分为“引申变义造词”和“转化变义造词”；比拟造词又分为“单纯比拟造词”和“条件比拟造词”。

结构造词方法比较复杂。先分为“词汇—结构造词方法”和“形态—结构造词方法”。

“词汇—结构造词方法”又分为“非词根结构造词”和“词根结构造词”。非词根结构造词又分为“词组结构造词”和“短句结构造词”。词组结构造词又分为“修饰关系”“并列关系”“因果关系”“支配关系”。词根结构造词又分为“分化造词”“附注造词”和“重叠造词”。

“形态—结构造词方法”又分为“音变造词”和“附缀造词”。音变造词又分为“改变部分音素的音变造词”和“不改变音素的音变造词”；附缀造词又分为“加前缀的附缀造词”和“附后缀的附缀造词”。

张志毅、张庆云先生在《中国第一部词汇科学专著》(《烟台大学学报》(哲学社会科学版）1989年第3期）里，对孙常叙先生的造词法系统作了精辟的论述，摘引如下：

> 《汉语词汇》把……造词法分为三大类：语音造词方法，语义造词方法，结构造词方法。
>
> 在语音造词方法里，指明了它的原始性和局限性。它的能产性和表达力都是有限的，而且不同语言的象声词只有极少数是相同的（如几种语言对狗叫的拟声），大部分是不同的。因为各语言的音位不尽相同，特别是象声词主要追求心理感觉上的声音相似，而不是追求音色、音高等物理属性给予听觉的精确或雷同。
>
> 在语义造词法里，分析了造词的理据。其中一种是用原词的引申、转化义，变义造出的新词。另一种是比拟造词，即“看着像什么就叫什么”。这是用心理联想造出的新词。这在有理据的词中是透明度

最高的透明词（transparent）。用以上两种造词方法造出的新词，易于掌握，为人们所喜闻乐见。

在结构造词法里，分析了词的内部形式。这一部分，是词汇学专著的核心。用了60页的篇幅，详尽地描写了非词根造词和词根造词，特别是在“词组结构造词”的“并列关系”中又详尽地分析出4小类——“两端对举，两类概括，两事相成，同义互注”。在“分化造词”中，首先分析出“用单词作条件的，用词组作条件的，用短句作条件的”，然后分析“分化条件的语义作用”，共得出26种作用。这实际上是描写了在“修饰或限制”这同一语法关系下的各种语义关系。这是对偏正结构的传统观念的重大突破，是把构词法研究引深到语义结构研究。这一研究的匠心独运及其所取得的成果，同国外比较，当时处于先进行列；同国内比较，至少比同行领先了25年以上。

李如龙先生在《论汉语词汇的多元系统》一文里，对孙常叙先生的造词法系统作了进一步论述，摘引如下：

孙先生把汉语词汇的造词法分为语音造词法、语义造词法和结构造词法，每一个词都有它的语音形式、语义内容，若是多个语素合成的多音词，语素之间也有一定的结构方式，因此，语词的生成方式用这三种造词方式来分类，是有概括力的。如果对语义的理解包括词汇意义和语法意义，也可以从大处区分为“因音造词”和“因义造词”两大类。从汉语词汇的生成大势说，因音造词是早期的造词方式，自从兴起了语素合成造词之后，因义造词就成了造词法的主流。而且这个主流造词法还可以细分为语素合成、语缀类推和修辞转义三个小类。

第四章　语词的构成

第一节　词素与语素

词是由词素构成的，语是由语素构成的。如果把词素定义为“一种音义结合的定型结构，是最小的可以独立运用的词的结构单位”① 的话，语素则可定义为“语的构成成分中最小的能独立运用的音义结合体”②。

一、词素[1]、语素的相同之处

从词素和语素的定义中，可以看出二者的相同之处。

（一）语素和词素一样，具有语音形式

语音是语言的物质外壳，词素和语素一样都必须借助于语音形式才能形成和存在。如：“西北”两个词素的语音形式是：xī běi；“喝西北风”两个语素的语音形式是：hē xīběifēng。

（二）语素和词素一样，表示一定的意义

语素和词素一样，都有意义，都是音义结合体。如“痴醉”两个词素，“痴”指痴迷，着迷；“醉”指迷醉，陶醉。“打落水狗”两个语素，“打”指用手或器具撞击物体；“落水狗”比喻失势的

① 葛本仪：《现代汉语词汇学》，山东人民出版社，2001，第 49 页。
② 温端政：《汉语语汇学》，商务印书馆，2005，第 81 页。

坏人。

词素又分为实词素和虚词素两种类型，实词素又称为词根，它具有实在的意义，是词汇意义的主要承担者，如：上、下、左、右等；虚词素又称附加词素，表示语法意义和某些附加的词汇意义，如：阿姨、甜头、泥巴中的“阿”“头”“巴”。

同样，语素也分为实语素和虚语素，实语素具有实在的意义，是语汇意义的主要承担者，虚语素也表示语法意义和某些附加的语汇意义。如成语“溜之大吉”里，“溜、大、吉”是实语素，“之”是虚语素；惯用语“吃不了兜着走”里，“吃、不、兜、走”是实语素，“了、着”是虚语素；谚语“千里之行，始于足下”里，“千里、行、始、足、下”是实语素，“之、于”是虚语素；歇后语“老鼠拉木锨——大头在后面”里，“老鼠、拉、木锨、大、在、后”是实语素，“头、面”是虚语素。

（三）语素和词素一样，是构成成分中最小的单位

语素和词素一样是最小的单位，是从语和词的构成成分的角度来看的。作为语和词的构成成分，语素和词素一样是最小的不可分割的整体。如“远近”中的“远、近”两个词素，“远水不解近渴”中的“远、水、不、解、近、渴”六个语素，都只有一个音节，很明显是最小的单位。在合成词素和合成语素中，有的不止一个音节，也能分割，但分割之后，意义有质的区别，这样的词素和语素也应是最小的单位，如“豆腐皮”和“小葱拌豆腐——一清二白”中的“豆腐”，如分割成“豆”和“腐”，所表示的意思为“豆子”和“腐烂”，不再是“豆腐”的意思，“豆腐”作为词素和语素应看作是最小单位。

（四）语素和词素一样，可以独立运用

词素作为词的构成要素，语素作为语的构成要素，都是能够独立运用的，如“花灯”一词是由“花”和“灯”两个词素构成的，“花”还可以构成“花车”“花粉”“花丛”“花朵”“花季”等，“灯”也可以构成“灯光”“灯火”“灯泡”“灯笼”“灯会”等；成语“大材小用”中的语素“大”，可以构成惯用语“大眼瞪小眼”“大事化小，小事化了”“大气不敢出一声”，谚语“大鱼吃小鱼，小鱼吃虾米”“大树底下好乘凉”，歇后语“大水冲了龙王庙——一家人不认一家人”。正因为语素和词素具有独立运用的能力，才能构成多种多样的语和词。

二、词素、语素的不同之处

词素和语素的不同之处表现在：词素是小于或等于词的结构单位，而语素则相当于词，组合成语的词都是语素。如“老虎”一词是由前缀词素“老”和词根词素“虎”构成，而在歇后语“老虎屁股——摸不得”中，“老虎”只是一个语素；“朋友”一词是由两个词根词素“朋”和“友”构成，而在谚语“朋友越多越好，冤家越少越好”中，“朋友”只是一个语素。

附论：

［1］有不少词汇学者和语法学者把“词素”称作“语素”。《现代汉语词典》(第7版)“词素”“语素”条的解释是：

> 【词素】名 词的构成成分，是最小的音义结合体，词根、前缀、后缀都是词素。有的词只有一个词素，如“人、蜈蚣”等。有的词包含两个或更多的词素，如“老虎”包含“老”和“虎”两个词素，“蜈蚣草”包含“蜈蚣”和“草”两个词素，“图书馆”包含“图”“书”和“馆”三个词素。参看1601页〖语素〗。

【语素】名 语言中最小的有意义的单位。汉语的语素绝大部分是单音节的，也有一些是多音节的，如“人、手、究、吗、疙瘩、逍遥、巧克力、奥林匹克”。有的语素能够单用，是成词语素，如“我、跑、高、琵琶”，有的语素不能单用，是不成词语素，如“翔、历、们、履”。在分析词的内部结构时，有的语法书把语素叫作词素。

《现代汉语规范词典》第3版（李行健主编，外语教学与研究出版社、语文出版社，2014）则把“词素”和“语素”看成是等义术语：

【词素】名 语素。

【语素】名 语言中最小的语音、语义结合体。有单音节的、双音节的、多音节的，如“去”“琵琶”“巧克力”“奥林匹克”等；有自由的、半自由的、不自由的，如“山”“（飞）翔”“阿（姨）”等。也说词素。

唐作藩主编的《中国语言文字学大辞典》（中国大百科全书出版社，2007）也认为“词素”和“语素”是等义术语：

【语素】又叫“词素”。语言中最小的语音语义结合体，是最小的语法单位。从不同的角度出发，按照不同的标准，语素可以分成各种不同的类别。以音节多少为标准，语素可分为3类：❶单音节语素，这是汉语语素的基本形式，如“地”“眼”“语”等，有些单音节语素既能独立成词，如“人”“听”“下”，也能和其他语素组合成词，如“人员”“听力”“下面”等；而有些单音节语素不能独立成词，只能和其他语素组合成词，如“花朵”“参观”“健美”等；另有少数单音节语素不仅不能独立成词，而且和其他语素组合时位置往往是固定的，如“第一”“强者”“你们”。❷双音节语素，主要是古汉语遗留下来的联绵字，如“惆怅”“仿佛”“逍遥”等，也有音译的外来词，如“沙发”“咖啡”“尼龙”等。❸多音节语素，多为音译的外来词，如“巧克力”“托拉斯”“奥林匹克”等。此外，以能否单独构词为标准，可分出成词语素和不成词语素；以语素结合位置是否固定为标准，可分出定位语素与不定位语素；以能否单独成句为标准，可分出自由语素与粘着语素等等。

我们主张把“词素”和“语素”区别开来，给“语素”赋予新的含义，使它们各有明确的内涵，同时避免了术语的浪费。

第二节　语词的内部结构

词是由词素组成的。由一个词素组成的词，称为单纯词；由两个或两个以上的词素组成的词，称为合成词。语都是由两个和两个以上的语素组成的，所以没有单纯语和合成语的区分，语都是合成的。

比较合成词和语的内部结构，可以发现既有相同或相似之处，也有不同之处。

一、合成词和语的内部结构的相同之处[1]

从内部结构看，合成词的构成和语的构成相同之处表现在，词的内部结构（即词素和词素之间）与语的内部结构（包括语步和语步或语节和语节之间）所形成的语法关系有：

（一）并列关系

有的合成词两个词素之间的关系是并列的，如：

积累　美丽　是非　上下　岁月　骨肉

有的语内部的结构关系也是并列的，如成语：

龙飞凤舞　家喻户晓　才疏学浅　貌合神离　名存实亡　身败名裂

——以上“主谓+主谓”型

抛头露面 捕风捉影 安家立业 养精蓄锐 斩钉截铁 兴利除弊

——以上“述宾+述宾”型

买空卖空 斩尽杀绝 起早贪黑 死去活来 翻来覆去

——以上“述补+述补”型

高风亮节 高官厚禄 红男绿女 纷至沓来 轻描淡写 深入浅出

——以上“偏正+偏正”型

轻重缓急 悲欢离合 纵横捭阖 嬉笑怒骂 抑扬顿挫 生死存亡

——以上“联合+联合”型

谚语、惯用语也有内部结构是并列关系的，如：

刀伤好治，舌伤难医 道高一尺，魔高一丈 兵来将挡，水来土掩 好事不出门，恶事传千里 人不可貌相，海水不可斗量

——以上谚语

穿新鞋走老路 吹胡子瞪眼睛 摇头不算点头算 大事化小，小事化无 成事不足，败事有余 此一时，彼一时 聪明一世，糊涂一时

——以上惯用语

（二）偏正关系

有的合成词两个词素之间的关系是修饰与被修饰的关系，如：

雪山 草地 唐诗 宋词 中医 西方 长方形 玻璃窗

有的语内部的结构关系也是修饰与被修饰的关系，如成语：

世外桃源 纨绔子弟 花花公子 缓兵之计 一丘之貉

不刊之论　灭顶之灾　竭泽而渔　卷土重来　怡然自得

豁然开朗　安然无恙　窃窃私语　不欢而散

惯用语也有结构是偏正关系的，如：

连锅端　靠边站　一风吹　两条腿走路　往牛犄角里钻

（三）述宾关系

有的合成词两个词素之间的关系是支配与被支配的关系，如：

享福　望风　入场　签名　排队　教书　发财

有的语内部结构也是支配与被支配的关系，如成语：

暗度陈仓　别开生面　逼上梁山　痛改前非　草菅人命

蛊惑人心　颠倒是非　饱经风霜　固执己见　重温旧梦

不露声色　不知所云　留有余地　暗送秋波

许多惯用语内部结构也是支配与被支配的关系，如：

揪尾巴　抱粗腿　唱高调　喝西北风　唱独角戏　打擦边球　丢乌纱帽　吃了豹子胆　卖狗皮膏药　不知天高地厚　不管三七二十一

（四）述补关系

有的合成词两个词素之间的关系是补充关系，通常是前一个词素表示某种动作、行为、变化，后一个词素补充说明其结果，如：

说明　提高　展开　认清　推广　刷新　冻僵　推翻

有的语内部结构也是述补关系，如成语：

高不可攀　迫在眉睫　暴露无遗　体贴入微　乐不可支

乐此不疲　操之过急　嫁祸于人　风行一时　屡试不爽

惯用语内部有的也是述补关系，如：

吃不开　挂起来　矮半截　蒙在鼓里　丢到脑后　摆到桌面上

（五）主谓关系

在合成词中，两个词素之间的关系有的是陈述与被陈述的关系，如：

兵变　笔试　鞭打　身教　山崩　地陷　病变　鬼混　国有　海运　人为

语的内部结构也有不少是陈述与被陈述的关系，如成语：

波澜壮阔　器宇轩昂　风云变幻　兴味索然　气息奄奄　记忆犹新　破绽百出　精卫填海　鹤立鸡群　洛阳纸贵　江郎才尽　事与愿违　祸从天降　胸有成竹

谚语、惯用语也有不少内部结构是陈述与被陈述的关系，如：

瑞雪兆丰年　红颜多薄命　覆水不可收　寡妇门前是非多　好马不吃回头草　祸不入慎家之门　鸡肚不知鸭肚事

——以上谚语

鸡蛋碰石头　老牛拉破车　上气不接下气　八杆子打不着　八字没有一撇　牛头不对马嘴　生米做成熟饭　太阳打西边出来

——以上惯用语

二、合成词和语的内部结构的不同之处

从内部结构看，合成词和语的构成不同之处表现在：

（一）在音节数量方面

词可以按音节数量的不同，分为单音节词和多音节词。

1. 单音节词

单音节词，也叫单音词，是指由一个音节构成的词。如：

人　手　脚　树　木　花　草　走　跳　跑　长　短
十　八　斤　两　和　给　不　大　小　前　后　打
美　丑　香　臭　天　地　云　都　呢　吗

在汉语里，一个汉字就是一个音节，所以单音节词比较容易辨认。但这并不是说每一个汉字都一定是词。像“习、互、第、罕、痕、责、祖、怜、览”等，在古汉语里都曾经以词的身份出现过，但经历了历史演变，在现代汉语里已经不能独立运用，不是词了。

2. 多音节词

多音节词，也叫多音词，是指由两个或两个以上音节构成的词。由两个音节构成的词叫作双音节词，由三个音节构成的词叫作三音节词，由四个音节或四个音节以上构成的词叫作多音节词。

（1）双音节词

在汉语里，双音节词占多数，如以“笔”为词素构成的双音节词就有：

笔触　笔答　笔调　笔端　笔伐　笔法　笔锋　笔杆儿
笔耕　笔供　笔画　笔会　笔记　笔迹　笔架　笔尖
笔力　笔立　笔录　笔路　笔帽　笔名　笔墨　笔润
笔势　笔试　笔受　笔顺　笔算　笔谈　笔套　笔体
笔挺　笔筒　笔头　笔误　笔洗　笔下　笔芯　笔形
笔削　笔译　笔意　笔友　笔札　笔战　笔者　笔政
笔直　笔致　笔资　败笔　辍笔　代笔　刀笔　动笔
粉笔　伏笔　附笔　钢笔　搁笔　金笔　绝笔　开笔
落笔　漫笔　毛笔　命笔　起笔　铅笔　亲笔　冗笔
润笔　煞笔　涉笔　石笔　手笔　水笔　随笔　铁笔

秃笔　文笔　下笔　译笔　执笔　主笔　拙笔　着笔　走笔

（2）三音节词

三音节词，数量比双音节词少一些。以“笔”为词素构成的三音节词常见的只有：

笔底下　笔杆子　笔记本　圆珠笔

三音节词，有的是由重叠词构成。如：

娃娃鱼　哈哈镜　恶狠狠　热乎乎　亮堂堂　亮晶晶　亮铮铮　亮光光　亮闪闪　绿油油　冷冰冰　红彤彤　红艳艳　红通通　明闪闪　明晃晃　黑沉沉　黑洞洞　黑乎乎　黑茫茫　黑蒙蒙　黑漆漆　黑黢黢　黑压压　黑猩猩　黑魆魆　黑油油　黑黝黝

（3）四音节或四音节以上的词

四音节或四音节以上的词多数为译音词或专名词。如：

歇斯底里　布尔乔亚　布尔什维克　圆桌会议　定时炸弹　定性分析　贝塔射线　特别行政区　中华人民共和国

语没有单音节语和多音节语之分，都是多音节的。至少也有两个音节，多数是由三个或三个以上的音节构成，这跟词正好相反。

1．双音节语

双音节语由有述宾关系的两个语素构成。如：

吃醋　拍马　吹牛　装蒜　扯腿　踢球　牵头　牵线　搭桥　买账　砸锅

这些语看起来很像双音节复合词，但有两点与词明显不同：一是意义上有双层性；一是结构上可以扩展。如“吃醋”，字面意义是喝酸味的醋，实际意义是指心怀忌妒（多用在男女关系上）。

它可以扩展为：吃干醋（为与自己无关的事情而忌妒）、吃寡醋（没有任何来由地忌妒人），“吃寡醋”也说“吃飞醋”。因此，可以看作语（惯用语）。但也有学者认为这种“语”已经“词化”，归入词（双音节复合词），这种看法已逐步为多数人所接受。

2. 三音节语

三音节语由有述宾关系的两个语素构成。其中述语是单音节词，宾语是双音节词。如：

开小差　开夜车　开绿灯　打白条　打光棍　打埋伏
打游击　出洋相　动肝火　背包袱　吃独食　吃闲饭
吃豆腐　走后门　走钢丝　吹冷风　吹牛皮　磨嘴皮
敲竹杠　撂挑子　割尾巴　揭盖子　随大流　捞油水
捞稻草

也有的是偏正关系，不过比较少。如：

乱弹琴　靠边站　连锅端　一风吹

3. 四音节语

四音节语，常见的有两类。一类是由具有述宾关系的两个语素构成的惯用语。述语是单音节动词，宾语是三音节名词。如：

喝西北风　唱对台戏　打落水狗　打马虎眼　打退堂鼓
扣屎盆子　放马后炮　过独木桥　吃后悔药　吃夹生饭
走回头路　坐冷板凳　背药罐子　穿连裆裤　捅马蜂窝
钻牛角尖

另一类是结构上“二二相承”的成语。如：

豪言壮语　深思熟虑　波澜壮阔　纲举目张　轻举妄动
破釜沉舟　花枝招展　卷土重来　闻鸡起舞　平易近人
变本加厉　胡作非为　相形见绌　束之高阁　捕风捉影
姹紫嫣红

4. 五个音节和五个音节以上的语

这类语集中在谚语、惯用语和歇后语。如：

八九不离十　蚂蚁啃骨头　茶不思，饭不想　八竿子打不着　生米煮成熟饭　驴唇不对马嘴　身在曹营心在汉　半路杀出个程咬金　过了这个村就没有这个店

——以上惯用语

山高皇帝远　虎毒不食子　玩火者必自焚　君子不吃眼前亏　浪子回头金不换　苍蝇不叮无缝的蛋　好货不便宜，便宜没好货　别人的肉长不到自己身上

——以上谚语

兔子尾巴——长不了　老鼠眼睛——一寸光　老鼠上秤钩——自己称自己　肉包子打狗——有去无回　屁股上挂镜子——照见别人照不见自己

——以上歇后语

（二）在节奏方面

汉语讲究音律，不少语词富有节奏感。

根据汉语的语音节奏，在合成词中，由词素与词素之间可以形成"词步"，二字词一般采用"一一式"，如：美丽、开关、岁月、欢迎、负责、说话；三字词可以采用"二一式"，如：文化节、研究生、运动会、姑娘家、哈哈镜、毛毛雨，也可以采用"一二式"，如：静悄悄、亮晶晶、笑哈哈、脑溢血、肺结核、肝硬化；四字词一般采用"二二式"，如：婆婆妈妈、病病歪歪、吞吞吐吐、颤颤巍巍、慢慢腾腾。《现代汉语词典》（第7版）称它们为"状态词"。

从成语、谚语、惯用语、歇后语的语音结构来看，其内部的自然语音节奏更加明显，语素之间所形成的音节组合，被称为"语

步”。比起“词步”来，“语步”的形式更加多样。

三字语有的采用“一二式”，如：走后门、放空炮、穿小鞋、戴高帽、揪尾巴、冷处理；有的采用“二一式”，如：龙虎斗、牌子硬、巧弄唇、少根弦、手脚大、铁了心。

四字语有的采用“一三式”，如：捅马蜂窝、玩鬼花招、剜心头肉、充硬骨头、吃百家饭；有的采用“二二式”，如：车载斗量、彻头彻尾、打入冷宫、反咬一口、白头种桃、百艺防身。

五字语有的采用“一四式”，如：吃开心丸儿、吃嗟来之食、打肚皮官司、端公家饭碗、毒不破不出；有的采用“二三式”，如：吃了豹子胆、打发要饭的、打响第一炮、丑妇家中宝、出门千条路、礼多人不怪；有的采用“三二式”，如：耳根子起火、打鸭子上架、大白天做梦、法不传六耳、好不过父母、钱多了烧心；有的采用“二一二式”，如：耳朵塞鸡毛、大眼瞪小眼、慈悲看佛面、打人先打马、人熟是一宝、白屋出公卿。

六字语有的采用“二二二式”，如：耳朵磨出茧子、拉着懒驴上磨、摸着石头过河、百闻不如一见、表壮不如里壮、吉人自有天相；有的采用“三三式”，如：肚子里弹琵琶、搁不到桌面上、挂羊头卖狗肉、不挨骂长不大、单面锣打不响、入虎穴下龙潭；有的采用“四二式”，如：金刚头上动土、两片嘴唇一碰、老虎嘴里拔牙、麦糠底下走水、满脑瓜子浆糊、面糊盆里磨镜；有的采用“二四式”，如：管东管不了西、好戏还在后头、合穿一条裤子、男人是一层天、没有不还的债、能者无所不能。

七字语有的采用“二二三式”，如：棉花耳朵风车心、打开天窗说亮话、好汉不减当年勇、低着脑袋过日子、起头容易结梢难、水沟不通四处流；有的采用“二三二式”，如：庙院放不下神仙、不愁海龙王没宝、三拳敌不过四手、烧香走错了庙门；有的采用“三二二式”，如：大丈夫敢作敢当、三句话不离本行、好斗者必遇其敌；有的采用“三四式”，如：天下官管天下事、兵刃上没长眼睛、兵在精而不在多、卖瓜的谁说瓜苦、搁不住两句好话；有的采用“四三式”，如：树不成林怕大风、大树底下好乘凉、痴心女子负心汉、拔了萝卜地皮宽、得方便处行方便、地凭文书官凭印；有的采用“二五式”，如：没有不透风的墙、没有不散的筵席、打入十八层地狱、倒了十八辈子霉。

八字语有的采用“三二三式”，如：多一事不如少一事、没规矩不能成方圆、癞蛤蟆想吃天鹅肉、大帽子底下开小差、大丈夫可杀不可辱；有的采用“二三三式”，如：埋怨当不了钱使用、钢钩抓不住琉璃球；有的采用“四四式”,如：高官得坐骏马得骑、锅台底下走遍天下。

九字语有的采用“五四式”，如：多年的媳妇熬成了婆、到什么山上唱什么歌；有的采用“四五式”，如：多一个人多一份力量；有的采用“二七式”，如：没有不开张的油盐店、没有过不去的火焰山。

词没有“词节”，而语除了有“语步”，还有“语节”。语节是由语步与语步组成的，是构成语的具有相对独立性的“部件”。

成语只有一个语节。歇后语又叫“引注语”，一般都有两个语节，但也有三个语节的，如“周瑜打黄盖——一个愿打，一个愿挨”“猪八戒背床烂套子——要人没人，要货没货”。惯用语有一个语节构成的，如“吃苦头”“打小算盘”“插翅也飞不过去”；也有两个语节构成的，如“茶不思，饭不想”“床头打架，床尾讲和”“喊天天不应，呼地地无门”“好花偏逢三更雨，明月忽来万里云"。谚语除了有一个语节和两个语节的以外，还有三个语节和四个语节构成的，如"穿不穷，吃不穷，算计不到一世穷""人多乱，龙多旱，鸡多不下蛋，媳妇多了婆婆做饭"。

（三）在结构方面

合成词还可以采用附加和重叠的方式。如：

老师　老鼠　阿哥　阿嫂　桌子　椅子

——以上附加式

爸爸　妈妈　叔叔　星星　暗暗　每每　往往　茫茫

——以上重叠式

语的构成不能采用附加式，有些重叠式过去常被认为是成语，如"兢兢业业""林林总总""郁郁葱葱""马马虎虎""浑浑噩噩"等，《现代汉语词典》（第7版）都注明是状态词。

语可以采用词组和句子形式，而词的结构不能采取这两种形式。

语的结构采取词组形式的很多。如成语大部分是采用词组形式，可先分为完全"二二相承"式和不完全"二二相承"式。

完全"二二相承"式又分为并列型和非并列型。并列型的又可分为"主谓+主谓"型、"述宾+述宾"型、"述补+述补"型、"偏正+偏正"型、"联合+联合"型；非并列型的又可分为述宾式、偏正式。

不完全"二二相承"式又分为述宾关系型、述补关系型、偏正关系型、连动关系型、兼语关系型、并列关系型。

图示如下：

- 词组型
  - 完全“二二相承”式
    - 并列型
      - “主谓＋主谓”型，如：龙飞凤舞、家喻户晓
      - “述宾＋述宾”型，如：抛头露面、捕风捉影
      - “述补＋述补”型，如：买空卖空、斩尽杀绝
      - “偏正＋偏正”型，如：高风亮节、高官厚禄
      - “联合＋联合”型，如：轻重缓急、悲欢离合
    - 非并列型
      - 述宾式，如：粉饰太平、颠倒是非、荼毒生灵
      - 偏正式，如：露水夫妻、花花公子、怡然自得
  - 不完全“二二相承”式
    - 述宾关系型，如：蛊惑人心、暗送秋波、不知所措
    - 述补关系型，如：操之过急、嫁祸于人、迫在眉睫
    - 偏正关系型，如：一丘之貉、不寒而栗、背水一战
    - 连动关系型，如：守株待兔、借花献佛、借酒消愁
    - 兼语关系型，如：请君入瓮、认贼为父、引狼入室
    - 并列关系型，如：之乎者也、青红皂白、生老病死

句子型的语，在形式上类似句子，因此可以仿照语法上分析句型的方法进行分析，可以分为两个层次：

第一个层次，分为单句型和复句型两大类。

第二个层次，单句型再分为主谓句型和非主谓句型两类；复句型再分为并列、连贯、选择、转折、条件、因果、假设等七种基本复句型。图示如下：

- 句子型
  - 单句型
    - 主谓句型，如：姜是老的辣（谚语）、大眼瞪小眼（惯用语）、哀兵必胜（成语）
    - 非主谓句，如：没有不透风的墙（谚语）
  - 复句型
    - 并列复句型，如：病从口入，祸从口出（谚语）、脸红脖子粗（惯用语）
    - 连贯复句型，如：成人不自在，自在不成人（谚语）、打了梅香，丑了姑娘（惯用语）
    - 选择复句型，如：与其瓦全，不如玉碎（谚语）
    - 转折复句型，如：虎瘦雄心在（谚语）、车子不动铃先响（惯用语）
    - 条件复句型，如：要想人不知，除非己莫为（谚语）
    - 因果复句型，如：主雅客来勤（谚语）、山高皇帝远（惯用语）
    - 假设复句型，如：没有高山，不显平地（谚语）

附论：

［1］有的学者把分析词的内部结构，即词素组合的方式和方法，称之为构词法。葛本仪先生在《现代汉语词汇学》（修订本，山东人民出版社，2004）一书里论述造词法的同时，论述了构词法。认为“造词法就是创制新词的方法”，常见的造词方法有：

1．音义任意结合法。用某种声音形式任意为某种事物命名的方法。

2．摹声法。用人类语言的语音形式，对某种声音加以摹拟和改造，从而创制新词的方法。分两种情况：一是摹仿自然界事物发出的声音来造词；一是摹仿外族语言中某种词的声音来造词。

3．音变法。通过语音变化的方法产生新词。

4．说明法。通过对事物加以说明从而产生新词的造词方法。

5．比拟法。用现有的语言材料，通过比拟、比喻等手段创制新词的方法。

6．引申法。运用现有的语言材料，通过意义引申的手段创制新词的方法。

7．双音法。通过双音化产生新词的方法。

8．简缩法。把词组的形式，通过简缩而改变成词的造词方法。

葛先生认为构词法不同于造词法，她指出：

> 构词问题和造词问题不同。因为造词是人们适应社会交际的需要而进行的一种活动。所以社会上的每一个成员都可以进行造词，对造出的新词，每个成员都要接触它，使用它，并参与对它的约定俗成活动。可是构词问题却不是这样，因为人们在社会生活中，关心的是需要某个词，创造和使用某个词，但是并不关心词的内部结构形式如何。因此，研究构词问题就往往成了某些人科学研究范围内的事情。它的活动领域要比造词问题狭窄得多。

葛先生认为，汉语构词法可以从“语音形式”“词素的多少”“词素的性质及组合方式”等三个方面进行分析。

语音形式方面，从音节的多少分析，可分为单音词和多音词；从音节之间的结构关系分析，可分为重叠式和非重叠式。

从词素的多少方面分析，有单纯词和合成词之分。

从词素的性质及组合方式方面分析，可分为：1. 词根词素和词缀词素相组合；2. 词根词素相组合。前者称作派生词，后者称作复合词。复合词的构成方式有：联合式、偏正式、补充式、动宾式、主谓式、重叠式等。

张志毅先生在《〈汉语词汇〉的贡献与词汇学的新进展》（《词汇学的理论与应用》（四），商务印书馆，2008）一文里曾经论述了造词法和构词法的不同。他说：“构词法，属于解码范畴，是对生成后的词作语法分析（如复合法、附加法、重叠法等，复合法又分出联合、偏正、补充、动宾、主谓）。造词法，属于编码范畴，是研究生成，即创造新词的方法：语音造词法、语义造词法、结构造词法。”

词有构词法，相应地，语也有构语法。这是一个新的课题。我们通过语的内部结构和词的内部结构的比较，叙述了构语法。

第五章　异形语词

第一节　什么是异形语词

一、什么是异形词[1]

异形词是指书面语中并存的同音、同义而书写形式不同的词。同音指声韵调完全相同，同义指理性意义、色彩意义和语法意义完全相同。如：

【斑驳】（班驳）bānbó 形 一种颜色中杂有别种颜色，花花搭搭的：树影～。

【班驳】bānbó 见33页〖斑驳〗。

【称心】（趁心）chèn // xīn 形 符合心愿；心满意足：～如意。

【趁心】chèn // xīn 见162页〖称心〗。

【服罪】（伏罪）fú // zuì 动 承认自己的罪过：低头～。

【伏罪】fú // zuì 见401页〖服罪〗。

【规诫】（规戒）guījiè〈书〉动 规劝告诫（下级或晚辈）。

“斑驳”与“班驳”，“称心”与“趁心”，“服罪”与“伏罪”，“规诫”与“规戒”都是异形词。类似的还有：

笔画——笔划　　标志——标识　　参与——参预

差池——差迟　　车厢——车箱　　侈靡——侈糜
踌躇——踌躕　　粗鲁——粗卤　　担心——耽心
淡泊——澹泊　　凋零——雕零　　叮咛——丁宁
订婚——定婚　　订阅——定阅　　分外——份外
恭维——恭惟

这些都是异形词，还有许多。

异形词容易与同义词相混，要注意区别。如“服帖”与“伏贴”完全同音，都有“驯服、顺从”义，但“服帖”另有“妥当、平妥”义（如：事情都弄得服服帖帖）；“伏贴”另有“舒适”义（如：心里很伏贴）。因此，“服帖”与“伏贴”不是异形词，而是同义词。又如“界限”与“界线”完全同音，都有“不同事物的分界”义，但“界限”另有“尽头处、限度”义（如：殖民主义者的野心是没有界限的）；“界线”另有“两个地区分界的线”义（如：跨越界线）和“某些事物的边缘”义（如：标出房基界线）。因此，“界限”与“界线”不是异形词，而是同义词。

区分异形词和同义词，对于词汇规范有重要意义。

二、什么是异形语

异形语是指意义相同、语形略有差异的语。如“打铁还需自身硬”“打铁全靠本身硬”“打铁先要身板硬”构成异形语。因此，异形语与异形词不同，不要求语音相同，只要求语义相同，语形相近。

异形语也要与同义语区别开来。如成语“一文不值”与“一钱不值”，都指没有一点价值；成语“心无旁骛”与“心不旁骛”，都形容专心一志；成语“雪中送炭”与“雪里送炭”，都是指下雪天给人送炭取暖，比喻在别人急需时给予帮助。都是异形成语。

成语“深思熟虑”与“深思远虑”，前者表示深入地思索，反复地考虑；后者表示深入地思索，往长远里考虑，意义相近，是同义成语。成语“无所不包”与“无所不有”，前者表示什么都包括在内，后者表示表示什么都有，意义相近，也是同义成语。

谚语“打人一拳，防人一脚”与“打人家一拳，得防人家一脚”，都指打了人以后，要防备对方反击，是异形谚语。谚语“成则王侯败者寇”“成则王侯败者贼”“成则为王，败则为寇”“成则为王，败则为贼”，旧时都是指举事争天下，成功的为君王，失败的就沦为贼寇，是一组异形谚语。谚语“喝水不忘掘井人”与“吃饭不忘种谷人”都是比喻享受或过上好日子，不要忘记创业者的恩惠，但取材不同，是同义谚语。谚语“车到山前必有路”与“船到桥头自会直”都是比喻问题到了非解决不可的时候，总会有解决问题的办法，但取材不同，也是同义谚语。

惯用语“大眼望小眼”与“大眼瞪小眼”都是指你看我，我看你，形容彼此惊惧、尴尬或束手无策；“大事化为小事，小事化为没事”与“大事化小事，小事化无事”都指把大的事态化解成小的，把小的化解为没有，都是异形惯用语。惯用语“才出虎口，又入狼窝”“才躲了雷公，又遇上霹雳”“才脱了阎王，又撞着小鬼”，都是比喻刚躲过一场灾难，又遭受另一场灾难，但取材不同，是一组同义惯用语。

歇后语“姜太公钓鱼——愿者上钩”与“姜子牙钓鱼——愿者上钩”，语义完全一样；“武大郎玩鸭子——啥人玩啥鸟”与“武大郎玩鸭子——什么人玩什么鸟”，语义也完全一样，都是异形歇后语。“水牛掉井里——有力使不出”与“拖拉机撵兔子——有力使不出”，“绣球配牡丹——天生的一对”与“瘸驴配破磨——天生的一对”前一部分取材不同，附加意义相同，是同义歇后语。

区分异形语与同义语，也有助于语汇的规范。

附论：

［1］关于异形词的界定，学界有不同意见。

朱炳昌在《异形词汇编》（语文出版社，1987）一书卷首的“说明”中称：“异形词包括两种词语，一是读音相同或相近、意义和用法相同而形体不同的词语；一是读音不同、意义和用法相同而形体不同的词语。”前者如“界限”与“界线”，后者如“旗帜”与“旗子”。

何光汉在《常用异形词手册》（宁夏人民出版社，2000）一书卷首“小引”中称：“同词而异形称之为‘异形词’。”又称，“异形词是同音词或近音词，又是同义词中的等义词。”如“按语”与“案语”，“泄露”与“泄漏”。

符淮青在《现代汉语词汇》（增订本）一书第四章所附的“异形词”中称：“异形词指同一个词的不同书写形式。如‘自序—自叙’‘反照—返照’‘风姿—丰姿’，它们读音也是相同的。有少数读音有差异，但仍是一个词的不同书写形式，如‘跟头—跟斗’‘投生—托生’。”

高更生在《不规范汉字与异体词》（《词汇学理论与实践》，商务印书馆，2001，第420–430页）一文中把异形词称作异体词，认为：“异体词是同音、同义而异形的词语。如果两个词不同音或意义不完全相同，包括理性意义、语法意义、色彩意义等，不能构成异体词，如‘玉米’与‘包米’、‘仙鹤’与‘白鹤’、‘洛花流水’与‘流水落花’。这些词语读音不同，意义也有细微差别，可以看作词汇学中的同义词语，但不是异体词。”

周荐在《汉语词汇结构论》（增订版，人民教育出版社，2014）一书第一章“引论”里称：“所谓异形词，是一个词位在书面上有若干种不同写法的用词现象；异形词的若干个形体在共有一个意义的前提下，多是有着同一的语音形式，少数语音形式略有参差；异形词从最初形成的角度着眼，各形体有使用上的代换关系，但从规范的角度看，几个形体应该而且可以分别出正体、异体，以利于人们的使用。”还分析了异形词产生的五个原因：

第一，组成异形词的各个音节本身没有意义。因而在记录这个词时，不同的记录者使用的书写形式不完全一致，造成异形词。

第二，异形词中的部分音节有意义，写法是统一的，另外部分音节没有意义（或表意不明），写法上可以有多种形式。

第三，组成异形词的各个音节都有意义，而这有意义的音节由意义相同或相近的字来记录，使用者舍弃了构词材料上的细微差别，把用有差别的材料构成的不同形体看成是浑然无异的一个词的单位，遂形成异形词。

第四，记录异形词成分的字，本不止一个，过去都是通用的。使用者分别采取了这些通用字，从而造成一个词的书写形式的歧异。

第五，异形词的一些成分由异体字、区别字、繁简字来记录，因而造成同词异形的情况。

第二节　异形语词的整理

一、异形词的整理

中华人民共和国教育部和国家语言文字工作委员会曾于2001年12月19日发布《第一批异形词整理表》，提出整理异形词的主要原则，规定了异形词的推荐使用词形。

整理异形词的主要原则是：

（一）通用性原则

根据科学的词频统计和社会调查，选取公众目前普遍使用的词形作为推荐词形。把通用性原则作为整理异形词的首要原则，这是由语言的约定俗成的社会属性所决定的。据多方考察，90%以上的常见异形词在使用中词频逐渐出现显著性差异，符合通用性原则的词形绝大多数与理据性等原则是一致的。如“服输—伏输”，“服输”的通用度高于“伏输”，且“服”有“听从”义。《书·武成》：“万姓悦服。”疏：“服谓听从。”“服输”即“认输”，宜以“服输”为推荐词形。

（二）理据性原则

某些异形词目前较少使用，或词频无显著性差异，难以依据通用性原则确定取舍，则从词的发展的理据性角度推荐一种较为合理的词形，以便于理解词义和方便使用。如“规诫—规戒”，“戒”“诫”为同源字，在古代二者皆有“告诫”和“警戒”义，因此两词形皆合语源。但现代汉语中“诫”多表“告诫”义，“戒”多表“警戒”义，“规诫”是以言相劝，“诫”的语素义与词义更为吻合，故以“规诫”为推荐词形。

（三）系统性原则

词汇内部有较强的系统性，在整理异形词时要考虑同语素系列词用字的一致性。如“侈靡—侈糜｜靡费—糜费”，根据使用频率，难以确定取舍。但同系列的异形词“奢靡—奢糜”，前者占有明显的优势，故整个系列都确定以含“靡”的词形为推荐词形。

以上原则基本可行，《现代汉语规范词典》（第3版）对异形词就是按照上述原则处理的。如：

【服输】fúshū 动 承认失败〔例〕他有一股不～的劲头。〔提示〕不要写作“伏输”。

【伏输】fúshū 现在规范词形写作“服输”。

【侈靡】chǐmí 形（生活）奢侈浪费〔例〕骄横～。〔提示〕

不要写作“侈縻”。

【侈縻】chǐmí 现在规范词形写作“侈靡”。

【靡费】mífèi 动 浪费〔例〕~钱财。〔提示〕不要写作“縻费”。

【縻费】mífèi 现在规范词形写作“靡费”。

二、异形语的整理

上述《第一批异形词整理表》中也涉及一些成语，如“毕恭毕敬—必恭必敬”，该表“说明”中称：

> “必恭必敬”这一成语，出自《诗经·小雅·小弁》：“维桑维梓，必恭敬止。”这个成语原来是“必定恭敬”的意思。后来在流传的过程中，人们将它用作“十分恭敬”的意思。在这种情况下，就只能将“必恭必敬”作为一个整体理解，而不能将其中的“必”理解为“毕”或“十分”的意思。“必”不通“毕”。“毕”有“全部”“完全”的意思，与此成语的新义较为接近，故“毕恭毕敬”占了绝对优势。从众从俗，宜以“毕恭毕敬”为推荐形式。

《现代汉语规范词典》（第3版）据此，作：

【毕恭毕敬】bìgōng-bìjìng 十分恭敬，很有礼貌。〔提示〕不要写作“必恭必敬”。

【必恭必敬】bìgōng-bìjìng 现在规范词形写作“毕恭毕敬”。

但是，异形语的整理没有这样简单。《新华成语词典》（第2版）以“必恭必敬”为主条，以“毕恭毕敬”为副条：

【必恭必敬】bì gōng bì jìng 形容十分恭敬有礼貌。语本《诗经·小雅·小弁》：“维桑与梓，必恭敬止。”宋·谢枋得《诗传注疏·小弁》："桑梓父母所植，以遗子孙，见其树则思其人，思其人则爱其树，所以必恭必敬也。"《十二楼·生我楼》二回："只见卖主上坐，买主旁坐，斟酒之时必恭必敬，严然是个为子之容。"也作"毕恭毕敬"。梁实秋《雅舍小品·画展》："他把画一轴轴地毕恭毕敬地送到顾主府上，而货价的交割是遥遥无期的。"

《新华成语大词典》（商务印书馆，2013）也是这样处理的。可见，异形语的整理，跟异形词的整理有所不同，总的来说，异形语的整理应当从宽，不宜作硬性规定。具体做法，有关部门没有明文规定，一般语类辞书的做法是，以出现较早的或者比较通用的为主条，其他为副条。

异形成语，如"小题大做""小题大作"，以出现较早和较常用的"小题大做"为主条，以"小题大作"为副条：

【小题大做】明、清科举考试用"四书"文句出的题目叫"小题"，用"五经"文句出的题目叫"大题"。以"五经"文的章法来写"四书"文的称之为"小题大做"。后比喻把小事情当作大事情来处理。《二十年目睹之怪现状》六三回："他用了多少本钱，费了多少手脚，只骗得七千银子，未免小题大做了。"钱锺书《围城》四："为了一个黄毛丫头，就那么愤世嫉俗，真是小题大做！"也作"小题大作"。孙犁《故园的消失》："又过了些日子，听说有报纸报道了我捐资兴学的消息，县里也来信表扬，我都认为是小题大作。"

——摘自《新华成语词典》（第2版）

异形谚语，如"天有不测风云，人有旦夕祸福""天有不测风云，人有暂时祸福""天有不测风雨，人有无端祸福""天有不测风雨，人有不料祸福""天有不测风云，人有霎时祸福"，以出现较早和较常用的“天有不测风云，人有旦夕祸福”为主条，其他为副条：

【天有不测风云，人有旦夕祸福】指人的祸福（多指灾祸），像难以预测的风云一样，说来就来。元·杨梓《敬德不服老》三折：“天有不测风云，人有旦夕祸福。谁想我临老也带着残疾。”《金瓶梅词话》九回：“武二道：‘我的哥哥，从来不曾有病，如何心疼便死了。’王婆道：‘都头，却怎的这般说。天有不测风云，人有旦夕祸福，今早脱下鞋和袜，未审明朝穿不穿，谁人保得常没事！’”《红楼梦》一一回：“真是天有不测风云，人有旦夕祸福。这个年纪，倘或就因这个病上怎么样了，人还活着有甚么趣儿。”也作❶“天有不测风云，人有暂时祸福”。《西游记》九回：“李定道：‘天有不测风云，人有暂时祸福。你怎么就保得无事？’”《扫迷帚》一〇回：“俗语说的好：天有不测风云，人有暂时祸福。那疾病不疾病，是保不来的。”❷“天有不测风雨，人有无端祸福”。明·沈鲸《双珠记》六出：“龆龀之交已矣，牵衣泪洒垂杨地。[生]天有不测风雨，人有无端祸福。袁天纲之言，信不诬矣。”❸“天有不测风雨，人有不料祸福”。李惠文《乱世夫妻》一二章：“天有不测风雨，人有不料祸福。谁想到小儿子又病了呢！”❹“天有不测风云，人有霎时祸福”。陈残云《香飘四季》三〇章：“唉，难说呵，天有不测风云，人有霎时祸福，二奶有翼难飞，就让她老了、死了算啦！”

——摘自《新华谚语词典》

异形惯用语，如“刀对刀，枪对枪”“刀对刀来枪对枪”“枪对枪，刀对刀”，以较常用的“刀对刀，枪对枪”为主条，其他为副条：

【刀对刀，枪对枪】指用刀枪进行练武。形容争斗双方针锋相对，杀气腾腾，要拼个你死我活。梁斌《红旗谱》三六："伍老拔闹了一套猴拳，大贵耍了一套长棍，三三五五，刀对刀，枪对枪，在大柏树坟里练起来。"冯骥才等《义和拳》一章二："狗官来了有啥怕的？刀对刀，枪对枪，你怕他，他不怕你，你豁得出命来，他就怕你！"梁斌《翻身记事》一五："想来想去，也只有我柏老槐抻出大拇指头了！他们骂了咱们，咱们也骂了他们，刀对刀枪对枪，寸步不让。"也作❶"刀对刀来枪对枪"。老舍《青霞丹雪》二场："沈青霞：儿呀！我与严家无来往，约赴宴必无有好心肠。邪不侵正儿等把心放，我自会刀对刀来枪对枪！"❷"枪对枪，刀对刀"。李英儒《女游击队长》二三章："谁敢来折我们一根肋条，我们要打断他的脊椎骨，牙还牙，血还血，枪对枪，刀对刀，半点不客气！"

——摘自《新华惯用语词典》

异形歇后语，如"八仙过海——各显神通""八仙过海——各使神通""八仙过海——各显其能""八仙过海——各显身手""八仙过海——各显各的本领"，以出现较早和较常用的"八仙过海——各显神通"为主条，其他为副条：

【八仙过海——各显神通】八仙：道教传说中的八位神仙，即汉钟离、张果老、吕洞宾、铁拐李、韩湘子、曹国舅、蓝采和、何仙姑。据明代吴元泰《八仙出处东游记传》，传言铁拐（姓李名玄）得道，度钟离权、吕洞宾，二人又共度韩湘、曹友，张果、蓝采和、何仙姑则别成道，是为八仙。一日俱赴蟠桃大会，归途各履宝物渡海，铁拐李投杖水中，自立其上，乘风逐浪而渡；韩湘子以花篮投水而渡；吕洞宾以箫管投水而渡；蓝采和以拍板投水而渡。张果老、曹国舅、汉钟离、何仙姑亦各以纸驴、玉版、鼓、竹罩投水中而渡，后即有“八仙过海,各显神通”一说。指各自施展本领或手段，各显各的身手和才能。《三宝太监西洋记》三八回：“天师大怒，举起个七星宝剑，指定王神姑大骂道：‘我教你杀不尽的贼婢吃我一亏，你焉敢阵前戏弄于我!’王神姑道：‘八仙过海，各显神通，你何不也戏弄于我，还我一个席儿？’”白危《垦荒曲》二部一一：“现在是八仙过海，各显神通的时候呀，有本事的，就别求人。”也作❶“八仙过海——各使神通”。《醒世姻缘传》七二回：“程大姐受打不过，把在家与他母亲‘八仙过海，各使神通’的本事，从头至尾，一一供招。”❷“八仙过海——各显其能”。老舍《茶馆》一幕：“秦仲文：不能这么说，我那点威风在您的面前可就施展不出来了！哈哈哈！庞太监：说得好，咱们就八仙过海，各显其能吧!”❸“八仙过海——各显身手”。柳青《创业史》二部下二七：“社主任们一个接着一个踊跃地发言，既讲合作社的优越性，又讲社员们的劳动热情。一个个社主任都非常带劲地谈叙各自社里最突出的事例，真好比八仙过海，各显身手。”❹“八仙过海——各显各的本领”。李凖《黄河东流去》三一章四：“钱兴他赚，也兴咱赚。八仙过海，各显各的本领。”

——摘自《新华歇后语词典》

异形语的整理是一个比较复杂的问题，有待进一步研究。

第六章　语词的意义

语和词都是声音和意义的结合体，每一个语、每一个词，都有声音和意义。声音是形式，意义是内容。语义是语的内容，是语的主体；词义是词的内容，是词的主体。语义和词义的性质和内容是本章讨论的主要对象。

第一节　语词意义的性质

语义和词义的性质既有不同的一面，又有相同的一面，要具体分析。

一、概念性和叙述性[1]

这是词义和语义在性质上的最大不同。简单地说，词义具有概念性，语义则具有叙述性。

说“词义具有概念性”有两层意思：一层是词义和概念有密切的联系，另一层意思是词义不等于概念。北京大学中国语言文学系语言学教研室编的《语言学基础》谈到这个问题时称：“广义地说，词义就是概念。严格地说，词义和概念有密切的联系，但又不等于概念。”[①]

语义则不同，“语”不是概念性而是叙述性的语言单位。叙述性是语义最重要的特点。如成语“和而不同”，语义是“和谐相处，但不盲从苟同”；谚语“不当家不知柴米贵”，语义是“不主事不知道事情的艰难，也泛指没有亲身体验，感受不到个中的艰苦”；惯用语“车如流水马如龙”，语义是“车马络绎不绝，如流水，似游龙，形容车马很多，来来往往，热闹非凡”；歇后语“老鼠过街——人人喊打”，语义是“对害人的人或事物，人人痛恨”，都具有叙述性。

根据语所叙述的内容是否完整，语义可分为完整义和不完整义。结构上属于句子型的语，表示的都是完整义。如：（释义摘自《新华语典》，下同）

【名扬四海】（成语）名声传扬到世界各地。形容名声很大。

【大人不计小人过】（谚语）指有地位或有德行的人心胸宽阔，不计较别人的过错。

【公说公有理，婆说婆有理】（惯用语）指双方各执一词。

“名扬四海”“大人不计小人过”属于单句型，“公说公有理，婆说婆有理”属于复句型，语义都是完整的。

结构上属于词组型的语，表示的都是不完整义。如：

【乘虚而入】（成语）趁着对方空虚或没有防范时进入。

【胡作非为】（成语）指不顾法纪或舆论，任意行动。

【打落水狗】（惯用语）比喻彻底击垮已经失势的坏人。

【打肿脸充胖子】（惯用语）比喻明明不具备某种实力，却硬充好汉，或硬撑门面。

① 北京大学中国语言文学系语言学教研室编：《语言学基础》，高等教育出版社，1959，第63页。

“趁虚而入”属于偏正词组型，“胡作非为”属于联合词组型，“打落水狗”属于述宾词组型，“打肿脸充胖子”属于连动词组型，都表示不完整义。

歇后语，表义重点在后一个语节。后一个语节采用句子形式的，表示完整义；采用词组形式的，表示不完整义。如：

【穿钉鞋拄拐棍——稳上加稳】形容做事十分扎实、稳妥。

【老鼠钻书箱——咬文嚼字】讥讽人不求精神实质，过分死抠字眼儿。

【杏花村的酒——后劲儿大】指人做事到了后一阶段，实力才显示出来。

【老鼠拉木锨——大头在后边】❶指更重要的人或事物还在后面。❷指更严重或更危险的事情还在后面。

“穿钉鞋拄拐棍——稳上加稳”，前后两个语节都是词组型，表示的是不完整义。“老鼠钻书箱——咬文嚼字”，前一个语节是句子型，后一个语节是词组型，表示的也是不完整义。“杏花村的酒——后劲儿大”，前一个语节是词组型，后一个语节是句子型，表示的是完整义。“老鼠拉木锨——大头在后边”，前后两个语节都是句子型，表示的是完整义。

语义除了有完整义和不完整义之分外，还有具有知识性和描绘性（即不具有知识性）之分。如：

【疏不间亲】（成语）关系疏远者不参与亲近者之间的事。

【好汉不提当年勇】（谚语）指有作为的人勇于进取，不会向人炫耀过去的成绩。

【敬而远之】（成语）指表面上尊敬，但不愿意接近或亲近。

【披星星，戴月亮】（惯用语）形容人早出晚归，非常辛劳。

【马尾（yǐ）儿串豆腐——提不起来】（歇后语）提：双关，

本指提起，转指扶植。用马尾巴上的毛串上松软的豆腐，一提便会脱落。比喻某人扶植不起来。

“疏不间亲”是表述性成语，“好汉不提当年勇”是谚语，都具有知识性。“敬而远之”是描述性成语，“披星星，戴月亮”是惯用语，“马尾儿串豆腐——提不起来”是歇后语，都是描绘性（即不具有知识性）的。

知识性和描绘性是语义两大类型，是语义叙述性的不同表现。

二、概括性[2]与具体性

词义是对所指称的客观对象的概括反映，是人类抽象思维的成果。所以，词义具有概括性的特点。例如“蔬菜”，既指可以做菜吃的草本植物，包括白菜、菜花、萝卜、黄瓜、洋葱、扁豆等，也可指做菜吃的一些木本植物的嫩茎、嫩叶和菌类，如香椿、蘑菇等。凡是可以吃的植物，都属于“蔬菜”的词义范围。又如“车”可以指汽车、火车、马车、自行车、消防车等，凡是有轮子的在陆地上的运输工具都属于车的范围。“汽车”又可以指轿车、卡车、面包车、吉普车、大客车、公交车等，凡是用内燃机做发动机、主要在公路上或马路上行驶的，通常有四个轮子的交通工具，都属于“汽车”的范围。这些都说明词义对客观对象具有概括能力。

词义也有具体性的一面。这主要是指在特定的语境中，词义所指的对象是具体的。比如说“我们学校去火车站要乘15路汽车”，这里的“汽车”是指公交车；又如说“我们乘旅行社的汽车游览五台山”，这里的“汽车”是指大客车。

语义也具有概括性，但概括的情况与词不同，主要是采取抽象的办法。如成语“东窗事发”（见元·刘一清《钱塘遗事》卷二），原指南宋奸相秦桧与妻子王氏在家里的东窗下定计杀害了岳飞，后来秦桧得病而死，王氏请方士为他做法事，方士来到阴间，见到正在受刑的秦桧。秦桧对方士说："可烦传语夫人，东窗事发矣！"后来泛指不可告人的勾当被发觉。又如谚语"冬不可以废葛，夏不可以废裘"（见清・顾炎武《天下郡国利病书》卷四五），原指冬天不可丢弃夏衣，夏天不可以丢弃冬装（葛：夏天穿的葛麻做的衣服；裘：冬天穿的皮衣），实指做事不能只顾眼前，要着眼于长远。再如惯用语"东踢一脚，西踢一脚"，原指东边瞎踢一脚，西边瞎踢一脚，实指做事没有明确的目标和步骤，乱搞一通。歇后语"张飞穿针——大眼瞪小眼"，原指大眼睛看着小针孔，实指面面相觑，干着急没办法。

语义同词义一样，也有具体性的一面。如出自《诗经・周颂・小毖》的成语"惩前毖后"（惩：警戒；毖：谨慎），指吸取过去所犯错误的教训，以后谨慎行事，避免再犯。又如谚语"家和万事兴"指一家人和睦相处，一切事情都会兴旺。再如惯用语"口服心不服"指嘴上表示信服，心里却不服气。歇后语"泥菩萨过河——自身难保"指自身都难以保全，根本顾不了他人。

三、模糊性[3]与确切性

词义既然表达的是概念，而有些概念的外延是不确定的，因此，词义往往具有模糊性。如"少年、青年、壮年、中年"，一般辞书的解释是：

【少年】人十岁左右到十五六岁的阶段。

【青年】人十五六岁到三十岁左右的阶段。

【壮年】三四十岁的年纪。

【中年】四五十岁的年纪。

这些词的释义都具有模糊性，特别是十五六岁既可以是少年，又可以是青年。再如“早晨、上午、中午、下午”，一般辞书的解释是：

【早晨】从天亮到八九点钟的一段时间。

【上午】指从清晨到正午十二点的一段时间。

【中午】指白天十二点左右的一段时间。

【下午】指从正午十二点到半夜十二点的一段时间，一般也指从正午十二点到日落的一段时间。

这些词的释义也都具有模糊性，特别是“下午”既指从正午十二点到半夜十二点的一段时间，又指从正午十二点到日落的一段时间，界限都很不清楚。

不过词义的模糊性并不具有周遍性，只有一部分词具有这种性质，有相当多的词的意义具有确切性。例如：“手背”指手掌的反面，“手表”指戴在手腕上的表，“手稿”指亲手写成的底稿，“手迹”指亲手写的字或画的画，“手令”指亲手写的命令，“手艺”指手工业工人的技术，“手纸”指解手时使用的纸，“手指”指人手前端的五个分支，等等，都具有确切的意义，不具有模糊性。

词义的模糊性和确切性是相辅相成的，在语言表达中起着互补作用。

语义则都是确切的，不具有模糊性。如：成语“大权独揽”指独自把持所有重大权力；谚语“病从口入，祸从口出”指生病往往是因为饮食不当，遭祸常常是由于说话不慎；惯用语“吃闭门羹”指造访时主人不在家或被主人拒之门外；歇后语“大水冲了龙王庙——一家人不认得一家人”指自己人之间发生了误会。都有确定的意义。

四、发展性[4]与传承性

词义和语义（主要是成语的语义）都是不断发展变化的。这是因为社会在不断发展，人们的认识也发生变化。

词义和语义的发展变化，主要有以下三种情况：

（一）词义、语义扩大

词义的扩大，是指某个词新的意义比固有的意义在外延上拓宽了。如“江”原来只指长江，“河”原来只指黄河，现在泛指一切江河；“脸”原来指面颊的上部，妇女目下颊上搽胭脂的地方，后指整个面部；“水分”原来指物体中所含的水，现在又指事物中不实在或多余的部分；“包装”原来指在商品外面用纸包裹或把商品装进纸盒、瓶子等，也指包裹商品的东西，现在又指对人或事物从形象上装扮、美化，使更具有吸引力或商业价值。下面再举几例：（本节下文词语释义系作者据《古今汉语词典》（商务印书馆，2000）、《新华成语词典》（第2版，商务印书馆，2015）等辞书改编）

【恩赐】原指帝王对臣下的赏赐。如《后汉书·安成孝侯赐传》：“数蒙宴私，时幸其第，恩赐特异。”后来泛指施舍。如《水浒传》一九回：“夜来重蒙恩赐，拜扰不当。”

【保驾】原指保卫皇帝。如《说唐》三三回：“如今盗贼丛生，陛下驾幸扬州，不知何人保驾？”现泛指保护某人，如：有我给你保驾，你怕什么？

【下马威】原指官吏初到任时对下属显示的威风。如《二刻拍案惊奇》卷二八：“先是一顿下马威，打软了，然后解到府里来。”后泛指一开头就向对方显示的威力。如袁敏《天上飘来一朵云》：“我没想到这个容貌平静得如一潭秋水的姑娘一开始就给我这么厉害的下马威！”

语义的扩大，也是指新义比原义所指的范围扩大了。例如：

【按兵不动】原指控制军队，使暂不行动，等待时机。如《吕氏春秋·召类》：“赵简子按兵而不动。”《宋史·范仲淹传》：“按兵不动，以观其衅。”后也指接受任务后故意拖延，不立刻行动。如清·李宝嘉《文明小史》五九回：“幕府里面子上虽含糊答应，暗地里却给他个按兵不动。”

【安营扎寨】原指军队搭起帐篷、修起栅栏，驻扎下来。如元·无名氏《隔江斗智》二折：“这周瑜匹夫，累累兴兵来索取俺荆州地面，如今在柴桑渡口安营扎寨。”今也泛指军队或其他团体为完成某项任务而临时在某地住下。如刘心武《栖凤楼》七三：“闪毅带领大队人马来这宾馆安营扎寨。”

【离经叛道】原指背离儒家的经典和学说。如元·费唐臣《苏子瞻风雪贬黄州》一折：“且本官志大言浮，离经叛道。”明·袁无涯《忠义水浒全书发凡》：“今世小说家杂出，多离经叛道，不可为训。”后也泛指背离正统的理论或学说。如茅盾《子夜》一：“他早就说过，与其目击儿子那样的‘离经叛道’的生活，倒不如死了好!”刘绍棠《村妇》卷二：“奇思妙想转化为奇谈怪论，常令牛蒡目瞪口呆，感到离经叛道。”

以上都是除保留原义之外，又添新义，扩大了语义范围。

（二）词义、语义缩小

词义的缩小，是指某个词新的意义比固有的意义在外延上变小了。如“脚”原指行走器官的整体，现在只指行走器官的下端，接触地面支持身体的部分；“宫”原来泛指房屋，现在只指群众文化娱乐活动场所，如“少年宫”“文化宫”。下面再举几例：

【学者】原指求学的人。如《论语·宪问》：“子曰：‘古之学者为己，今之学者为人。'”后指在学术上取得一定成就的人。如《旧五代史·晋书·史匡翰传》:“尤好《春秋左氏传》，每视政之暇，延学者讲说，躬自执卷受业焉。”苏叶《烟雨暗千家》:“朱偰是研究南京古迹的著名学者。”

【烈士】原指坚贞不屈的刚强的人。如《庄子·秋水》:“白刃交于前，视死若生者，烈士之勇也。”现指为正义事业献出生命的人。如洪灵菲《流亡》:“我们想起这千百个为民众而死的烈士，我们的血在沸着，涌着，跳着!”

【报复】古代报德、报怨都称报复。如《三国志·蜀书·法正传》:“一餐之德，睚眦之怨，无不报复。”现专指打击批评或损害过自己利益的人。如沙汀《堰沟边》:“陶青山也明白，为了报复他在救济款问题上的专断，这是她故意和他为难。”

语义的缩小比较少见。如：

【奇文共赏】原指奇妙的文章大家共同欣赏。如晋·陶潜《移居》其一：“奇文共欣赏，疑义相与析。”现用于指内容荒诞的文章可供大家评判。如李杭《不容随意篡改历史》:“《读史六记》违背常识，颠倒时代，把战国时期的人和事当作春秋时期的史识，并以此为基础宏论滔滔，大加发挥评判，真可谓奇文共赏，贻笑大方了。”

【山盟海誓】原指以山海为盟誓，表示像高山大海一样永不变易。后多指男女发誓真诚相爱，永不变心。如《警世通言》卷三二：“自遇郎君，山盟海誓，白首不渝。”辰汾等《残夜》:“山盟海誓，但还是有分手的一天。”

（三）词义、语义转移

词义的转移是指某个词新的意义与固有的意义在内涵上起了

变化，由指称甲事物转为指称乙事物。如“热烈”原形容权势极盛，后来形容情绪兴奋激动；“布告”原指对众公开宣告，后来指机关、团体等张贴出来的文告；“俊秀”原指才智出众的人，后来形容容貌清秀美丽。下面再举几例：

【博士】古代指讲授经学的官员。如《史记·三代世表》索隐：“褚先生名少孙，元成间为博士。”后用来尊称精于某种技艺或专门从事某种职业的人。如《金瓶梅》一回：“只见道士转来，路上遇着一个染坊中的博士。”今指学位中的最高一级，也指取得这一学位的人。如：攻读博士学位；他是医学博士。

【操切】古代指胁迫。如《汉书·贡禹传》：“奸轨不胜，则取勇猛能操切百姓者，以苛暴威服下者，使居大位。”后来指做事过于急躁、鲁莽。如明·张居正《陈六事疏》：“然人情习玩已久，骤一振之，必将曰‘此拂人之情者也’；又将曰‘此务为操切者也’。”郭沫若《反正前后》：“他始终劝学生不要操切。”

【出身】古代指献身，挺身而出。如唐·钱起《送郑书记》诗：“出身唯殉死，报国且能兵。”《警世通言》卷二一：“出身相救，实出恻隐之心。”现指在某种家庭里出生、长大。如鲁迅《“硬译”与“文学的阶级性”》：“托尔斯泰出身贵族。”聂绀弩《怎样做母亲》：“母亲虽不能说是大家闺秀，却也不出身于低微人家。”

语义的转移与词义的转移相似，也是指某个语的新义与固有的意义在内涵上起了变化，由指称甲事物转为指称乙事物。例如：

【大放厥词】原指极力铺陈辞藻。如唐·韩愈《祭柳子厚文》：“玉佩琼琚，大放厥词。”后转指夸夸其谈，大发议论。

含贬义。如巴金《随想录》三："她只读了少得可怜的几本书，就大放厥词，好像整个中国只有她一个人读过西方的作品。"

【丧家之狗】原指有丧事人家的狗，因主人守孝而无暇喂养，比喻落魄不得志的人。如《史记·孔子世家》："孔子独立郭东门，郑人或谓子贡曰：'东门有人……累累若丧家之狗。'"后转指失去主人、无人豢养的狗，比喻失去靠山，无处投奔，到处乱窜的人。如鲁迅《坟·论"费厄泼赖"应该缓行》："一群臭架子的绅士们，便立刻皇皇然若丧家之狗。"

【满城风雨】原来是形容风雨交加的景象。如宋·范成大《春晚三首》其一："手把青梅春已去，满城风雨怕黄昏。"后用来比喻事情传扬开来，到处议论纷纷。如王朔《过把瘾就死》："你瞧你，非得把这事弄得满城风雨，全院都知道。"

【分庭抗礼】原指宾主相见，分站在庭院的两侧，以平等的地位相对行礼。如《庄子·渔父》："万乘之主，千乘之君，见夫子未尝不分庭伉（通'抗'）礼。"现指彼此地位或势力不相上下，平起平坐，互相对立。如老舍《正红旗下》："姑母居然敢和这位连神佛都敢骂的老太太分庭抗礼，针锋相对地争辩。"

（四）词义、语义的感情色彩发生变化

词义的感情色彩，往往随着认识、观念的变化而发生转化。如"爪牙"原指凶猛鸟兽的尖爪利牙，比喻勇士、武臣，后比喻党羽、帮凶，由褒义变为贬义；"复辟"原指失位的君主重新掌权，后泛指被推翻的反动统治者重新上台，或被消灭的反动制度复活，由中性变为贬义。下面再举几例：

【鼓吹】早先指大力宣传，努力提倡，具有褒义。如鲁迅《“革命军马前卒”和“落伍者”》：“他在满清时，做了一本《革命军》，鼓吹排满。”后来多指吹嘘，变成贬义。如：他那点能耐谁都知道，用不着你替他鼓吹。

【风流】原指人有才华，杰出不凡。如《魏书·李神俊传》：“神俊意尚风流，情在推引人物。”也指风雅潇洒，有文采而不拘礼节。都含褒义。如唐·李白《流夜郎赠辛判官》诗：“气岸遥凌豪士前，风流肯落他人后？”《红楼梦》七回：“举止风流，似更在宝玉之上。”后来多指在男女关系上轻浮放荡，变成贬义。如李六如《六十年的变迁》：“还有一位本来是循规蹈矩的单兆祥也像受了传染似的变得很风流了。”

【老好人】原指随和厚道，不愿得罪人的人，含褒义。如马烽《刘胡兰传》：“那么个和和气气的老好人，怎么会是汉奸呢？”现也指脾气随和，缺乏原则性的人，含贬义。如：对不正之风，你要站出来说话，不要当老好人。

语义的感情色彩，也同词义一样，会发生变化。有的由褒义变为贬义，有的由中性变为贬义，还有的由中性变为褒义。例如：

【明哲保身】出自《诗经·大雅·烝民》：“既明且哲，以保其身。”指聪明有智慧的人善于趋安避危，保全自身。含褒扬、赞美色彩。如晋·葛洪《抱朴子·仁明》：“明哲保身，《大雅》之绝踪也。”后转指因怕犯错误或有损自己利益而回避原则问题的一种处世态度。含贬义。如毛泽东《反对自由主义》：“事不关己，高高挂起；明知不对，少说为佳；明哲保身，但求无过。”

【明目张胆】原指人有胆有识，敢作敢为，无所畏惧。含褒义。如《晋书·王敦传》：“今日之事，明目张胆为六军之首，宁忠臣而死，不无赖而生矣。”《旧唐书·韦思谦传》：“大丈夫当正色之地，必明目张胆以报国恩，终不能为碌碌之臣保妻子耳。”后形容公然作恶，无所顾忌地去做坏事，变成贬义。如柳青《创业史》：“这是明目张胆欺负人。”

【不求甚解】原指读书只求领会要旨，不必在一字一句上下功夫。属于中性色彩。如晋·陶渊明《五柳先生传》：“好读书，不求甚解，每有会意，便欣然忘食。”后来多指读书只求懂得大概，不求深入理解；或对工作不认真，只作肤浅了解。由中性变为贬义。如毛泽东《〈农村调查〉的序言和跋》：“现在我们很多同志，还保存着一种粗枝大叶、不求甚解的作风。”

【两袖清风】原指清风吹拂着两袖，形容飘逸洒脱的神态。属于中性色彩。如元·陈基《次韵吴江道中》诗：“两袖清风身欲飘，杖藜随月步长桥。”后指袖中只有清风，别无所有，形容为官清廉。由中性变为褒义。如梁实秋《雅舍小品·廉》：“汉末，有一位郁林太守陆绩，罢官之后泛海归姑苏家乡，两袖清风。”

词义和语义除了发展性的一面，还有传承性的一面。汉语的历史悠久，古代形成的大量词语一直传承至今，像“山、水、上、下、左、右”等词的意义都是古今一脉相承。语义也具有传承性，例如“安不忘危”，出自《周易·系辞下》：“是故君子安而不忘危，存而不忘亡，治而不忘乱。”它的语义是，社会安定时不忘记可能出现的危难。古义和今义一样，没有变化。“大巧若拙”，出自《老子》四五章：“大直若屈，大巧若拙。”它的语义是，真正灵巧的人表面上倒像很笨拙。古义和今义一样，也没有变化。再如“学而不厌”和“诲人不倦”这两个成语，古义和今义也一样，没有变化。

这些例子说明,词义和语义具有稳定性的一面。在语里,谚语、惯用语、歇后语的语义比较稳定,很少有变化。不过,从长远来看,稳定性是相对的,而发展变化是绝对的。

附论：

［1］关于词义的概念性，学界有过许多论述。其中石安石先生的观点具有代表性。他认为词义和概念都同语音相联系，都是对客观事物的反映。他说："词义也好，概念也好，都能够是现实生活中实有的事物或现象的反映，都必须是一定客观对象的反映。从这一点看，词义与概念没有区别。词义也好，概念也好，它们从一产生的时候起，就都与语音结下了不解之缘。不与语音相联系的词义或概念都是找不到的。从这一点看,词义与概念也没有区别。"因此,"就与语音、客观对象的关系来说,词义和概念处在同一个地位上。"他同时指出词义和概念不同的一面。他说："词义与概念毕竟不是一回事，它们有重大的差别。词义是属于语言范畴的，而概念则是属于思维范畴的。"他还指出，"词义是民族的"，而"概念是全人类的"。（石安石《关于词义与概念》,《中国语文》1961年8月号）

王希杰《汉语词汇学》（第114页）在论及"词义与概念"时称："词义的核心是概念，但是词义并不等同于概念。词和概念是不能简单地等同起来的。词义要比概念丰富，词义还包含附加意义，附加义主要是色彩义和社会联想义。色彩义有感情义、形象义、语体义、风格义等。"

关于语义的叙述性，李如龙先生在《语汇学三论》一文里作了以下论述：

> 在语义方面，词和语有着更加明显的差异。词义是人们约定的对客观事物的指称。诚然，这种指称是经过人们认知、理解，在言语交际中已经获得共识的、经过抽象化了的。就其内容说是比较单

纯的，主要是对客观世界的各种现象的反映，虽然词义也可能有表示一定形象、感情或语体的“附属义”，但作为核心的主体则是它的客观的“概念义”。而“语”的意义则主要表现了使用该语言的人群对客观事物的种种描写和表述，在描写和表述中掺入了更多对事物的主观认识甚至加上不同程度的渲染，此外还有对各种观念的分析和论断。如果说“词”的意义的主要特征是单纯性和指称性，那么，“语”的意义的主要特征则是它的综合性和表述性。

有的学者，把语看成是词的“等价物”，认为“他们聚精会神地听着”同“他们专心地听着”相当，“这个人居心叵测”同“这个人阴险”相当。（刘叔新《汉语描写词汇学》（重排本），第17页）这就把语义看成是概念性。有的学者说得更加直白，称：“成语虽是由两个以上的词所组成的词组或短句，但它只代表一个概念，而不代表几个概念。”认为，“许多成语都能找到一个含义与之相同（至少极为近似）的词，在二者之间划上等号。”例如：

“千钧一发”＝“危险”

“一帆风顺”＝“顺利”

“煽风点火”＝“煽动”

“虚怀若谷”＝“虚心”

“胆战心惊”＝“害怕”

“咬牙切齿”＝“痛恨”

“风马牛不相及”＝“无关”

“大旱之望云霓”＝“渴望”

——以上引自史式著《汉语成语研究》，四川人民出版社，1979，第17页

按照这种观点，“千钧一发”的释文应是“危险”，“一帆风顺”的释文应是“顺利”，“煽风点火”的释文应是“煽动”，“虚怀若谷”的释文应是“虚心”，“胆战心惊”的释文应是“害怕”，“咬牙切齿”的释文应是“痛恨”，“风马牛不相及”的释文应是“无关”，“大旱之望云霓”的释文应是“渴望”。这完全否认了语义的叙述性，显然是不可取的。

还有的学者认为语的叙述性只限于“谓词性”的语，“体词性”的语不具有叙述性。这是一种误会。

谚语有许多从结构形式上看属于“体词性”，但从释义上看，还是叙述性的。如：(释义摘自《新华谚语词典》)

【十个儿子十个相】相：相貌。即使是同一父母所生的儿女，长相也不会一模一样。

【一分钱钞一分货】指货物的价格和质量相联系，出多少价，买什么等级的货。也泛指给多少好处，就出多大力，办多大事。

【一朝天子一朝臣】旧时新皇登基，要改用自己亲信的臣子。常指当权者变动，下属也随之变动。

【三年清知府，十万雪花银】清：清廉。知府：明清两代一府的长官，管辖数个州县。雪花银：纯白的银子。即使只做了三年“清廉”的知府，也能捞到十万两白银。指旧时官场腐败，无官不贪。

【三十年河东，三十年河西】河：指黄河。过去黄河泛滥，时常改变河道；某个地方原本在河的东边，若干年后却到了河的西边。指世事兴衰，常发生周期性变化。也指人的命运不会一成不变，总有好坏转换之时。

类似的还有“人的名儿，树的影儿”“一粒良种，千粒好粮”“嫁出去的女，泼出去的水”“一个香炉一个罄，一个人一个性”“一个将军一个令，一个和尚一套经”，等等。

“体词性”的惯用语就更多了，从释义上看，也是叙述性。如：(释义摘自《新华惯用语词典》)

【事后诸葛亮】指事情过后才出主意、提意见。也比喻事情过后才搞明白。

【一步一个脚印】每迈出一步都留下脚印。形容做每件事都踏实、稳妥。

【刀子嘴，豆腐心】嘴像刀子一样，心像豆腐一样。形容人说话强硬尖刻，心肠却和善慈软。

【一个红脸，一个白脸】红脸：传统戏剧中象征刚强、忠诚的脸谱，如关羽。白脸：传统戏剧中象征奸邪、诡诈的脸谱。指一个装好人，一个当恶人，彼此串通一气。

【一时猫脸，一时狗脸】猫脸：指代慈善的面容。狗脸：指代凶恶的面容。形容表情和态度变化很快，时好时坏。

【一个富贵心，两只体面眼】体面眼：仰视体面人的眼，即势利眼。一颗心只向着富贵人家，两只眼只看得起有身份的人。形容人嫌贫爱富。

类似的，如“一个萝卜一头蒜”“一把汗，一把水”“一点水，一个泡”“一把屎，一把尿”“一尺天，一尺地”“七大姑，八大姨”“七个头，八个胆”“笼中鸟，网上鱼”“眼中钉，肉中刺”“篮里鱼，阱中虎”“仨核桃俩枣”“七张嘴，八个舌头”“一把鼻涕，一把眼泪”“七条肠子，八个肝花”“一个媳妇，十个婆婆”，等等。

成语属于“体词性”的，也有不少，仅“一”字开头的成语就有：（释义摘自《新华语典》）

【一箭双雕】一箭射中两只雕。原指箭术高明。后比喻一举两得。

【一石二鸟】投一个石子打中两只鸟。比喻做一件事达到两个目的。

【一目十行】阅读时一眼可以看十行字。形容阅读速度很快。

【一日千里】一天跑一千里。原形容马跑得快。后也比喻进步或进展很快。

【一字千金】原指增删一字，赏给千金。《史记·吕不韦传》记载：秦相吕不韦让门客编撰成《吕氏春秋》一书之后，在咸阳城门发布告，说有能增减一字的，赏给千金。后称赞诗文、书法作品精妙，价值极高，分量极重。

【一饭千金】吃人一顿饭，以千金报答。《史记·淮阴侯列传》记载：西汉的韩信年轻时贫寒，有一位漂洗衣物的老年妇女见他饿着，给他饭吃。后来韩信成了楚王，赏赐老妇人千金。后指受恩不忘厚报。

【一言九鼎】语出《史记·平原君虞卿列传》。九鼎：古代传说夏禹铸了九个鼎，象征九州，成为夏、商、周三代传国之宝。一句话的分量相当于九鼎的重量。形容说的话分量极重，起决定性的作用。

【一日三秋】一天没见就像过了三年。形容思念之情非常殷切。

类似的，还有“一刻千金”“一发千钧”“一心一德”“一心一意”“一板一眼”“一年一度”“一针一线”，等等。从字面形式上是“体词性”的，是“名词性的四字格”，但从释义上看，还是叙述性的。

所谓“体词性”的语，在结构上往往具有凝练性和紧缩性。如谚语“一寸光阴一寸金”，本意是一寸光阴相当于（或“等于”）一寸金；“一朝天子一朝臣”，本意是一个朝代的天子选用一个朝代的臣子；“破家县令，灭门刺史”，本意是县令可使一户人家破败，刺史可使一个家族毁灭，把句式倒装了。惯用语“事后诸葛亮”，本意是事情过后才当起诸葛亮；“刀子嘴，豆腐心”，本意带有比喻性，指嘴像刀子，心像豆腐。成语“一箭双雕”“一石二鸟”“一目十行”“一日千里”都是省略了动词谓语；“一字千金”“一饭千金”都是某个典故的概括。而“一日三秋”则是“一日不见，如隔三秋”的紧缩。（摘自黄冬丽《试论语义的“叙述性”》，《汉语语汇学研究》（四），商务印书馆，2017，第64-73页）

［2］关于词义的概括性，有许多学者作过论述。

叶蜚声、徐通锵先生认为：词义对现实现象的反映是概括的反映。概括是词义的一个重要特点。概括，这是对现实现象的分类，把有共同特点的现象归在一起，给以一个名称，使它和其他现象区别开来。名称是用来标志一类事物的符号。个别的事物虽然千差万别，如果名称相同，彼此的差别就被略去，整类事物的共性以及和他类事物的差别就突出出来。所以有了名称，人们就能够把现实现象中特殊的东西当作普遍的、一般的东西，把复杂的东西当作简单的东西来掌握。比方说，现实世界里的苹果有品种、滋味、颜色、形状、大小等差别，而语言里统统给以“苹果”一个名称。“苹果”这个词的意义可以不管这种水果的品种、滋味、颜色、形状、大小等种种特殊性和复杂性，而只概括地反映所有苹果共同具有的一些特征，以便把它和桃子、梨等其他水果区别开来。（《语言学纲要》，北京大学出版社，1981，第130–131页）

曹炜先生认为，“词义的概括性是词义的灵魂”，他说，“现实生活中的事物、现象是千差万别、极其复杂的，如果要对其作全面没有一点遗漏的扫描式的‘反映’，恐怕任何一样东西都将不堪承担。”因此，“任何词义均具有概括性。词义对客观对象的反映均是一种概括的反映。正是这种概括性，使得词义较之它所反映的客观对象，要简练得多，从而使得词义具有可学习性和易使用性。”（《现代汉语词义学》，学林出版社，2001，第129–130页）

［3］词义的模糊性问题，曾经是语言学研究的一个亮点，用力最勤的是伍铁平先生。他先后发表过《模糊语言学初探》（《外国语》1979年第4期）、《模糊语言学再探》（《外国语》1980年第5期）、《论颜色词及其模糊性》（《语言教学与研究》1986年第2期）等论文。石安石的《模糊语义及其模糊度》（《中国语文》1988年第1期）和符达维《模糊语义辩述》（《中国语文》1990年第2期）等文也颇有影响。高等学校的《现代汉语》教材也有论及，下面是邵敬敏主编的《现代汉语通论》（第二版，上海教育出版社，2007）第三章“词汇”部分关于词义模糊性的论述，有一定参考价值：

> 模糊性是指词的意义界限不清楚，这主要是由于词义内涵的不确定性所造成。例如“青年”一词的含义是年纪不大，多指十六七岁到二十几岁。这个词义的内涵本身存在着不确定性：往下看，十五岁算不算？那么十四岁呢？往上看，三十岁算不算？三十一呢？尽管如此，“青年”的大体范围总是比较清楚的，可在具体语境中这个词却表现出了很大的模糊性。如共青团是青年组织，它的年龄上限一般是28岁；中小学的青年老师算到30岁，高校的青年老师算到

35岁，全国的杰出青年评选年龄定在40岁以下。又如“胖”与“瘦”，指的是人体内含脂肪“多”与“少”，但多少算多，多少算少，一般情况下并没有精确的界定。

词义的模糊性，不仅仅在于它的难以避免的主观性，还在于它满足了语言表达的客观需要。因为人们在具体的语境中并不都需要追求表意的精确。如“过年整天吃好的，我胖了不少。”这句话表达出自己体重增加的信息就够了，这时要说出增加了几斤几两反倒显得没有必要，往往也没有可能。

词义的模糊性不等于“概括”，例如“吃饭”，没有明确是吃中饭还是晚饭，实际上吃饭只是比吃中饭和吃晚饭概括，但是语义并不模糊；词义的模糊也不等于“多义”或“歧义”。例如“两”，一个义项指“二”，词义是明确的；一个义项指“几”，这才是词义模糊。“吃菜”中的“菜”是歧义的，因为“菜”可指“菜肴”，也可指“蔬菜”。这是歧义，但也不是模糊。

[4] 张永言先生在《词汇学简论》里曾经论述过词义变化的原因。他认为，“词义的变化可以分为由语言外部的原因（如社会历史的原因）引起的变化和由语言内部的原因引起的变化两大类。”

语言外部原因，如“词义既然是表现概念的，它就不能不随着概念的变化而变化”。例如，“道”本来指具体的“路”，后来发展出了“途径”“方法”“规律”“法则”等抽象的意义。

物质文化的发展、人对客观事物和现象的新的认识也是导致词义变化的原因。例如，钟，一种青铜制的敲击发声的响器→一种计时的机动器具；卷，卷轴，卷成圆筒形的书卷→（书的）一本或一部分。

生产方式和社会状况的改变也会引起词义的变化。例如，在古代畜牧社会，关于马的词很多，单是指小马就有好些词，如二岁马叫“驹”，三岁马叫“駣”等。等到畜牧时代一过去，没有必要用不同的词来表示不同年龄的小马，于是“駣”等词死亡了，而生存下来的“驹”的意义也就扩大为泛指小马了。

词义变化的内部原因，即语言学的原因，是多种多样的，但是也可以归结为一条，这就是：任何一个词无论在语言里或言语里都不是孤立的，而是跟别的有关的词彼此联系着的；语言的词汇不是词的偶然的堆积，而是构成一定的体系；每当一个新词或新义加入语言的词汇体系，它就要跟词汇里已有的相关的词或词义相互影响，从而导致词义的变化。

第二节 语词意义的内容

一、词义的内容[1]

词义指的是词的词汇意义。词义是人们对客观事物和现象的认识的反映，包含着对客观事物和现象的各种特点的认识。例如“火车”的词义，反映着火车的特点：一是一种陆上的交通工具，二是由机车牵引若干节车厢，三是在铁路上行驶。又如“汽车”的词义，反映着汽车的特点：一是一种陆上的交通工具，二是用内燃机做发动机，三是主要在公路上或马路上行驶，四是通常有四个或四个以上的轮子。

词义除了可以反映具体的事物外，还可以反映抽象的事物（如：想、思念、爱、恨、厌恶等）；还可以反映动作行为变化（如：看、走、跑、占据、分化、瓦解等）；还可以反映性质状态（如：快、慢、好、坏、红、整齐、伟大、悠闲等）。还有一些词反映的对象在客观上并不存在，如“神仙”“阎王”“玉帝”“二郎神”“王母娘娘”等，这些词来源于人们的想象，是对客观事物的一种歪曲的反映。

词义在反映客观事物的过程中，往往参附着人们的主观因素，因此，词义可以分为客观的概念义和主观的色彩义两个部分。

（一）概念义

概念义也称为客观义或理性义，它是人们对词所指称的客观事物的区别性特征的概括反映。如上面所举的“火车”“汽车”，可分别解释为：

【火车】名 一种交通工具，由机车牵引若干节车厢在铁路上行驶：电动～。

【汽车】名 一种交通工具，用内燃机做发动机，主要在公路上或马路上行驶，通常有四个或四个以上的轮子。

（二）色彩义

色彩义是指词义在反映客观事物过程中所附带表示的某种倾向或情调的意义，最重要的是感情色彩、语体色彩和形象色彩。

1. 感情色彩

感情色彩指词义在反映客观事物时所附带的表示爱憎好恶的褒贬感情的色彩。词义对客观事物持肯定评价的，往往附有褒义色彩。如：

【烈士】名 ❶为正义事业而牺牲的人：革命～｜～陵园。❷〈书〉有志于建立功业的人：～暮年，壮心不已。

【模范】❶ 名 值得学习的、作为榜样的人：劳动～｜选～。❷ 形 可以作为榜样的；值得学习的：～事迹｜～人物。

【诚恳】形 真诚而恳切：态度～｜言出肺腑，～感人。

【勇敢】形 不怕危险和困难；有胆量：机智～｜～作战。

【丰实】形 丰满实在；丰富充实：～厚重的基础｜作品内容～。

【辉煌】形 ❶光辉灿烂：灯火～｜金碧～。❷（成绩等）显著；卓著：战果～｜～的成绩。

【进取】动 努力向前；立志有所作为：～心｜努力～｜人要有～的精神。

【起义】动 ❶为了反抗反动统治而发动武装革命：农民～｜南昌～。❷背叛所属的集团，投向正义方面：阵前～。

词义对客观事物持否定评价的，往往附有贬义色彩。如：

【叛徒】名 有背叛行为的人，特指背叛祖国或背叛革命的人。

【恶棍】名 凶恶无赖、欺压群众的坏人。

【毒辣】形（心肠或手段）狠毒残酷：阴险～｜手段～。

【蛮横】形（态度）粗暴而不讲理：态度～｜～无理。

【顽劣】形 顽固无知；顽皮不顺从：秉性～｜～异常。

【粉饰】动 涂饰表面，掩盖污点或缺点：～门面｜～太平。

【媚外】动 对外国奉承巴结：崇洋～。

有一些词词义基本相同，但感情色彩不同。如：

【效果】名 由某种力量、做法或因素产生的结果（多指好的）：教学～｜～显著。

【后果】名 最后的结果（多用于坏的方面）：～堪虑｜检查制度不严，会造成很坏的～。

【结果】名 在一定阶段，事物发展所达到的最后状态：优良的成绩，是长期刻苦学习的～。

比较一下，可以看出，“效果”多用于褒义，“后果”多用于贬义，“结果”则是中性。

应当指出，意义上有褒贬色彩的词，在数量上并不很多，多数词的意义是中性的，没有感情色彩。如山、水、鸟、兽、人物、社会、天下、宇宙、动物、植物，等等，都是中性词。

2. 语体色彩

语体色彩是指词用于不同的语体所产生的一种附加意义。有些词只适用于某种交际场合，适用于说话者的身份，适用于某种文体，从而形成了不同的语体。

语体色彩集中表现在书面色彩和口语色彩的对立上。只用于或较多用于书面语的词具有书面色彩，只用于或较多用于口语的词具有口语色彩。但多数词既通用于书面语又通用于口语，它们在语体色彩上是中性的。

下面列举一些词义基本相同而语体色彩不同的词：（下文释义系作者据《现代汉语词典》（第7版）改编）

A组

【瞧】（带口语色彩）〈口〉动 看：～见｜～书｜～病｜～热闹｜～一～｜他～亲戚去了。

【观】（带书面语色彩）看：～看｜～潮（观赏涨潮）｜走马～花｜坐井～天。

【看】（通用）动 使视线接触人或物：～书｜～电影｜～了他一眼。

B组

【逮】（带口语色彩）动 捉：猫～老鼠。

【擒】（带书面语色彩）动 抓；捉拿：生～｜欲～故纵｜～贼先～王。

【捉】（通用）动 使人或动物落入自己的手中：捕～｜活～｜～拿｜～贼｜猫～老鼠。

C组

【着迷】（带口语色彩）动 对人或事物产生难以舍弃的爱好；

入迷：老爷爷讲的故事真动人，孩子们听得都～了。

【沉湎】（带书面语色彩）〈书〉动 沉溺。

【迷恋】（通用）动 对某一事物过度爱好而难以舍弃：～酒色｜～家乡的特产。

D组

【挖苦】（带口语色彩）动 用尖酸刻薄的话讥笑（人）：有意见就直说，不要～人。

【嘲讽】（带书面语色彩）动 嘲笑讽刺。

【讽刺】（通用）动 用比喻、夸张等手法对人或事进行揭露、批评或嘲笑：～画｜用话～了他几句。

3．形象色彩

有的词的意义能给人十分具体形象的感觉。试看：

A组

【木耳】名 真菌的一种，生长在腐朽的树干上，形状如人耳，黑褐色，胶质，外面密生柔软的短毛。可以吃。

【喇叭花】名 牵牛花的通称，花冠喇叭形。

【鹅卵石】名 直径较大的卵石，大小多像鹅卵，所以叫鹅卵石。

B组

【金黄】形 状态词。黄而微红略像金子的颜色：～色头发｜麦收季节，田野里一片～。

【橘黄】形 比黄色略深像橘子皮的颜色。

【绿油油】形 状态词。形容浓绿而润泽：～的麦苗｜鹦鹉一身～的羽毛，真叫人喜欢。

C组

【摇椅】名 一种能够前后摇晃的椅子，可供人半躺半坐。

【挥毫】动 指用毛笔写字或画画儿：~泼墨｜对客~。

【晃荡】动 ❶向两边摆动：小船在水里直~｜桶里水很满，一~就撒出来了。❷闲逛；无所事事：他在河边~了一天｜正经事儿不做，一天到晚瞎~。

A组里的“木耳”“喇叭花”“鹅卵石”给人以形感，B组里的“金黄”“橘黄”“绿油油”给人以色感，C组里的“摇椅”“挥毫”“晃荡”给人以动感。

二、语义的内容

语是由词和词（包括少数现代不成词古代是词）组合而成的。语义的内容和词义不同，不具有概念性，而具有叙述性。

词义虽然不等于概念，但和概念有密切的联系。一方面，概念是词义形成的基础；另一方面，词义反映着概念，概念凭借词义成为直接的现实。语义则不同，语义的特征是它的叙述性。如成语“大功告成”的语义是大的工程、事业或重要任务宣告完成；谚语“是药三分毒”的语义是药品都含有某些有毒的物质，对人体健康有一定的副作用；惯用语“打马虎眼”，指故意装糊涂蒙骗人；歇后语“老鼠过街——人人喊打”，指危害人的人或事，人人都痛恨。

语义的叙述性可分为两大类，一类具有知识性；一类不具有知识性，属于描述性。

语义的知识性，有的来源于人民群众社会生活和生产实践的经验（如“寡不敌众”“天下乌鸦一般黑”“庄稼要好，犁深肥饱”等），有的来源于人们对客观事物的认识（如“师道尊严”“家丑不可外扬”“宁肯站着死，决不跪着生”等）。不论经验也好，还是认识也好，都属于知识的范畴。

语义的描述性，有的来源于对人或事物的形象和状态的描述（如“雨后春笋”“七孔生烟，三尸冒火”“房檐上的冰凌柱——根子在上面”等），有的来源于对动作行为性状的描述（如“浴血奋战”“拿得起，放得下”“叫花子打狗——边打边走”等），都不具有知识性。

同词义具有概念义和色彩义之分相似，语义也有叙述义和色彩义之分。

（一）叙述义

叙述义也称为基本义，它是人们对语所叙述的客观对象的反映，是语最主要的起核心作用的意义。如下列语，辞书的解释一般为：

【大惑不解】（成语）极为疑惑，不能理解。

【千金难买回头看】（谚语）指及时回顾、反思，总结经验教训，大有好处。

【大旱望云霓】（惯用语）大旱的时候盼望雨水，比喻急切盼望解除困境。

【腊月天喝凉水——点点滴滴在心头】（歇后语）指事情点点滴滴都清楚地牢记在心里。

这些语目的释文，都是体现语目的叙述义，即基本义。

（二）色彩义

色彩义是指语义在反映客观对象过程中所附带表示的某种倾向或情调的意义，与词义一样，最重要的也是感情色彩、语体色彩和形象色彩。

1．感情色彩

感情色彩指语义在反映客观对象时所附带的表示爱憎好恶的褒贬感情的色彩。语义对客观对象持肯定评价的，往往附有褒义色

彩。如 :(下文语汇释义系作者据《新华语典》等辞书改编，下同)

【雷厉风行】(成语)像雷一样猛烈，像风一样快，形容执行政策法令等严格而迅速。也泛指做事声势大而行动快。

【高瞻远瞩】(成语)站得高望得远。形容眼光远大。

【有麝自然香】(谚语)比喻人的德才高，或者货物好，自然会美名远扬。

【老子英雄儿好汉】(谚语)父亲是英雄，儿子也一定是好样的。

【实打实】(惯用语)形容说话办事实实在在。

【上山捉虎，下海擒龙】(惯用语)上山敢于捕捉猛虎，下海敢于擒拿蛟龙。形容人不怕艰难，敢冒生命危险去做一切事情。

【狗赶鸭子——呱呱叫】(歇后语)形容非常好。

【中秋节的月亮——正大光明】(歇后语)原指中秋月亮又大又明亮。转指人公正无私，襟怀坦白。

语义对客观对象持否定评价的，往往附有贬义色彩。如 :

【高谈阔论】(成语)漫无边际地大发议论。

【负隅顽抗】(成语)(坏人)凭借险要的地势或某种条件，拼死进行顽固抵抗。

【拔了毛的凤凰不如鸡】(谚语)比喻有权势的人一旦失势，处境连一般百姓都不如。

【狼走千里吃人，狗走千里吃屎】(谚语)比喻坏人走到哪里都要干坏事。指坏人恶性难改。

【吹冷风】(惯用语)比喻以冷言冷语打击人的热情。

【翻脸不认人】(惯用语)形容人态度突然变坏，一点儿也不讲情面。

【猫咬尿泡——空欢喜】(歇后语) 白喜欢了一番。多指费尽心机却什么也没有捞到。

【茅坑里的石头——又臭又硬】(歇后语) 指人的品行或名声很坏，态度还顽固。

也有的语既带有褒义又带有贬义。如：

老武说完，人们不由得叫起好来。张有义说："老武思谋得太周到了，真是马蹄刀瓢里切菜——滴水不漏呀！"(马烽、西戎《吕梁英雄传》五三回)

同你共事，你是"马蹄刀瓢里切菜——滴水也不漏"，总不肯放钱出来。(《儒林外史》一九回)

"马蹄刀瓢里切菜——滴水不漏"，在前例里是形容办事或思考周密细致，一点儿漏洞都没有，含褒义；在后例里是形容人吝啬，不肯拿出钱财来，含贬义。不过，大多数语在感情色彩上是中性的，不含褒贬义，这一点跟词是一样的。

2. 语体色彩

语的语体色彩，跟词的语体色彩一样，是用于不同的语体所产生的一种附加意义。有些语只适用于某种交际场合，适用于说话者的身份，适用于某种文体，从而形成了不同的语体。

语的语体色彩，也同词的语体色彩一样，集中表现为书面色彩和口语色彩的对立上。只用于或较多用于书面语的语具有书面色彩，只用于或较多用于口语的语具有口语色彩。但大多数语既通用于书面语又通用于口语，它们在语体色彩上是中性的。

下面列举一些语义基本相同而语体色彩不同的语：

A组

【翘尾巴】(带口语色彩) 形容志得意满，骄傲自大。

【目无余子】(带书面语色彩) 眼里没有别人。形容高傲自大，目中无人。

【目中无人】（通用）眼睛里没有别人。形容狂妄自大，看不起别人。

B组

【大眼瞪小眼】（带口语色彩）你看我，我看你，相互对着看。形容相关的人彼此惊惧、尴尬或束手无策。

【张飞穿针——大眼瞪小眼】（带口语色彩）小眼：双关，本指小的针孔，转指小的眼睛。形容相关的人彼此惊惧、尴尬或束手无策。

【面面相觑】（带书面语色彩）你看我，我看你，形容相关的人彼此惊惧或不知所措地互相望着，都不说话。

C组

【一个巴掌拍不响】（带口语色彩）比喻一个人势孤力单，干不成大事。也比喻单方面闹不成矛盾、冲突。

【孤掌难鸣】（带书面语色彩）一个巴掌难以拍响，比喻力量单薄，难以成事。

D组

【众人拾柴火焰高】（带口语色彩）指众人一齐动手就会产生很大的力量。

【人多为强，狗多咬死狼】（带口语色彩）指人多心齐，能团结一致，力量就大，就像狗多了能把狼咬死一样。

【众擎易举】（带书面语色彩）许多人一齐用力，就容易把东西托起来，比喻大家同心合力，就容易把事情做成功。

E组

【咬耳朵】（带口语色彩）凑近人耳边小声说话，防止让他人听见。

【交头接耳】（带书面语色彩）彼此在耳朵边低声说话。

【窃窃私语】（带书面语色彩）私下里小声交谈。

3．形象色彩

有的语的意义，也同词的意义一样，能给人十分具体形象的感觉。试看：

【趁热打铁】趁着铁烧热时及时锤打，比喻抓紧时机行动，毫不拖延。

【引火烧身】引来火，自己烧着自己的身体。比喻招惹灾祸，害了自己。

【死猪不怕开水烫】比喻反正已经身处绝境，索性豁出去，任凭事态发展。

【新开茅厕三天香】比喻新人或新事物，开头几天很吃香，但过不了多久就会被冷淡。

【虎口上捋须】形容人胆大，敢于触犯强者。

【不是鱼死，就是网破】比喻双方不能共存，要拼个你死我活。

附论：

［1］曹炜先生在《现代汉语词义学》（学林出版社，2001）里把现代汉语的词义分解为五种意义成分：理性义、色彩义、结构义、文化义和联想义。

理性义即概念义，它是词义中的核心部分，是词义的众多成分中最重要的成分，它反映的是客观对象的主要特征，是甲词义区别乙词义的关键所在。词的理性义可以分为内涵和外延两部分。如作为交通工具的“车”的理性义的内涵是“陆地上有轮子的运输工具”，而其外延则是包括汽车、火车、摩托车、自行车在内的一切车辆。

色彩义附丽于词的理性义之上，表明说话人的态度、词的适用语域和风格特质以及词所引发的有关事物形貌的想象等。通常据此分为感情色彩义、语体色彩义和形象色彩义。

结构义指由词在语法结构中产生的逐渐融入到词义中的组合义，如“平整、热、温、紧”等词，它们同名词组合时会产生“使”的组合义，久而久之，这种组合义渐渐融入到它们的理性义中，成为词义的一部分，使它们即使与不同名词组合时，也包含了“使”的意义。

文化义是指词所蕴含的文化内涵。如“争雁”的理性义是：作无意义、无原则的空谈和争论。这个词的背景是：从前有个人，见天空有一群大雁飞翔，挽弓搭箭准备射去，同时扬言射下的雁将煮来吃。他弟弟听了后不同意煮来吃,认为应烤着吃。两人争持不下,只好去请乡吏评判。乡吏判为一半煮着吃，一半烤着吃。待兄弟两人喜滋滋地去寻找雁群时，大雁早已飞得无影无踪了。所以“争雁”除了上述理性义及贬义色彩外，还存在着嘲讽某种愚蠢荒唐行为的文化义。

联想义是指词的理性义引发的人们对该词另一些理性义或别的词的理性义的联想。如“花”的“种子植物的有性繁殖器官”这个理性义可以引发人们联想到“花”的另一些理性义，如“形状像花朵的东西”“花纹”“年轻漂亮的女子”“妓女或跟妓女有关的”，等等；也可以引发人们联想到“草”“香”“果实”等词的理性义。

第七章　词义、语义分析

词义和语义是可以分析的，分析的方法主要有词素、语素分析法，层次分析法，词源、语源分析法。[1]

第一节　词素、语素分析

一、词素分析

词素是构成词的最小音义结合体，词素义与词义有一定的联系，分析词素义有助于理解词义。例如“合谋”“蓄谋”“密谋”“阴谋”“预谋”“计谋”等，都有一个共同的词素“谋”，理解“谋”的词素义，对于理解这些词的词义起到关键性的作用。同时，分析“合”“蓄”“密”“阴”“预”“计”等的词素义，有助于区分这些词的词义：

【合谋】动 共同策划（进行某种活动）：～作案。

【蓄谋】动 早就有这种计谋（指坏的）：～已久｜～迫害。

【密谋】动 秘密地计划（多指坏的）：～叛变。

【预谋】动 做坏事之前有所谋划，特指做犯法的事之前有所谋划。

【阴谋】❶ 动 暗中策划（做坏事）：～暴乱｜～陷害好人。❷ 名 暗中做坏事的计谋：耍～｜～诡计。

【计谋】名 计策；策略：有～。

以上说明，“谋”的词素义有两个：一个是动词，含策划、计划、谋划义；一个是名词，含计谋、计策、策略义。词素“合”含共同义，“蓄”含暗中藏着义，“密”含秘密义，“预”含预先、事先义，“计”含计划、策划义。这说明分析词素义有助于了解词义。当然，也有词的词素义和词义联系比较少或没有联系。

二、语素分析

语素是构成语的基本要素。正确了解语素义与语义的关系，是进行语义分析的基本方法。如成语“繁文缛节”，由“繁、文、缛、节”四个语素组成。繁，烦琐；文，仪式；缛，繁多；节，礼节。把这几个语素义结合起来，就可以得出这个成语的意义，烦琐而不必要的礼仪。

如果对语素义，特别是重点语素义缺乏准确把握，则容易导致对语义的错误理解。以谚语“两姑之间难为妇”为例，试看以下几种辞书的注释：

【两姑之间难为妇】两个小姑都不好得罪，所以媳妇不好当。多比喻在两个人或两种势力之间不好做人。

——《中华谚语大辞典》，辽宁人民出版社，1991

【两姑之间难为妇】意为媳妇夹在两个姑子之间为难。喻指下属夹在上级之间的纠纷中，难以做人。

——《汉语谚语词典》，商务印书馆国际有限公司，2006

【两姑难为妇】姑：这里指婆婆。喻指在两个领导之间很难处世。

——《中华谚语词典》，上海人民出版社，2004

【两姑之间难为妇】比喻夹在中间难做人，左右为难。

——《通用谚语词典》，湖南人民出版社，2000

【两姑之间难为妇】比喻左右为难，无所适从。

——《俗语词典》（修订本），商务印书馆，2004

第一、二例把“两姑”解释为两个小姑或两个姑子，第三例把“姑”解释为婆婆，都欠妥。第四、五例回避了对“两姑”的解释，也不妥。《现代汉语词曲》（第7版）“姑”的第二、三个义项分别是“丈夫的姐妹”“丈夫的母亲”。这里的两姑，一指“丈夫的姐妹”（这里指小姑），一指“丈夫的母亲”（即婆婆）。试看《新华谚语词典》的解释：

【两姑之间难为妇】姑：一指丈夫的母亲，如“翁姑（公婆）”，一指丈夫的姐妹，如“大姑子、小姑子”。两姑：这里指丈夫的母亲和丈夫的妹妹。夹在婆婆和小姑之间的媳妇很难当。也比喻处在两个长辈或两个有权势的人之间，左右为难。

这才抓住了重点语素“两姑”义的解释。

再以惯用语“摇头不算点头算”为例，试看以下几种辞书的注释：

【摇头不算点头算】摇头是不同意的表示，点头是同意的表示。意为明确表示同意或不同意。〔例〕怎样，摇头不算点头算，来个干脆的！（老舍《茶馆》）

——《汉语熟语大辞典》，河北教育出版社，1991

【摇头不算，点头算】摇头表示不同意，点头表示同意。指要明确表示态度。〔例〕三哥，我回来了，求你点事，摇头不算，点头算，痛痛快快的！（老舍《神拳》二）

——《俗语词典》（修订本），商务印书馆，2004

【摇头不算点头算】以点头、摇头表示同意或拒绝的态度。〔例〕怎样，摇头不算点头算，来个干脆的！（老舍《茶馆》）“那好，大林——你摇头不算点头算吧。”（韩静霆《凯旋在子夜》）

——《汉语惯用语大辞典》，天津教育出版社，1995

这些解释没有抓住重点语素“算”的注释。算，是算数的意思。这个惯用语的字面意义是，摇头（表示不同意）不算数，点头（表示同意）才算数；核心意义是，只能同意，不能不同意。下面这个例子就是证据：

老姑被扫了面子，又找一位同姓的老长辈出面，不许鸽婶儿这个后娘说话，摇头不算点头算，吓唬一线红。无依无靠的母女也就只得忍气吞声，摇头不算点头算了。（刘绍棠《京门脸子》二章三）

这个例子很典型，特别是后一个“摇头不算点头算”，明显是用来催促人尽快表示同意，或用来表示在无可奈何的情况下，不得不表示同意。

有的语类辞书，由于没有正确解释重点语素，导致释义上的失误。如：

【富易交，贵易妻】指富贵者容易交友、娶妻。

——《古谚语辞典》，北京出版社，1990

这里把“易”解释为“容易”是明显错误。“贵易交，富易妻”是个古谚，早见于《后汉书·宋弘传》。“易”是重点语素，是改变、更换的意思。整个语义是地位显贵了会抛弃旧时的患难之交；钱财富足了会抛弃结发之妻，另结新欢。

第二节　层次分析

词义、语义可以从不同层面进行层次分析。

一、词义的层次分析

有的词的意义可以进行层次分析。常见的有：

（一）本义和比喻义

本义是指词的本来意义，比喻义是指通过比喻方法而形成的意义。如：

【后路】名 ❶军队背后的运输线或退路：抄～。❷（～儿）比喻回旋的余地；后步：留～。

【后门】（～儿）名 ❶房子、院子等后面的门。❷比喻通融或舞弊的途径：走～|开～。

【大潮】名 ❶一个朔望月中涨落幅度最大的潮水。❷比喻声势大的社会潮流：改革的～。

【大杂烩】名 ❶用多种菜合在一起烩成的菜。❷比喻把各种不同的事物胡乱拼凑在一起的混合体（含贬义）。

【包袱】名 ❶包衣服等用的布。❷用布包起来的包儿。❸比喻某种负担：思想～｜不能把赡养父母看成是～。

“后路”“后门”“大潮”“大杂烩”都有两个义项，第一个义项是本义，第二个义项是比喻义；“包袱”有三个义项，第一、第二个义项是本义，第三个义项是比喻义，都层次分明。

（二）本义和借指义

如：

【后院】（～儿）名 ❶正房后面的院落。❷借指后方或内部：～起火（比喻内部闹矛盾或后方出了麻烦事）。

【红牌】（～儿）名 ❶体育比赛中，裁判员对严重犯规的运动员、教练员出示的红色警示牌。足球比赛中被出示红牌的球员须立即退出赛场，并不得参加下一场比赛。❷借指对有违法、违章行为的个人或单位给予的严重警告或处罚：对污染企业亮～。

【雌雄】名 ❶雌性和雄性：～同株。❷借指胜负、高下：决一～。

【红领巾】名 ❶红色的领巾，代表红旗的一角，是少年先锋队员的标志。❷借指少年先锋队员。

这些词也都有两个义项，第一个义项是本义，第二个义项是借指义，层次也很分明。

（三）泛指、特指义

如：

【江北】名 ❶长江下游以北的地区，就是江苏、安徽两省靠近长江北岸的一带。❷泛指长江以北。

【江南】名 ❶长江下游以南的地区，就是江苏、安徽两省的南部和浙江省的北部。❷泛指长江以南。

【大本营】名 ❶指战时军队的最高统帅部。❷泛指某种活动的策源地或根据地。

【初速】名 ❶运动物体在一个特定运动过程开始时的速度。❷特指弹头脱离枪、炮口瞬间的运动速度。

"江北""江南""大本营"都是两个义项，第一个义项是本义，第二个义项是泛指义；"初速"也是两个义项，第一个义项是本义，第二个义项是特指义，层次同样分明。

二、语义的层次分析

语义的层次分析有两种情况。

（一）把语义分为基本义和附加义

基本义是语最主要的起核心作用的意义，附加义是指附加于基本义上面的色彩意义，最主要的是感情色彩。

1. 成语的基本义和附加义

有的成语除了基本义，还含有色彩意义。如：（释义摘自《新华语典》，下同）

【不识抬举】指不接受或不珍视别人的好意。例人家请他当总经理，他却～，当场拒绝了。

【不识时务】没有认识到当前的客观形势。例由于他～、一意孤行，结果毁了自己的前程。

【不耻下问】不以向比自己学问差或地位低的人请教为耻。形容虚心好学。例他学问如此渊博，但仍然～。

【不屈不挠】指在困难面前不屈服。例经过～的艰苦奋斗，他们终于攀登上了科学高峰。｜我们的先人以～的斗争反对内外压迫者，从来没有停止过。

“不识抬举”和“不识时务”除了基本意义外，还带有明显的贬义色彩；“不耻下问”和“不屈不挠”除了基本意义外，还带有明显的褒义色彩。

“不识抬举”前面还可以加上一个语节构成歇后语，如：

好你个王美霞！你简直是狗坐轿子——不识抬举！你既然要敬酒不吃吃罚酒，那就莫怪我不讲交情了！（蔡森荣等《麻辣嫂禁赌》）

“我劫一条船，给你凑够钱！”解连环擂着胸膛，大包

大揽。马名骓却高昂起头,哼道:“马某人不受不义之财。”“坐轿子嚎丧,不识抬举!”解连环骂道。(刘绍棠《渔火》五章二)

2. 谚语的基本义和附加义

有的谚语也含有比较明显的色彩意义。如:

【上有天堂,下有苏杭】指苏州、杭州风景秀丽,物产丰富,就像神话里的天堂一样美好。例 早就听人说:“~。”今日一游,果真名不虚传。

【挨金似金,挨玉似玉】靠近金就会像金,靠近玉就会像玉。比喻接近优秀人物,会使人的言行变好。例 这孩子近来常和几个游泳健将在一起,进步很快,真个~!

【懒牛懒马屎尿多】懒惰的牛马,总是借拉屎撒尿来逃避劳动。比喻懒惰的人常常寻找一些借口逃避应干的事情。例 每次到工作的紧要关头,他都要找借口躲出去,真是~。

“上有天堂,下有苏杭”“挨金似金,挨玉似玉”,除了基本义外,都带有褒义色彩;而“懒牛懒马屎尿多”则明显带有贬义色彩。

3. 惯用语的基本义和附加义

惯用语的附加义,以表示贬义色彩的居多。如:

【扯舌头】指说闲话,乱加议论。例 本来是没影儿的事,别听外面的人乱~。|这个人真无聊,爱到处~。

【拉大旗做虎皮】指打着某种旗号吓唬人、蒙骗人。例 领导应当杜绝秘书~,利用自己名声在外边招摇撞骗。

【癞蛤蟆想吃天鹅肉】讽刺人妄想得到根本不可能得到的人或物。例 他太不自量力了,姑娘那么优秀,怎么可能喜欢他,我看是~。

【占着茅坑不拉屎】比喻占着某个职位却不干事情。例既然领导把工作交给了咱，咱可不能～，得好好干。｜现在～的大有人在。

“扯舌头”“拉大旗做虎皮”“癞蛤蟆想吃天鹅肉”“占着茅坑不拉屎”，都含有明显的贬义色彩。

4. 歇后语的基本义和附加义

歇后语的特点是，后一部分表示基本意义，前一部分表示色彩意义。如：

【瘸驴配破磨——天生的一对儿】讥讽品行不好的男女结成夫妻很般配。例 她跟他真是～缺德的货色。

【绣球配牡丹——天生的一对儿】称赞青年男女品貌相当，婚姻十分般配。例 他们两个真是～！这门亲事，就算定下来了。

“瘸驴配破磨——天生的一对儿”含有明显的贬义，而“绣球配牡丹——天生的一对儿”则含有明显的褒义。

（二）把语义分为本义、引申义和比喻义

有的语的语义既有本义，又有引申义和比喻义。如谚语“种瓜得瓜，种豆得豆”，本义是种瓜能收获瓜，种豆能收获豆；引申义是种什么就能收获什么；比喻义是造什么因，就会得到什么果，佛教常用来指因果报应不爽。不过也有的语只有本义，没有引申义、比喻义；也有的语有本义和引申义，没有比喻义，或者有本义和比喻义，没有引申义。

1. 只有本义，没有引申义、比喻义。如：

【不辞而别】没有告别就离开了。例 他的～让我非常难受。

【男大当婚，女大当嫁】指无论男孩儿女孩儿到了婚嫁年龄都应当成家。例 自古～，他们已长大成人，既然两厢情愿，就早点把婚事办了吧。

【面和心不和】表面上相处得很好，内心却有意见或看法。例 别看这些人坐在一起嘻嘻哈哈的，其实都是～，你看不起我，我看不起你。

【屁股上长疮——坐不下】指人不能安稳地坐下来。例 你在我面前晃来晃去，是不是～？

成语“不辞而别”、谚语“男大当婚，女大当嫁”、惯用语“面和心不和”、歇后语“屁股上长疮——坐不下”，都只有本义，没有引申义和比喻义。

2. 只有本义和引申义，没有比喻义。这时，引申义往往替代了本义。如：

【不刊之论】刊；删除，修改。指不可更改或不可磨灭的言论。例 您的大作提出了一系列新观点，确是～，令人佩服。｜先生的论述非常精确，是历久～。

【心宽出少年】指心情舒畅能使人青春常在。例 他的性格十分开朗，今年60多岁了，一点儿都不显老，正如谚语所说的：～。

【小人儿说大话】指地位低的人说出不符合身份的大话。例 你吹什么牛？～，我都替你害羞。

【石蜡做的瓜果梨桃——中看不中吃】指徒有其表，起不了实际作用。例 那些时装太夸张了，我看就是～，一般人是没法穿的。

成语“不刊之论”、谚语“心宽出少年”、惯用语“小人儿说大话”、歇后语“石蜡做的瓜果梨桃——中看不中吃”，原来都有本义，实际上引申义代替了本义。

3. 只有本义和比喻义，没有引申义。这时，比喻义往往替代了本义。如：

【宁折不弯】本指白杨木受到外力作用，只会折断，不会弯曲变形。后用来比喻宁可牺牲生命，也不屈服妥协。例 英雄刘胡兰～、英勇献身的精神，让世人深受感动。

【留得青山在，不怕没柴烧】比喻只要保存了根本，就不用担心没有希望或生路。例 虽然受灾面积很大，但～，只要有人在，就能恢复生产，创造奇迹。

【留尾巴】比喻事情没有全部干完，或问题没有彻底解决。例 饮水工程最好一步到位，不～。

【捧着猪头打转转——拜不到庙门】❶比喻没有找到问题的关键所在。例 打卵石层，关键就在钻头上。如果在合金钻头上搞不出名堂，可就～了。❷比喻找不到能解决问题的人或部门。例 他拿着自己的发明专利，却找不到合适的厂家来生产，真是～。

成语“宁折不弯”、谚语“留得青山在，不怕没柴烧”、惯用语“留尾巴”、歇后语“捧着猪头打转转——拜不到庙门”，原来都有本义，实际上比喻义代替了本义。

第三节　词源、语源分析

对于一些历史性比较强的词和语，从意义的角度分源溯流，也是词义、语义分析的一个重要方法。

一、词源分析

有些词的形成有一定的历史背景，进行词源分析有助于了解词义。如：

【献芹】动《列子·杨朱》:“昔人有美戎菽、甘枲茎、芹萍子者，对乡豪称之。乡豪取而尝之，蜇于口，惨于腹。众哂而怨之，其人大惭。”后来用“献芹”谦称赠人的礼品菲薄或所提的建议浅陋。

【碧血】名《庄子·外物》:“苌弘死于蜀，藏其血，三年而化为碧。”后多用“碧血”指为正义事业而流的血：～丹心。

【三寸舌】名三寸不烂之舌。战国时，秦军包围赵国都城邯郸。赵王命令平原君赵胜去楚国求援，门客毛遂自愿跟随前往。到了楚国，平原君跟楚王谈判，楚王迟迟不肯答应支援。在这关键时刻，毛遂按剑而上，慷慨陈述利害关系，使楚王改变主意，最终答应出兵。回到赵国，平原君夸赞毛遂说：“毛先生以三寸之舌，强于百万之师。”(见《史记·平原君虞卿列传》)

前两例“献芹”“碧血”说明出处,后一例“三寸舌”说明典故，对于加深对词义的理解很有帮助。

二、语源分析

在语汇成员中，成语的书面性比较强，成语的语源分析历来受到重视，因为通过语源分析才能准确而透彻地理解成语的语义。如：(释义摘自《新华语典》，下同)

【草木皆兵】把山上的草木都当成士兵。《晋书·苻坚载记下》记载：公元383年，前秦苻坚领兵攻打东晋，军队行进到淝水，他登上寿春城瞭望，见晋军阵容严整，又北望八公山，把山上的草木都当成晋军，感到非常恐惧。后用来形容人惊恐时疑神疑鬼。例遇事要镇定沉稳，不要～。

【结草衔环】《左传·宣公十五年》记载：春秋时，晋国的魏武子临终嘱咐他儿子魏颗用他（魏武子）的爱妾殉葬。魏武子死后，魏颗没有让她殉葬，而是让她改嫁了。后来，魏颗与秦将杜回作战，击败秦军，见一老人用打成结的草绊倒杜回。杜回被擒。魏颗夜里梦见老人说他就是所嫁妇人的父亲，特来报恩的。晋·干宝《搜神记·黄衣童子》记载：东汉杨宝九岁时救了一只黄雀，一天晚上有穿黄色衣服的童子衔白环四枚相报。后用“结草衔环”表示至死不忘，感恩图报。例对您的救命之恩，他日～，不敢忘报。

【囊萤映雪】南朝宋·檀道鸾《续晋阳秋》载：晋代人车胤，家贫，没有点灯的油，夏日把萤火虫装在绢袋里，借萤火虫的亮光读书。《孙氏世录》载：晋代人孙康也是穷得点不起灯，冬天映雪读书。指在极端困难的情况下刻苦地读书，勤学上进。例古人～的故事，至今仍激励着青少年勤奋好学。

有些谚语、惯用语和歇后语，也有源流可寻。特别是有历史人文背景的，进行语源分析，更是有助于理解语义。如：

【解铃还是系铃人】（谚语）宋·惠洪《林间集》卷下载：法眼禅师有一次问大家：虎项系的金铃，谁能够去解下来？大家面面相觑，回答不出来。这时泰钦禅师刚巧进来，法眼便问他。泰钦答道：谁把金铃系上去，谁就能解下来。后比喻谁惹出来的麻烦还得由谁去处理。例这件事是他闹出来的，～，还是去找他吧！

【大意失荆州】（惯用语）据《三国演义》第七十六、七十七回描写，由于关羽轻视孙权，结果被东吴趁他攻打曹操之际，用计攻破荆州，擒住关羽。指由于疏忽大意、轻视对手而造成损失。例她有绝对的实力夺冠，谁知～，与冠军擦肩而过。

【不敢越雷池一步】(惯用语) 据《晋书·庾亮传》记载，庾亮写给温峤的信里有“足下无过雷池一步”的话，意思是叫温峤不要越过雷池到南京来。后比喻拘谨守旧，不敢越出一定的范围或界限。例他一贯循规蹈矩，工作中从～。

【刘姥姥进了大观园——什么都有趣】(歇后语) 刘姥姥：小说《红楼梦》中人物，农村农妇。《红楼梦》第四十、四十一回描写，刘姥姥去贾府求助，进了大观园后，觉得什么都很新奇。指对什么都感到新鲜有趣。例老人一到大城市，看到什么都新鲜，好比～。

【猪八戒吃人参果——全不知滋味】(歇后语)《西游记》第二十四回描写，唐僧师徒取经，途经万寿山五庄观，观中有人参果，万年只结得三十个果子，人若有缘，闻一闻就活三百六十岁，吃一个就活四万七千岁。大师兄孙悟空偷来人参果后，猪八戒嘴馋性急，囫囵吞下。结果是什么味儿也没尝出来。❶指不知所吃的东西价值昂贵。例满桌的山珍海味眨眼间就被他吞进肚里，虽然饱了，却是～。❷指不知事情的奥妙所在。例他对诗词一窍不通，虽然临时背了几首，却是～。｜我们这些外行就是把整个制作过程都看在眼里，也是～。

附论：

[1] 关于词义分析，有的学者提出“义素分析法”，提出“语义场”，这都不适用于语义的分析。

“语义场”，也叫“词义场”“词汇场”“概念场”。这个理论最初是由德国学者易普森（G. Ipsen）于1924年提出的。他认为，在语义场中，词就像拼成一个东西的片状物那样存在。（参看符淮青《词义的分析和描写》，外语教学与研究出版社，2006，第190–192页）现将邵敬敏先生主编的《现代汉语通论》（第二版）第三章“词汇”第七节“词义的分析与描写”里关于“语义场”的论述摘录如下，以供参考：

> 要考察一个词的词义，要进行义素分析，不能孤立地进行，而必须放在词与词的联系中去进行，这个联系的场合叫语义场。语义场是指语义的类聚，是借用物理学中“场”（物质存在的一种基本形态）的概念而来的。语义场强调的是一个词跟全体词在语义上存在着密切的联系，只有通过比较、分析词与词的语义关系，才能确定这个词的真正的内涵。
>
> 语义场必须在一个共同语义要素的支配下组成，例如在“家畜”这一语义要素的支配下，由“牛、羊、马、猪、骡”等构成了一个语义场。同一语义场的词语建立在共同的语义要素基础上，因此同一词语可以依据不同的语义要素归入不同的语义场。如“日”字关涉到三种计时的分类：从一日的计时来看，有“日、天、一昼夜、当日、当天、即日、今日、今天、今儿、今儿个、今朝、本日……”的语义场；从一日的分段计时来看，有“日、夜、上午、午前、上半天、前半天、半晌、中午、正午、午、晌午、日中、下午、午后、下半天、后半天、下半晌、后半夜、后晌、白天、白昼、旦日、日间、大白天、傍晚、黄昏、临暮、日暮、日夕、晚上、夜晚、晚间、夜里、晚、夜间、半夜、子夜、午夜、中宵、深夜、漏夜、夜阑、昼夜、日夜、早晚、晨昏、朝暮、朝夕、旦夕、夙夜……”的语义场；从时间单位的大小来看，有“秒、分、刻、时、日、旬、月、季、年、世纪……”的语义场。多义词根据不同的义项一般可以归入多个不同的语义场。
>
> 根据语义要素建立语义场，大的语义场下面可以分出小的语义场，它的下面还可以分出更加小的语义场，乃至最小的语义场，义素分析法必须在最小的语义场里进行。如现代汉语的“亲属词语义场”，可以先分为“常用亲属词语义场”和“非常用亲属词语义场”，

前者再分为“近亲语义场”和“远亲语义场”，前者又分为“配偶语义场”“血缘语义场”和“同胞语义场”。例如“儿子”“女儿”这样的词就可以在“血缘语义场”里进行分析，而“哥哥”“弟弟”“姐姐”“妹妹”就可以在“同胞语义场”里进行分析。

同一语义场的词语相互依存、相互制约，一个词义范围的扩大或缩小都会受到周围词语的影响。如女性配偶语义场中，“妻子、爱人、夫人”的词义关系就曾发生过这种变化。“爱人”一词几十年来由于体现了新社会的婚姻爱情观而在大陆得到广泛使用，成为女性配偶类称谓语的常用词。它的词义范围宽广到相当于“配偶”的用法，可以统指丈夫与妻子。在改革开放初期，回国的海外华人却对国内称妻子为“爱人”的说法很不习惯，因为在他们的语言习惯中，“爱人”义同“情人”。受此影响后来国内慢慢在公开场合也不太称自己的妻子为“爱人”，而是多用体现了法律配偶关系的中性词“妻子”，或用带有较多尊敬意味的“太太”或“夫人”，“爱人”的词义范围因此而一步步地缩小。同一语义场词语的这种相互配合相互制约的关系是词汇系统性的体现。

第八章　词义、语义类聚

词和语在语言中不是孤立存在的，它们往往通过自身所具有的某些共同特点，形成各种不同的类聚关系。由于词义、语义上存在某种联系，词义和语义可以形成各种不同的类聚[1]。

第一节　单义词和单义语

一、单义词

只有一个意义的词叫单义词。单义词的意义只跟一个概念相对应。如：狗、猫、老鼠、老虎、面粉、塑料、葡萄、汽车、火车、电灯、电炉、电视机、乒乓球、鹅卵石、电压表、多面手。

专有名词和专业术语一般都具有单义的性质。如：北京、西安、长江、黄河、鲁迅、郭沫若、光年、正数、高分子、活性炭、回文诗等。

一些事物的名称也往往是单义词。如：会场、会馆、婚纱、火势、货栈、机油、鸡尾酒、高架桥、回忆录等。

二、单义语

只有一个意义的语叫单义语。在语汇里，单义语所占的比重较大。单义性是语义的一个重要特点。下面分语类进行说明。（下文语汇释义系作者据《新华语典》等辞书改编）

（一）单义成语

成语大多是单义的。如：

【安于现状】对目前的状况感到满意，不思进取。

【横七竖八】有的横着，有的竖着。形容杂乱无章。

【横生枝节】树木从旁边生出枝杈。比喻意外地插进一些问题，使主要问题不能顺利解决。

“安于现状”只有一个字面意义，“横七竖八”只有一个引申意义，“横生枝节”只有一个比喻意义。因此，都是单义成语。

（二）单义谚语

单义谚语有两种情况，一是指一条谚语只传授一种知识；二是指每一条谚语所传授的知识是确定的，一般只有一种解释。如：

【不怕慢，就怕站】指走路或做事不怕行动得慢，就怕停顿。

【不经一事，不长一智】不经历事情，就不能增长智慧。指实践出真知。

【打当面锣，不敲背后鼓】比喻有话当面说，不在背后议论。

（三）单义惯用语

单义惯用语，是指惯用语所描绘的人、事物或现象只有一种解释。如：

【穿小鞋】比喻暗中对人进行刁难或打击报复。

【皮笑肉不笑】指虚伪地、阴险地或勉强地装出笑容。

【见人说人话，见鬼说鬼话】见什么人说什么样的话。形容人处世圆滑，八方讨好。

（四）单义歇后语

歇后语也有许多是单义的。如：

【戴草帽亲嘴——差得远】指相差很远。

【灯蛾扑火——自取灭亡】指自找祸害，走上死亡。

【黄鼠狼给鸡拜年——不安好心】指假装好意，或伪装善良，却包藏祸心。

有些语有古义，但今义只有一个，也属于单义语。如：

【不约而同】(成语)原意是事先没有约定而一齐前来会合。后指没有事先商量约定而彼此的看法或言行相同。

【捕风捉影】(成语)原比喻事物像风和影子一样难以捉摸。后比喻说话或做事以似是而非的迹象作为依据。

【既来之，则安之】(谚语)原指招徕远人，并加以安抚。后用以指已经来了，就应该安下心来。

【拒人千里之外】(惯用语)原指自以为是，不愿听别人意见。后形容人态度傲慢，对人冷淡，不愿同别人接近或同别人合作。

第二节　多义词和多义语

一、多义词

（一）什么是多义词

具有两个或两个以上互有关联意义的词，叫作多义词。如：

【父】❶父亲：~子｜老~。❷家族或亲戚中的长辈男子：祖~｜伯~｜舅~。

【干枯】❶草木由于衰老或缺乏营养、水分等而失去生机：一夜大风，地上落满了~的树叶。❷皮肤因缺少脂肪或水分而干燥。❸干涸：~的古井。

（二）多义词的意义类型

多义词的两个或两个以上的意义之间，不是完全平列的关系。从历时来看，最初具有的意义，称为本义，本义一般只有一个。由本义派生出来的意义叫作派生义，派生义往往不止一个。如"低"的本义是从下向上距离小（跟"高"相对），由此派生出三个意义：❶在一般标准或平均程度之下：声音太~｜眼高手~。❷等级在下的：~年级学生。❸（头）向下垂：~着头。

词义的派生方式多种多样，主要的有下列几种类型。

1. 引申义

指在本义基础上，通过联想引申而产生的新义。如：（下文释义系作者据《现代汉语词典》（第7版）、《现代汉语规范词典》（第3版）等辞书改编）

【老】❶年岁大（跟"少、幼"相对）：~人｜~大爷。❷老年人，也用作尊称：敬~院｜王~。❸对某些方面富有经验；老练（跟"嫩"相对）：~手｜~于世故。❹很久以前就存在的；时间久的（跟"新"相对）：~朋友｜~革命。❺陈旧：~脑筋｜这件大衣式样很~了。❻原来的：~地方｜~毛病。❼（蔬菜）长得过了适口的时期：~黄瓜｜豆角长~了。❽（食物）烹调时间过长；火候过大：鸡蛋煮~了｜肉炒得太~了，咬不动……

这里第一个义项是本义，其他都是引申义。

2. 比喻义

指在本义基础上，通过比喻而产生的新义。如：

【掉队】❶结队行走时落在队伍的后面：因腿部受伤而~。❷比喻落在客观形势的后面：只有加紧学习，才不致~。

【幌子】❶商店门外表明所卖商品的标志。❷比喻进行某种活动时所假借的名义：打着开会的~去游山玩水。

“掉队”和“幌子”各自的两个义项中，第一个义项都是本义，第二个义项都是比喻义。

3. 借代义

指在本义基础上，把指称甲事物的用来指称与甲事物有联系的乙事物而产生的新义。如：

【王国】❶以国王为国家元首的国家，如泰王国。❷借指管辖的范围或某种境界：独立~｜必然~。❸借指某种特色或事物占主导地位的领域：那个城市简直是个花的~。

【舌头】❶辨别滋味、帮助咀嚼和发音的器官，在口腔底部，根部固定在口腔底上。❷借指为侦察了解敌情而活捉来的敌人：抓来一个~。

【首领】❶头和脖子：保全~。❷借指某些集团的领导人：义军~。

“王国”“舌头”和“首领”的第一个义项都是本义，第二个义项都是借代义。

4. 象征义

象征义是指用某种具体的事物，象征某种特定含义所产生的新义。如：

【龙】❶我国古代传说中的神异动物，身体长，有鳞，有角，有脚，能走，能飞，能游泳，能兴云降雨：蛟~｜画~点睛。❷封建时代用龙作为帝王的象征，也用来指帝王使用的东西：～颜｜～袍｜～床。

【红】❶像鲜血的颜色：～枣｜～旗。❷象征喜庆的红布：披～｜挂～。❸象征顺利、成功或受人重视、欢迎：～运｜开门～｜他唱戏唱～了。❹象征革命或政治觉悟高：～军｜又～又专。

"龙"的第一个义项是本义，第二个义项是象征义。"红"的第一个义项是本义，其他义项都是象征义。

多义词的意义类型不止以上四种，还可以再列举。值得注意的是，多义词可以采用多种方法形成。如：

【爬升】❶（飞行器）向上升：飞机在～。❷泛指上升：原油价格持续～。❸比喻升职（多含贬义）：他～得很快。

【耳目】❶耳朵和眼睛：掩人～（指以假象蒙骗别人）。❷指听到的和看到的；见闻：～一新。❸指替人刺探消息的人：这里～众多，说话多有不便。

"爬升"的第一个义项是本义，第二个义项是引申义，第三个义项是比喻义。"耳目"的第一个义项是本义，第二个义项也是引申义，第三个义项是指代义。

二、多义语

（一）什么是多义语

具有两个或两个以上互有关联意义的语，叫作多义语。在语汇里，多义语的比例较小。如：（下文语汇释义系作者据《新华语典》等辞书改编）

【不省人事】（成语）省：明白。❶人事：人的意识的对象。指人昏迷，失去知觉。❷人事：人情事理。指不懂得人情事理。

【新官上任三把火】（谚语）❶指官员刚上任，总要做几件有影响的事。❷泛指人们刚做事劲头足。

【八九不离十】（惯用语）❶形容差不多，很接近实际情况。❷指距离所追求的目标或所要求的标准很接近。

【稍瓜打驴——去了半截】（歇后语）❶比喻人员走了一半。❷比喻财物或热情等减少了一半。

有些语有古义，又有今义，古义还保留，也属于多义语。如：

【不一而足】（成语）不是一事一物就能够使之满足的。后也用来形容同类的事物或现象不止一种，而是很多，不能一一列举。

【来龙去脉】（成语）指山形地势像龙的血脉一样连贯（旧时讲风水的话）。后也比喻人的来历或事情原委经过。

（二）多义语的意义类型

多义语的产生，跟多义词一样，多由本义派生出新义。如：

【笨头笨脑】（成语）❶形容人反应迟钝，头脑不灵活：他～的，当不了侦查员。❷形容物品的样式蠢笨：皮鞋做得～的，我不喜欢。

第一个义项是本义，第二个义项是派生义。派生的方式主要有以下三种类型：

1. 引申义

跟多义词一样，是指在本义基础上，通过联想引申而产生的新义。如：

【超然物外】（成语）❶超脱于尘世之外，指逃离现实。❷泛指置身事外。

【不怕不识货，就怕货比货】（谚语）❶不会鉴别货物的好坏不要紧，通过比较就知道了。❷泛指人或事物的差别，只有通过比较才能显示出来。

【乱点鸳鸯谱】(惯用语)❶指胡乱为人搭配婚姻。❷指胡乱安排、指挥事情。

【刀尖上打拳——站不住脚】(歇后语)❶指无法在某处待下去。❷指某种理由违背常规，不能成立。

2. 比喻义

跟多义词一样，指在本义基础上，通过比喻而产生的新义。如：

【安家落户】(成语)❶指在一个新地方安置家庭，长期定居。❷比喻某些动植物被移到新的地方后生长繁殖。

【行得春风有夏雨】(谚语)❶指春风吹过后，就会有夏雨跟着来。❷比喻有了付出，才会有回报。

【前不着村，后不着店】(惯用语)❶指处在荒郊野外，无处栖身或无法寻求帮助。❷比喻处在艰难境地，两方面都依靠不上。

【皇帝挑媳妇儿——嫁也得嫁，不嫁也得嫁】(歇后语)❶指横直都要嫁，不嫁也得嫁。❷比喻某事出于无奈，不做也得做。

3. 特指义

指在原意基础上，用原指范围较大的，去特指范围较小的。如：

【吃回头草】(惯用语)❶比喻走回头路，返回去做事。❷特指回头去找原来的恋爱对象。

【吃着碗里的，看着锅里的】(惯用语)❶形容人贪心不足。❷特指男女用情不专一。

【打是亲，骂是爱】(谚语)❶指长辈对晚辈或上级对下级的严厉管教，是对他们真正的爱护。❷特指夫妻之间的吵闹，是表达感情亲密的一种方式。

多义语的产生还有一种情况，即由于对字面的不同理解而产生多义。如：

【不翼而飞】(成语)❶形容消息、言论等传播迅速。❷比喻东西突然不见了。

【凤凰落地不如鸡，虎落平川被犬欺】(谚语)❶比喻英雄人物失势以后，会受小人的气。❷比喻高贵的人失去权位后，身价连普通人都不如。

【唱空城计】(惯用语)❶比喻用计谋掩饰自己力量空虚，骗过对方。❷比喻内部力量空虚或没有内容，一无所有。

【鼻子是鼻子，眼是眼】(惯用语)❶形容人容貌好看。❷形容事情办得有条有理。

【挨着火炉吃辣椒——里外发烧】(歇后语)❶比喻两头都得到好处。❷指里外都感到难受。

多义语跟多义词,还有一点明显的不同。词,特别是单音节词,义项可以很多，有的多达十几个义项，而多义语的义项，一般不超出三个。如：

【翻来覆去】(成语)❶躺在床上来回转动身体。多指睡不着觉。❷形容多变，反复无常。❸形容某个动作多次反复地进行。

【打蛇打七寸】(谚语)七寸：蛇的致命处，在蛇的头部下面，腹部上面。❶打蛇要打在七寸上，才能将蛇打死。❷比喻打击敌人要击中其要害。❸比喻办事要抓住关键问题。

第三节　同义词和同义语

一、同义词

同义词指意义相同或相近的一组词,因此同义词有两种类型：

（一）意义完全相同的同义词

这类同义词，词汇意义（即理性意义）完全相同，有的连语法意义和色彩意义也相同，所以也称作“等义词”。如：

生日—诞辰　衣服—衣裳　土豆—马铃薯　向阳花—向日葵

脚踏车—自行车　卷心菜—包心菜　玉米—苞谷—苞米

这些词在实际使用中可以互换。如：“今天是我的生日”，也可以说成“今天是我的诞辰”；“上街去买土豆”，也可以说成“上街去买马铃薯”。

有些意义完全相同的同义词，词素相同只是排列次序不同。如：

灵魂—魂灵　夜宵—宵夜　力气—气力　感情—情感

代替—替代　寻找—找寻　和缓—缓和　讲演—演讲

完全相同的同义词的存在，会给语言学习和使用造成不必要的负担，从历史发展来看，处在被规范的过程中，有的逐渐消失。如“向阳花—向日葵”这组词，“向阳花”已经不多用，逐渐被“向日葵”取代；“脚踏车—自行车”这组词，“脚踏车”已经不多用，被“自行车”取代；“玉米—苞谷—苞米”这组词，“苞谷、苞米”已经不多用，被“玉米”取代。也有的在意义或色彩上产生了分化，都被保留下来。如：“生日—诞辰”这组词，诞辰多用于长辈和所尊敬的人，在色彩上有所区别。“灵魂—魂灵”这组词的意义也发生分化：

【灵魂】名 ❶迷信的人认为附在人的躯体上作为主宰的一种非物质的东西，灵魂离开躯体后人即死亡。❷心灵；思想：纯洁的～｜～深处。❸人格；良心：出卖～。❹比喻起主导和决定作用的因素：德育是素质教育的～。

【魂灵】名 灵魂①。

（二）意义相近的同义词

这类同义词，指词汇意义（即理性意义）相近，但色彩意义和用法有所不同的一组词。所以也叫近义词。这类同义词之间的差别主要表现在以下几个方面：

1. 意义方面

有的是词义轻重不同。如：

【失望】动 感到没有希望，失去信心；希望落了空：多次抢救无效，彻底～。

【绝望】动 希望断绝；毫无希望：感到～｜～的呼喊。

【批评】动 指对缺点和错误提出意见：～她对顾客的傲慢态度。

【批判】动 对错误的思想、言论或行为做系统的分析，加以否定：～虚无主义。

比较一下，可以看出，“绝望”和“失望”都作为动词，“绝望”的词义比“失望”的词义要重；“批评”和“批判”也都是动词，“批判”的词义比“批评”的词义要重。

有的是词义的范围大小不同。如：

【战略】名 ❶指导战争全局的计划和策略：～部署｜～防御。❷泛指决定全局的策略：革命～｜全球～。

【战术】名 ❶进行战斗的原则和方法。❷泛指解决局部问题的方法。

【时代】名 指历史上以经济、政治、文化等状况为依据而划分的某个时期：石器～｜封建～｜五四～｜～潮流。

【时期】名 一段时间（多指具有某种特征的）：抗战～｜社会主义建设～。

比较之下，可以看出，“战略”所指范围比较大，“战术”所指范围比较小；“时代”所指范围比较大，“时期”所指范围比较小。

有的是集体和个体之间的关系。如：

【树木】名 树的总称。

【纸张】名 纸的总称。

【船舶】名 船的总称。

2. 色彩方面

有的同义词表现在感情色彩、语体色彩或时代色彩有所不同。如：

【顽固】形 指在思想观点或政治立场上坚持错误，不肯改变：~分子。

【顽强】形 坚强；强硬：~的斗争｜他很~，没有向困难低过头。

【舍弃】动 丢开；抛弃；放弃：~舒适的生活，主动要求到边远地区工作。

【摒弃】动 舍弃。

【剧场】名 供演出戏剧、歌舞、曲艺等用的场所。

【戏场】名 剧场。

比较一下，可以看出，“顽固”的词义具有贬义色彩，“顽强”的词义具有褒义色彩；“舍弃”的词义具有口语色彩，“摒弃”的词义具有书面语的色彩；“剧场”的词义具有现代色彩，“戏场”的词义具有旧时的色彩。

二、同义语

同义语指意义相同或相近的一组语。不同语类的同义语有不同情况，因此要按语类的不同分开来说。

（一）同义成语

两个或两个以上语义相同或相近的成语，构成同义成语。

语义完全相同的同义成语，多是语素相同只是排列次序不同。如：

千山万水—万水千山　百计千方—千方百计

鳌头独占—独占鳌头　悲欢离合—离合悲欢

背井离乡—离乡背井　白雪阳春—阳春白雪

也有的只是某个语素不同。如：

剪草除根—斩草除根　抽梁换柱—偷梁换柱

谨终追远—慎终追远　不可救药—无可救药

灯蛾扑火—飞蛾投火　开聋启聩—振聋发聩

语义相近的同义成语之间的语义差别，主要表现在以下几个方面：

1．意义轻重程度不同。如：（释义摘自《新华语典》，下同）

【声名狼藉】形容名声极坏。例 在产品中掺假的做法被媒体曝光后，这家企业立刻～。

【臭名昭著】坏名声太大了，人人都知道。例 秦桧是历史上～的奸臣。

【心服口服】内心和口头上都很信服。指真心诚意地信服。例 他这一番话把大家说得～，个个点头称是。｜家长要言传身教，让孩子～。

【心悦诚服】指愉快地接受某种观点、事实等，诚心诚意地佩服或服从。例 这场比赛中，对手发挥得非常出色，我们输得～。

【五体投地】指两肘、两膝和额头同时着地。原是古代印度的九等致敬礼仪中最恭敬的礼节，佛教沿用。后形容钦佩崇敬到了极点。例对他的精彩表演，大家真是佩服得～。

“声名狼藉”，指人行为不检点，名誉扫地；“臭名昭著”，指人品行恶劣，道德败坏，坏名声尽人皆知。都指人名声不好，但相比之下，“臭名昭著”的程度更重一些。“心服口服”，指心口如一地信服；“心悦诚服”，指从心里感到愉快，并真诚地信服；“五体投地”，本是佛教用语，指古代印度九等致敬仪式中最恭敬的礼节。都含有表示佩服的意思，但“心悦诚服”，似比“心服口服”略重，“五体投地”的程度则更重。

2. 适用对象或侧重点不同。如：

【鱼目混珠】用鱼眼睛混充珍珠。比喻以假乱真，以次充好。例一些旅游景点销售的纪念品～，引起游客不满。

【滥竽充数】《韩非子·内储说上》记载：齐宣王让三百人一起吹竽，南郭先生不会吹，混在里面充数，后被发现。比喻没有真实本领的人，混在行家队伍里充数。例这个单位录用人员非常严格，绝不要～的人。

【心心相印】原为佛教用语，指传授佛法，不凭借语言，彼此用心来互相印证。后形容彼此心意完全一致。例只要我们～，携手并肩，一定能过上幸福美满的生活。

【情投意合】形容彼此思想感情融洽，很合得来。例两人～，最终结为夫妻。

【志同道合】指彼此志趣相投、观点一致。例他们几个～，都想在创作上多下功夫。

“鱼目混珠”，指把鱼的眼睛掺杂在珍珠里面；“滥竽充数”，指没有真本事的人，混杂在行家队伍里充数。二者都含有欺骗的意思，但“鱼目混珠”侧重于比喻以假冒真，多用于物；“滥竽充数”则侧重于以次充好，多用于人（“滥竽充数”可用于自谦）。

“心心相印”“情投意合”“志同道合”，三者意义相近，差别是“心心相印”侧重形容心意上的投合，“情投意合”侧重形容情感上的投合，“志同道合”则侧重形容志趣上的投合。

3．感情色彩不同。如：

【鹤发鸡皮】语出北周·庾信《竹杖赋》。像白鹤羽毛那样白的头发，像鸡皮那样粗而发皱的皮肤。形容老年人衰老的容颜。例他已年过八旬，但脸色还是那么红润，精力还是那么充沛，毫无～之状。

【鹤发童颜】语出唐·田颖《梦游罗浮》诗。像仙鹤羽毛一样的头发，像儿童一样红润的面容。形容老年人气色好，年轻有精神。例王老师虽已年过古稀，却～，满面春风。

【夸夸其谈】指说话或写文章浮夸，不切实际。例说话、写文章都要实事求是，～是要不得的。

【侃侃而谈】指理直气壮、从容不迫地谈话。例她摆事实，讲道理，～，赢得了一片掌声。

“鸡皮鹤发”“夸夸其谈”明显含贬义；“鹤发童颜”“侃侃而谈”则含褒义。

4．表义方式不同。如：

【自欺欺人】语出宋·朱熹《朱子语类·大学五》。既欺骗自己，也欺骗别人。指用连自己都不相信的话或手段来欺骗别人。例他这种～的论调彻底被事实粉碎了。

【掩耳盗铃】语出《吕氏春秋·自知》。捂住自己的耳朵去偷盗铃铛。后比喻自欺欺人。例两人在玩弄～的伎俩，做的事还以为别人都没发觉。

【不自量力】语出唐·玄奘《大唐西域记·摩羯陀国上》。不能正确估量自己的力量。指过高地估计自己。例做事要从实际出发，千万不能～地蛮干。

【蚍蜉撼树】语出唐·韩愈《调张籍》诗。比喻人不自量力，妄图动摇强大的事物。[例]这个品牌已有近百年的历史，至今生产厂家都是五百强之一，个别人企图击败它，实在是～。

“自欺欺人”和“掩耳盗铃”都指欺骗自己，也欺骗别人；“不自量力”和“蚍蜉撼树”都指过高地估计自己。“自欺欺人”和“不自量力”都用直陈式，“掩耳盗铃”和“蚍蜉撼树”则用比喻式。

（二）同义谚语

两个或两个以上语义相同或相近的谚语，叫作同义谚语。常见的同义谚语有以下两种情况：

1. 取材不同而语义相同或相近。如：（释义摘自《新华谚语词典》，下同）

【一口吃不成胖子】指做事都有一定过程，不能急于求成。聂海《靠山堡》一五：“人常说：千里之行，始于足下。走一步才能说一步，一口总吃不成一个胖子吧！”

【一锹掘不得井】比喻办事有个过程，不可能一蹴而就。《一片情》三回：“肖花嘴道：‘你且不要忙，这事是一锹掘不得井。除了死法，是有活法。’”

2. 表示的语义基本相同，有的用概括性的语言，有的用形象性的语言，从而形成同义谚语。如：

【多得不如现得】宁可少得，也要拿现钱。指拿现钱可靠。田汉《梅雨》：“什么好人!她是料定了我们拿不出房钱，‘多得不如现得’，把我们赶走，她好租给别人。”

【赊三不如现二】做生意宁可少挣，也要现钱交易。南阳《天时·地利·人和》：“厂里旧瓶公司收酒瓶，对客户扣损耗，尽量减低，结算时货到即付现金。客户反映说，赊三不如现二，送货给现金，一个瓶便宜一二分钱也情愿。”

构成同义谚语，一般要兼有两个条件，一是语义基本相同，二是取材不同。如果取材基本相同，只是说法上稍有不同，便不能看成同义谚语，如“赊二不如现二”与“赊得不如现得”“三千赊不如八百现”等，只是说法有所不同，应该看成是同一个谚语的不同变体，不宜看作同义谚语。

（三）同义惯用语

两个或两个以上语义相同或相近的惯用语，叫作同义惯用语。同义惯用语的形成，主要是取材不同，但语义相同或相近。如：（释义摘自《新华惯用语词典》）

【躲过了风暴，又遇了雨】比喻刚躲开一个灾祸，又遭遇另一个打击。《红楼梦》一〇七回：“倘或再有点事儿出来，可不是他们躲过了风暴又遇了雨了么？”

【躲了雷公，遇了霹雳】比喻刚避开一个人的打击，又遭受到另一个人的打击。《警世通言》卷一八：“蒯公又想道：‘天下举子像鲜于“先辈”的，谅也非止一人，我不中鲜于同，又中了别的老儿，可不是躲了雷公，遇了霹雳！’”

【才离虎窟逃生去，又遇龙潭鼓浪来】比喻刚才脱离了一个险境，又陷入另一个险境。《三国演义》四一回：“赵云当下杀透重围，已离大阵，血满征袍。正行间，山坡下又撞出两枝军，乃夏侯惇部将钟缙、钟绅兄弟二人，一个使大斧，一个使画戟，大喝：‘赵云快下马受缚！’正是：才离虎窟逃生去，又遇龙潭鼓浪来。”

与“才离虎窟逃生去，又遇龙潭鼓浪来”的说法相似但取材不同的，如“才出虎口，又入狼窝”“才脱阎王，又撞着小鬼”“才离了苦海，又掉进火坑”等，也应看成是同义惯用语。

（四）同义歇后语

同义歇后语有两种情况：

1. 前一个语节取材不同，后一个语节所表示的基本意义相同。如：（释义摘自《中国歇后语大辞典》（第3版），上海辞书出版社，2015，下同）

【剃头担子——一头热】指当事双方，一方热情，一方冷淡。［例］怎弄？就我夜来给你说的那话，咱不能剃头担子一头热。光咱单要独跳，所以到现在啥局面也没扑腾开。咱得依靠群众！（王东满《漳河春》一八）

【馄饨担子——一头热】指婚嫁或议事双方，一方热情，一方冷淡。［例］“菱妹，怎么你也……”石大峰情绪偏激地大声道，“唉！我真变成‘馄饨担子——一头热’了！人家阿龙伯和赵水牛他们听讲要搞这个戏后，也很起劲，说社员们都希望早点排出来给他们演呢。可你们……”（德咏等《幕边春秋》六）

【属烟袋的——一头热】本指一头有热气；转指婚嫁或议事双方，一方热情，一方冷淡。［例］张寡妇却应了一句话：属烟袋的——一头热！她托的媒人一登豆圆儿家的门儿，就碰了一鼻子灰！（王和合《豆圆儿传》）

【烧火棍——一头热】多指男女或议事双方，只是一方热切，急切盼望成事，另一方则很冷淡。［例］秋英这姑娘自尊心又特强。既然她根据林玉生“冷若冰霜”的“客观”，得出了自己是“烧火棍——一头热”的结论，她对自己的谴责大大超过了痛心。（萧玉《紧锁关山》五章二一）

【电烙铁——一头热】本指电烙铁一头热，一头冷；转指婚嫁或议事双方，一头热情，一头冷淡。[例]出乎兰子的意料，不，简直是想也想不到：余征进屋后就对柳大姐说，他昨天的报道不确实，搞错了；化验室那位是电烙铁——一头热，小邱回了她一块河卵石，上面还画了个鬼脸。（奚青《望婚崖》三九）

2. 一种是前一个语节取材不同，后一个语节所表示的基本意义相近。如：

【哈巴狗儿戴串铃——充大牲口】本指哈巴狗儿冒充大牲口，转讥身份卑微的人冒充高贵的大人物。[例]有新老汉走到灰灰脸跟前，拿起拐棍指住他眉眼五官，说："哈巴狗儿戴串铃，你充什么大牲口！你说话为什么不算数？"（刘江《太行风云》四四）

【屎壳郎掉在磨道里——充大耳朵驴】讥讽品行低劣的人或无能之辈冒充体面人物。[例]巴拉根仓说："你是活阎王，不过，你要落在我手里也休想有什么体面，你只不过是屎克郎掉在磨道里——充大耳朵驴罢了。"（于鲁人《巴拉根仓历险记》二章）

【山狸猫坐门墩——假充镇山虎】讥讽小人物冒充大人物。[例]就知道你是山狸猫坐门墩——假充镇山虎哩！这不，露馅了。（禹本愚《活宝王大憨》一三）

【屁眼里插芦花——假充大公鸡】讥讽人装出一副神气的样子，自以为了不起。[例]别以为会放几句洋屁，就屁眼里插芦花——假充大公鸡！喂，你别装蒜，你冒充翻译官，什么目的？（卞祖芳《高工奇遇记》二）

如果前一个语节取材大致相同，后一个语节所表示的基本意义也相同或相近，只是说法上略有不同，如"吃柳条拉筐子——

肚子里编”“吃柳条拉竹——全在肚子里编”“吃柳条拉笊篱——肚里现编现卖”等，是同一个歇后语的不同变体，不能认为是同义歇后语。

第四节 反义词和反义语

一、反义词

反义词是指词义相反或相对的词。如“真”和“假”，“进”和“退”，“光明”和“黑暗”。反义词可分为两类：

（一）绝对反义词

绝对反义词是在概念间矛盾关系的基础上形成的反义词。它的特点是两个反义词所表示的概念之间，没有中间性的概念存在。如“死—活”是一组绝对反义词，没有既“死”又“活”的中间状态。下面这些都是绝对反义词：

有—无　动—静　开—关　曲—直　买—卖　反—正

精神—物质　现象—本质　动物—植物　正确—错误

（二）相对反义词

相对反义词的特点是，两个意义相反的词所表示的概念之间有居间性的概念或第三意义的词。如“黑”和“白”构成反义词时，两者之间还存在着第三者，乃至更多的概念，如“灰”“深灰”“浅灰”等，因此在使用时，只能运用“黑—白”或者“白—黑”的形式，而不能运用否定的形式。因为如果和否定词“不”等组成词组时，“不黑”和“不白”就不一定是反义的，甚至可以是同义的，都是指“灰”而言。因此，这类词在否定一方时，是不能肯定另一方的，“不黑”的对面不一定是“不白”也不一定是“白”，“不白”的对面也不一定是“不黑”或“黑”，所以这类反义词是不能反用的。[①]

二、反义语

反义语是指语义相反的语。不同语类的反义语有不同情况，因此也要按语类的不同分开来说。

（一）反义成语

语义相反的成语，构成反义成语。从构成语素和结构上看，主要有三种情况：

1. 结构基本相同，但关键性语素语义相反。如：（释义摘自《新华语典》，下同）

【无的放矢】没有目标乱射箭。比喻说话做事目标不明确或不切合实际。[例]你对他的批评是～，对他半点儿作用都不起，反而会引发抵触情绪。

【有的放矢】对准靶子射箭。形容言论行动目标明确，针对性强。[例]今后的普法和思想教育工作，应多联系实际，～地进行。

【知难而进】明知有困难，仍然不退缩，继续前进。[例]我很佩服他那种百折不挠、～的精神。

【知难而退】原指作战遇到不利情况时，相机行事，及时退避。后泛指碰到困难就退缩。[例]在严重的地震灾害面前，我们要抢在第一时间救助灾民，决不能～。

“无的放矢”和“有的放矢”语义相反，“知难而进”与“知难而退”语义也正好相反。

① 葛本仪：《现代汉语词汇学》，山东人民出版社，2001，第 176–177 页。

2. 语素相同，但关键性语素顺序不同。如：

【以德报怨】指不记别人的仇怨，反而用恩惠回报。例我们对日本战犯采取的是～的做法，这些战犯回国后，很多人成了促进中日友好的和平人士。

【以怨报德】用怨恨来回报别人的恩德。例这种～的小人，为人所不齿。

【事半功倍】指做事费力小，功效大。例做什么都有窍门，找到窍门，往往～。

【事倍功半】指做事费力大，而功效小。例放着别人成功的经验不用，自己在那里瞎折腾，难免～。

“以德报怨”和“以怨报德”，语义相反；“事半功倍”和“事倍功半”，语义也相反。

3. 语素、结构都不同。如：

【流芳百世】指好的名声，永远流传后世。例为国捐躯的烈士们名垂青史，～。

【遗臭万年】指坏名声一直流传，永远被人唾骂。例历史上卖国求荣的奸贼，一个个都～。

【未雨绸缪】趁着还没下雨，先修缮房屋门窗。比喻事先做好防备工作。例他们～，在汛期之前，做好了防汛准备。

【临渴掘井】临到口渴的时候才挖井。比喻平时没有准备，事到临头才想办法。例平时不注意积累资料，一到写文章才～就来不及了。

“流芳百世”和“遗臭万年”，“未雨绸缪”和“临渴掘井”，语义都正好相反。

（二）反义谚语

语义相反的谚语，叫作反义谚语。

反义谚语的产生，往往是与人们的社会实践不一样，或观察事物的角度不同有关。如：

【人无害虎心，虎无伤人意】比喻人不伤害别人，别人也不会伤害他。例他不在意地说：“～，我对他一片好意，想必他不会难为我。”

【人无害虎心，虎有伤人意】比喻人无意伤害别人，别人却要伤害他。例～。恩将仇报的事情，世上也是有的，咱不能不防备。

【万事开头难】指无论做什么事情，开好头都是最难的。例一开始失败了不要紧，～嘛，总结教训从头来吧。

【开锣容易收场难】比喻做事开头容易，要有好的结局却很难。例这件事影响很大，要知道～，既然开始做了，再难也要做到底。

【起头容易结梢难】指做事开个头比较容易，但要做得彻底、圆满就很难。例我们虽然有了良好的开端，但～，还得克服许多困难，才能完成。

虎有时也伤人，但当它不感到肚肌，人不去伤害它时，它也不主动伤害人。正是这种不同情况，才得出上述不同的结论，从而产生这一对反义谚语。“万事起头难”和“开锣容易收场难”“起头容易结梢难”，反映了事情的两个侧面。当事情处在开始阶段，不容易打开局面时，就会得出“万事起头难”的结论；当事情临近结束，要做到有始有终也不容易，于是又得出“开锣容易收场难”和“起头容易结梢难”的结论。

反义谚语的产生，还跟人们对客观事物不同的看法有关。如“人贫志短”和“人贫志不短”，“英雄造时势”和“时势造英雄”，“将门出将，相门出相”和“将相本无种，男儿当自强”等，反映社会群体观念的差异。

（三）反义惯用语

语义相反的惯用语，叫作反义惯用语。反义惯用语有两种情况：

1. 含有反义语素。如：

【吃苦头】指身体或精神上遭受磨难与痛苦。例 训练场上少不了要～，大家可要做好心理准备。

【吃甜头】比喻得到好处。例 一些富民政策的实施，让养殖户能尽情～，安心奔小康。

【走旁门】指办事不通过正当的途径。例 办事要按程序来，不要～好不好?

【走正门】指通过正当的途径办事。例 这些事情～就能办，没必要找门路。

"吃苦头"和"吃甜头"，"走旁门"和"走正门"分别构成反义惯用语。

2. 取材不同，意义相反。如：

【走阳关道】阳关道：原指古代经过甘肃敦煌西南的阳关通向西域的道路，后泛指通行便利的大路。指走有光明前途的道路。例 不管别人怎么说，我们都会一如既往地走在阳关道上。

【过独木桥】独木桥：用一根木头搭成的小桥，比喻艰难的途径。比喻选择走十分艰难的道路。例 我奉劝你别放着阳关道不走，专过这独木桥。｜与其千军万马去～，不如自己创业，也许能闯出一番新天地。

"走阳关道"和"过独木桥"构成反义惯用语。

（四）反义歇后语

两个歇后语的基本意义相反，叫作反义歇后语。如：

【芝麻开花——节节高】形容日子越过越幸福，或境况越来越好。例改革开放后，他家的日子是～。

【王小二过年——一年不如一年】形容日子越来越艰难，或状况越来越差。例由于管理不善，这家企业效益逐年下降，～。

【糖块掉到蜜罐里——甜上加甜】形容人生活非常幸福、愉快。例自从儿子给他们带回来一个好儿媳妇，老两口那个高兴劲儿就甭提了，日子过得就好像～。

【黄连拌苦瓜——苦上加苦】指苦难一个接一个，极其深重。例老郭回忆说，在他二十七岁那年，母亲去世还未出殡，自己又摔断了腿，那时候真是～啊！

“芝麻开花——节节高”和“王小二过年，一年不如一年”，“糖块掉到蜜罐里——甜上加甜”和“黄连拌苦瓜——苦上加苦”，分别构成反义歇后语。

附论：

［1］关于词义的类聚，有的学者还提出“同位词”“类属词”和“亲属词”，参看葛本仪《现代汉语词汇学》（修订本）。

同位词是表示一系列同位概念的词。例如：

金属——金、银、铜、铁、锡，等等

颜色——红、黄、蓝、白、黑，等等

四季——春、夏、秋、冬

四声——阴平、阳平、上声、去声

方位——东、西、南、北、前、后、左、右，等等

类属词是表示概念中类属关系的词。例如：

树——松树——红松

树——松树——马尾松

树——杨树——银白杨

树——杨树——毛白杨

树——杨树——小叶杨

亲属词是表示亲属关系的词。例如：

祖父、祖母、父亲、母亲、哥哥、弟弟、姐姐、妹妹、伯父、伯母、叔父、婶母、姑姑、姑父、堂兄、堂妹、姥爷、姥姥、舅舅、舅妈、姨妈、姨父、表哥、表妹

第九章　语词与文化

词和语与民族文化有着密切的联系。词和语都负载着使用这种语言的民族传统文化。可以说，语词是民族文化的结晶。

第一节　文化词和文化语

一、文化词[1]

文化词指的是含有某种特定文化意义的词，是民族文化在语言词汇中直接或间接的反映。① 直接反映民族文化的，如：

【五行】名 指金、木、水、火、土五种物质。我国古代思想家试图用这五种物质来说明世界万物的起源。是道教教义理论的重要内容。中医用五行来说明生理病理上的种种现象。迷信的人用五行相生相克来推算人的命运。

【阴阳】名 ❶我国古代哲学指宇宙中贯通物质和人事的两大对立面。❷古代指日、月等天体运行规律的学问。❸指

① 全国科学技术名词审定委员会公布：《语言学名词（2011）》，商务印书馆，2011，第81页。

看星相、占卜、相宅、相墓的方术。

【推敲】动 传说唐代诗人贾岛骑着驴作诗，得到“鸟宿池边村，僧敲月下门”两句。第二句的“敲”字又想改用“推”字，犹豫不决，就用手做推、敲的样子，无意中碰上韩愈，向韩愈说明原委。韩愈想了一会儿说，用“敲”字好（见于《苕溪渔隐丛话》卷十九引《刘宾客嘉话录》）。后用“推敲”指斟酌字句，反复琢磨：反复～｜～词句。

【八股】名 明清科举制度的一种考试文体，段落有严格规定，每篇由破题、承题、起讲、入手、起股、中股、后股、束股等部分组成。从起股到束股的四个部分，其中都有两股相互排比的文字，共为八股。内容空泛，形式死板，束缚人的思想。现在多用来比喻空洞死板的文章、讲演等。

【八斗才】名 宋无名氏《释常谈》：“谢灵运尝曰：‘天下才有一石，曹子建独占八斗，我得一斗，天下共分一斗。’”后来用“八斗才”指很高的才能。

这些词都直接反映汉民族的传统文化。

间接反映民族文化的，数量更多。这些词从某一方面间接地表达文化含义。如“红”“黑”“白”等颜色词，本身只是表示一种颜色，但它们都附带有感情色彩，构成的词具有文化含量，成为文化词。

红，指像鲜血一样红的颜色，带有象征顺利、成功或受人尊重、欢迎的感情色彩，还象征革命或政治觉悟高，从而形成许多文化词。如：

红榜（用红纸写成的光荣榜）

红角（受广大观众欢迎的演员）

红军（中国工农红军的简称）

红旗（无产阶级革命的象征）

红区（第二次国内革命战争时期中国共产党建立的农村根据地）

红人（受宠信或重用的人；走红的人）

红色（象征革命或政治觉悟高的：～政权｜～根据地｜～商人）

红星（非常受欢迎的明星）

红颜（美貌的女子）

红运（好运气：走～）

黑，指像煤或墨一样黑的颜色，带有象征坏、狠毒或暗中欺骗、坑害或攻击的感情色彩，从而构成许多文化词。如：

黑帮（社会上暗中活动的犯罪团伙和其他反动集团或其成员）

黑榜（公布出来的列有不良记录的人或单位的名单）

黑车（没有牌照的或非法运营的车辆）

黑道（不正当的或非法的行径；流氓盗匪等结成的黑社会组织）

黑店（杀人劫货的客店；没有营业执照非法经营的商店、客店等）

黑户（没有户口的住户；没有营业执照的商号）

黑货（漏税或违禁的货物）

黑钱（以贪污受贿或敲诈勒索等非法手段得来的钱）

黑枪（非法暗藏的枪支；乘人不备暗中射出的枪弹）

黑哨（球类比赛中故意做出的不公正的裁判行为）

黑社会（社会上进行犯罪活动及其他非法活动的各种有组织的黑暗势力，如反动帮会，流氓、盗窃集团，走私、贩

毒团伙等）

黑市（暗中进行非法买卖的市场）

黑手（暗中进行阴谋活动的人或势力）

白，指像霜或雪一样白的颜色，附加的感情色彩比较复杂，既有积极的一面，表示光亮、明亮，或清楚、明白；又有消极的一面，表示没有效果、无代价、智力低下或象征奸诈、反动，从而构成性质不同的文化词。

积极的，如：

白道（正当的或合法的途径；合法的组织，有时特指政府机关：他跟～黑道都有来往）

白净（白而洁净：皮肤～）

白嫩（白而细嫩：皮肤～）

白润（白而润泽：皮肤～）

清白（纯洁，没有污点）

雪白（像雪那样的洁白）

消极的，如：

白痴（精神发育重度不全的病，患者智力低下，动作迟钝，语言功能不健全，严重的生活不能自理；患白痴的人）

白搭（没有用处，不起作用；白费力气）

白条（财务上指不符合财会制度规定的非正式单据）

白区（我国第二次国内革命战争时期国民党统治的地区）

白虎星（传说中的凶神，能给人带来灾祸）

白脸（古典戏曲中象征奸诈之人的脸谱；比喻严厉蛮横或令人讨厌的人）

白色（象征反动：～政权｜～统治）

二、文化语[2]

文化语指的是含有某种特定文化意义的语。文化语和文化词有些不同，只有直接反映民族文化，未见间接反映民族文化。文化语直接反映民族文化，体现在语汇形成的文化背景。下面就成语、谚语、惯用语、歇后语分别举例说明。

（一）成语

成语，特别是雅成语，往往有其形成的文化背景。如：（释义系作者据《新华语典》等辞书改编）

【邯郸学步】邯郸：地名，战国时赵国的都城，故址在今河北省邯郸市。学步：学习走路。《庄子·秋水》记载：燕国寿陵有一少年，羡慕邯郸人走路的姿势，跑去学习。结果非但没有学成，反而忘掉了自己原来的步伐，只好爬着回去。后指盲目模仿别人，非但不成功，反而失去原有的长处。

【东施效颦】东施：古代传说中的丑女，美女西施的邻居。效：模仿。颦：皱眉。《庄子·天运》记载：丑女东施看见美女西施生病时按着胸口、皱着眉头的样子觉得很好看，也跟着模仿，结果显得更丑。后比喻盲目模仿，结果适得其反。

【徙木立信】徙：迁移，这里指搬走。通过搬走木头建立信誉。《史记·商君列传》记载：战国时，商鞅在秦国实行变法，为了取信于民，在城门口立了一根木头，贴出告示说，谁能把这根木头从南门搬到北门，就奖赏十金。人们表示疑惑。商鞅决定把赏金增加到五十金。有一人将木头扛起，搬到北门。商鞅兑现诺言，果真奖赏他五十金。后指说到做到，言而有信。

【三人成虎】《战国策·魏策二》记载：魏国和赵国为了

结盟，互换人质作为担保。魏王把他的一个儿子送到赵国都城邯郸去做人质，并派庞葱陪同。庞葱担心有的大臣在背后造谣陷害他，临行前对魏王说："今有一人说市里有虎，您信吗?"魏王回答:"不信。"庞葱又问:"如果有两人这样说，您信吗?"魏王答:"怀疑。"庞葱再问:"如果有三人这样说，您信吗?"魏王回答:"我相信。"庞葱说:"城市里本无虎，然而三人言而成虎。邯郸离魏国都城大梁比王宫离街市远得多,背后议论我的人可能还不止三个。"后比喻谣言多次重复，就会有人相信。

（二）谚语

有不少谚语的形成也有其特殊的文化背景。如：(释义摘自《新华谚语词典》)

【口是祸之门】宋·苏轼《艾子杂说》记载：艾子有一天发高烧，梦游阴曹地府，正见阎罗王升堂问事。有几个鬼抬上一个人，说："这人在阳世，干尽了缺德事。"阎王命令道："用500亿万斤柴火烧煮。"牛头鬼上来押解。那人私下里探头问牛头鬼："你既然主管牢狱，为何穿着这么破烂的豹皮裤子呀？"牛头鬼说："阴间没有豹皮，如果阳间有人焚化才能得到。"那人立即说："我舅家专门打猎，这种皮子多着呢，如果你肯怜悯，减少些柴，我能够活着回去，定为你焚化10张豹皮。"牛头鬼大喜，答应减去"亿万"两字。煮烧时也只是形式而已。待那人将归时，牛头鬼叮嘱道："可千万不要忘了豹皮呀！"那人回头对牛头鬼说："我有一诗要赠送给你：牛头狱主要知闻，权在阎王不在君，减刻官柴犹自可，更求枉法豹皮裈。"牛头鬼大怒，把他又入滚水锅里，并加添更多的柴煮了起来。艾子醒后，对他的徒弟们说："必须相信口是祸之门啊！”此语流传下来，成为谚语，指说话不注意，会招来祸害。

【百万买宅，千万买邻】宅：住宅，住房。《南史·吕僧珍传》记载：南朝时梁武帝很欣赏吕僧珍的才干，任命他为南兖州刺史。吕僧珍廉洁奉公，不徇私情，受到人们称颂。有位名叫宋季雅的官员告老还乡后，特地把吕僧珍私宅邻家的一幢房屋买下来居住。一天，吕僧珍问他买这幢房子花了多少钱，宋季雅回答说：“共花了一千一百万。”吕憎珍大吃一惊，反问道：“怎么会这么贵？”宋季雅笑着回答说：“其中一百万是买房屋，一千万是买邻居。”指选择好的邻居比购置好的住房更重要。

【一言既出，驷马难追】驷（sì）：古时同拉一辆车的四匹马。《论语·颜渊》记载：孔子的学生子贡和卫国大夫棘子成讨论“质”与“文”的关系。棘子成说“君子质而已矣，何以文为？”意思是君子只要质朴就可以了，为什么还要文采？子贡说：“惜乎。夫子之说君子也！驷不及舌。”意思是可惜啊，夫子您竟然这样来评说君子！舌头一动，话说出口，哪怕用四匹马拉的车去追，也追不回来。宋·欧阳修《笔说·“驷不及舌”说》：“俗云：‘一言既出，驷马难追。’《论语》所谓‘驷不及舌’也。”说明“一言既出，驷马难追”这个谚语，来自“驷不及舌”。

【三个臭皮匠，赛过诸葛亮】诸葛亮：字孔明，三国蜀汉琅邪阳都（在今山东沂南南边）人，东汉末，隐居邓县隆中（今湖北襄阳西）时称“卧龙”。诸葛亮三岁丧母，五岁丧父，由叔叔诸葛玄抚养。刘备三顾茅庐请他出山，后拜为丞相。相传诸葛亮曾革新连弩，能同时发射十只箭，又制作“木牛流马”，用于山地运输，是杰出的政治家、军事家，著作有《诸葛亮集》。《三国演义》刻画他神机妙算，足智多谋，才能超群，是人民群众智慧和才能的形象代表。皮匠：旧时称修鞋或制鞋的工人。指人多主意好，智慧高。

（三）惯用语

有不少惯用语的形成也有其特殊的文化背景。如：（释义摘自《新华惯用语词典》）

【破天荒】五代·王定保《唐摭言·海述解送》记载：唐朝时，湖北荆州南部地区每年都要选送举人去考进士，但都没有考中的，人们把这称为“天荒”。唐宣宗时，有个叫刘蜕的读书人终于考中了，人们称为“破天荒”。荆南刺史崔铉特地拿出七十万贯钱赏给刘蜕。后用“破天荒”比喻前所未有或第一次出现。

【摆鸿门宴】《史记·项羽本纪》记载：公元前206年刘邦占领秦国都城咸阳后，派兵把守函谷关。不久项羽率四十万大军攻入，进驻鸿门，准备攻打刘邦。经项羽的叔父项伯调解，刘邦亲自到鸿门拜见项羽。项羽在鸿门设宴招待刘邦。宴会上，项羽的谋士范增命项庄舞剑，想乘机刺杀刘邦，项伯也拔剑起舞，常以身掩护刘邦。这时刘邦手下的将领樊哙带武器闯入，刘邦在樊哙等人护卫下，始得脱险。后以“摆鸿门宴”指搞阴谋诡计，用举办宴会来加害于人。

【挂羊头，卖狗肉】《晏子春秋·内篇杂下一》记载：灵公让宫廷里的女子穿着男子的服饰，国人尽效法。灵公派官吏禁止，但屡禁不止。灵公问晏子，这是为什么。晏子回答说：“国君你让宫廷里的女子穿着男子的服饰，而禁止宫廷外的女子穿着男子的服饰，就像‘悬牛首于门，而卖马肉于内也’。

如果从宫内女子禁起，宫外的女子自然就会服从禁令。”后用“挂羊头，卖狗肉”比喻用好的名义做幌子，实际上干着以假充真的骗人勾当。

【成也萧何，败也萧何】萧何（？—前193）：秦末泗水（今属江苏）人。秦二世元年（公元前209年）随刘邦起兵反秦，楚汉战争中，任汉丞相，曾向刘邦举荐韩信为大将军，使韩信得以辅佐刘邦统一天下。高帝十一年（公元前196年），萧何又设计帮助吕后除掉韩信。原指韩信的成功和身败都是萧何一手造成的，后泛指成败或好坏都是由某人造成的。

（四）歇后语

歇后语的形成有不少也有其特殊的文化背景，包括文艺作品或民间传说。如：（释义摘自《新华歇后语词典》）

【猪八戒生孩子——难死猴哥】《西游记》第五十三回描写：唐僧师徒取经路过西梁女国，猪八戒误喝了子母河里的水，肚疼难忍。后来才知道，喝了子母河的水，肚子里会有“胎气”，“不日要生孩子”。后经孙悟空与解阳山破儿洞一个自称“如意真仙”的道人进行一番打斗，采用调虎离山计，才取来“落胎泉”里的水，解了胎气。后形成歇后语“猪八戒生孩子——难死猴哥”，指某事使人极其为难。

【周瑜打黄盖——一个愿打，一个愿挨】《三国演义》第四十六回描写：公元208年，曹操统一北方后，率大军侵犯东吴。老将黄盖献苦肉计，故意违反军令，让周瑜在众人面前痛打自己一顿，然后诈降曹操，取得曹操信任，配合火攻赤壁，打败了曹兵。后形成歇后语“周瑜打黄盖——一个愿打，一个愿挨”，指打人和挨打都是自愿的，也泛指所做的事情是双方都情愿的。

【狗咬吕洞宾——不识好人心】吕洞宾：道教传说中的八仙之一，也叫吕祖。传说从前安徽省桐庐（旧县名，在安徽省中部偏南）有个叫“马孝子”的人，母亲病重，四处求医无效。有一天，门前来了个衣衫褴褛的老道。马家养了一条狗，异常凶猛，取名“赛虎”，见了道人，立即扑上去乱咬。马孝子喝住“赛虎”后，听说道人有医治疑难病症的灵丹妙药，便恳求道人为他母亲治病。道人为试马孝子的孝心，要他把“赛虎”杀了。马孝子尽管疼爱“赛虎”，为了治好母病，只好从命。道士把煮熟的狗肉，分成两份，一份当药给马孝子母亲吃，一份当下酒菜自己吃。在他酒足饭饱起身要走时，马孝子发现“赛虎”复生，脖子上挂着一个牌子，上写“吕”字。马孝子这才知道是吕祖来救他母亲，便责骂“赛虎”不识好人。歇后语“狗咬吕洞宾——不识好人心”，便流传开来。[①]

附论：

［1］王希杰在《汉语词汇学》（第264–265页）一书里说：

词汇是文化的结晶。莎士比亚《罗密欧与朱丽叶》中的朱丽叶说：“姓名本来是没有意义的；我们叫玫瑰的这一种花，要是换上了别的名字，它的香味还是同样芬芳；罗密欧要是换了别的名字，他的可爱的完美也绝不会有丝毫改变。罗密欧，抛弃了你的名字吧；我愿意把我整个的心灵，赔偿你这个身外的空名。”（朱生豪译）从符号的任意性角度看，朱丽叶有些道理。从文化世界观念看，朱丽叶是全无道理的。王力说：“人家给咱们介绍一位沈德鸿字燕宾又字雁冰

① 参看骆士正等：《永乐宫的传说·狗咬吕洞宾》，中国旅游出版社，1987，第52–54页。

的先生，不如介绍茅盾来的响亮；介绍一位谢婉莹女士，不如介绍冰心来的如雷贯耳。”

汉语词汇是汉文化的结晶。儒家文化产生了“仁、义、礼、智、信、廉、耻”等儒家词汇；道教文化产生了“道、三界、五行、丹田、道场”等道家词汇；佛教文化产生了“菩萨、和尚、宝塔、罗汉、来世”等佛教词汇。

汉语词汇是汉文化的传播手段。汉语词汇不但能强化汉文化，而且能创造汉文化。大红灯笼是中国的象征，正月十五舞龙灯是中国文化的代表。这是“灯”与“丁”同音而产生出来的民间习俗。“丁”是男子,“灯”是男子的象征。说“外孙打灯笼——照旧（舅舅）”（笔者按：通常作“外甥打灯笼——照旧（舅）”），是由于民间有舅舅（娘家）送灯的习俗，祝愿出嫁的女子早生、多生男孩子。常见的莲花灯（连着生、花着生）。结婚时，婚床上撒红枣桂圆（早生贵子）、花生（花着生）等。给新娘吃的第一口食物，是生的，还要问：“生不生?”新娘子的标准答案是：“生！”

［2］笔者在《语典的兴起及其对文化传承的贡献》(《中华字典研究》第一辑，中国社会科学出版社，2009，第375–387页）一文里谈到语与文化的关系时称：

语的丰富文化内涵，主要表现在以下三个方面：

第一，具有综合性，每一条语都是语音、词汇、语法和语义的综合体。语义的形成与民族的传统思想、道德观念、宗教信仰、民风习俗等有密切联系。

语汇所蕴涵的传统思想，最重要的是和谐思想。如“和而不同”“和衷共济”“和气致祥”“和气生财”“和颜悦色”“和蔼可亲”“和风细雨”“和光同尘”等带有语素“和”的成语,与“家和万事兴”“家不和,事不成”“家不和，被人欺”等带有语素“和”的谚语所包含和谐思想自不待言。更多的是，虽然不含语素“和”，而整体语义体现着和谐思想。

第二，语义的形成往往具有一定历史文化背景。

季羡林先生在谈到“成语是智慧结晶的结晶”时，曾经举了“亡羊补牢”作为例子。他说：“这也是一个非常习见的成语，谁都能理解，这是受到损失以后及时补救的意思……对于文化水平高的人则会在有意识和无意识之间，增加了情趣，他们会联想到《战国策》中的那个故事，想到庄辛对楚襄王说的话：‘见兔而顾犬，未为晚也；亡羊而补牢，未为迟也。’”（刘洁修编著《成语源流大词典·序》，江苏教育出版社，2003）

这个故事出自《战国策·楚策四》：

> 庄辛谓楚襄王曰：“君王左州侯，右夏侯，辇从鄢陵君与寿陵君，专淫逸侈靡，不顾国政，郢都必危矣！”襄王曰：“先生老悖乎？将以为楚国祆祥乎？”庄辛曰：“臣诚见其必然者也，非敢以为国祆祥也。君王卒幸四子者不衰，楚国必亡矣！臣请辟于赵，淹留以观之。”庄辛去，之赵，留五月，秦果举鄢、郢、巫、上蔡、陈之地。襄王流掩于城阳，于是使人发驺征庄辛于赵。庄辛曰：“诺。”庄辛至，襄王曰：“寡人不能用先生之言，今事至于此，为之奈何？”庄辛对曰：“臣闻鄙语曰：‘见兔而顾犬，未为晚也；亡羊而补牢，未为迟也。’……”

由此可见，“见兔而顾犬，未为晚也；亡羊而补牢，未为迟也”，是庄辛引用的“鄙语”，即现在所说的谚语。庄辛以这个谚语作论据，并列举了许多实例，结果说服了襄王，使他感到震惊，“颜色变作，身体战栗”。从这里可以看到，适当运用谚语所收到的效果。这个谚语也因此而流传至今，而且衍生出“见兔顾犬”和“亡羊补牢”两个成语。

第三，语义的表达方式和民族心理、思维方式有着密切联系。汉民族思维方式的一个重要特点就是形象思维发达。语义表达方式的形象性，体现了汉语语义的民族性。如：

> 1. 四个人在炕几两边坐着，面面相觑（成语），一筹莫展。（欧阳山《三家巷》一九一）

2. 第三发炮弹又没打出来，何石头这下子可有点扎手了。他瞅瞅王大葫芦，王大葫芦瞅瞅他，大眼瞪小眼（惯用语）了。（张国庆《亲仇》一九）

3. 众人一看，这才愣了神。你瞅瞅我，我瞧瞧你，都说不出半句话来。一个个张飞穿针——大眼瞪小眼（歇后语）。（张俊彪《山鬼》六）

“面面相觑”“大眼瞪小眼”“张飞穿针——大眼瞪小眼”，都是形容在场人对着看时惊恐、惶惑、无奈的神情，都采用具体描绘的手法，使语义的表达具有可视性和可感性。三者相比，形象化的程度越来越高。特别是例3里，在“大眼瞪小眼”之前，又加上“张飞穿针”，在形象描绘的基础上，增加了奇特的想象。

第二节　文化语词的主要类型

文化语词涉及中华传统文化的方方面面，内容非常丰富，这里只就其中比较主要的几种类型做些说明。

一、诸子百家文化语词

我国先秦至汉初诸子百家争鸣所形成的文化，是中华民族文化的源头，是优秀传统文化的集中体现。其中具有代表性的有儒、道、阴阳、法、名、墨、纵横、杂、农、小说等十家。尤其是儒家影响最大，儒家文化语词最为突出。儒家倡导“和为贵”，有子说：“礼之用，和为贵。”（《论语·学而》）孟子说：“天时不如地利，地利不如人和。”（《孟子·公孙丑下》）这种人际关系的和谐思想，形成了许多语词。常见的有：

和蔼 和畅 和风 和好 和合 和缓 和会 和解
和乐 和美 和睦 和暖 和平 和气 和洽 和亲
和善 和声 和爽 和顺 和谈 和婉 和谐 和煦
和易 和悦 醇和 慈和 缓和 谋和 平和 谦和
晴和 劝和 柔和 顺和 随和 调和 温和 协和
言和 议和

还有许多由“和”组成的今已不多用的古词。如：

和一（指和睦同心，和合一致）
和友（指和睦友爱）
和比（指和睦、和谐）
和心（使心境平和）
和令（指和善，和谐畅适）
和用（指百姓和谐而财用丰足）
和同（指和睦同心）
和安（指温顺安分）
和良（指温和纯良）
和直（指和顺正直）
和治（指和平治理）
和厚（指温和敦厚）
和喜（指和洽喜悦）
和惠（指温和仁惠）
和宁（指和睦安宁）
和绰（指平和宽厚）
和辑（指和睦团结）
和孺（指兄弟和好相亲）

和简（指宽和简约）

和谨（指谦和谨慎）

反映“和”的价值观的语也不少。其中成语有：

和而不同　和风细雨　和风丽日　和光同尘　和好如初　和盘托出　和平共处　和气生财　和气致祥　和容悦色　和意同心　和颜悦色　和衷共济　地利人和　心平气和

谚语有：

家和万事兴　万事和为贵　相邻和为贵　和气不蚀本　和气生财，怒气生灾　和事不丧礼，让人不为低　和好生钱财，吵闹穷一世　和睦家业兴，争吵日子贫　为人处世两件宝，和为贵来忍为高

二、文献文化语词

有一大批语词来自除了诸子著作以外的古代文献，我们称之为文献文化语词。可分为文献文化词和文献文化语。

（一）文献文化词

这类词很多，可分为两类：

1. 典故文献文化词

这类文献文化词带有典故。如：

【问鼎】动 ❶春秋时，楚子（楚庄王）北伐，陈兵于洛水，向周王朝炫耀武力。周定王派遣王孙满慰劳楚师，楚子向王孙满询问周朝的传国之宝九鼎的大小和轻重（见于《左传·宣公三年》）。楚子问鼎，有夺取周王朝天下的意思。后用“问鼎”指图谋夺取政权。❷借指在比赛或竞争中夺取第一名。

【染指】动 春秋时，郑灵公请大臣们吃甲鱼，故意不给子公吃，子公很生气，就伸手指在盛甲鱼的鼎里蘸上点儿汤，

尝尝滋味走了（见于《左传·宣公四年》)。后来用“染指”借指分取非分的利益，也指插手或参与分外的某种事情。

【东床】名 东晋太尉郗鉴派一位门客到王导家去选女婿。门客回来说：“王家的年轻人都很好，但是听到有人去选女婿，都拘谨起来，只有一位在东边床上敞开衣襟吃饭的，好像没听到似的。”郗鉴说：“这正是一位好女婿。”这个人就是王羲之。于是把女儿嫁给他（见于《晋书·王羲之传》)。因此，后来也称女婿为东床。

【云雨】动 宋玉《高唐赋》叙宋玉对楚襄王问，说楚怀王曾游高唐，梦与巫山神女相会，神女临去说自己“旦为朝云，暮为行雨”，后世因以指男女合欢（多见于旧小说）。

【黄粱梦】名 有个叫卢生的，在邯郸旅店中遇见一个道士吕翁，卢生自叹穷困。道士借给他一个枕头，要他枕着睡觉。这时店家正煮小米饭。卢生在梦中享尽了一生荣华富贵。一觉醒来，小米饭还没有熟（见于唐·沈既济《枕中记》)。后用“黄粱梦”比喻不切实际，不能实现的如意打算（含讥讽意），用“做黄粱梦”比喻沉湎于不切实际的梦想中，也指想要实现的好事落得一场空。

2. 一般文献文化词

这类文献文化词不含典故，直接来自古代文献。如：

【桑梓】〈书〉名《诗经·小雅·小弁》:“维桑与梓，必恭敬止。”是说家乡的桑树和梓树是父母种的，对它要表示敬意。后人用来借指故乡。

【乔迁】动《诗经·小雅·伐木》:“出自幽谷，迁于乔木。”借指人搬到好的地方去住或官职高升（多用于祝贺）:～之喜。

【宴尔】〈书〉形 安乐。《诗经·邶风·谷风》有“宴尔新昏（婚）”的诗句。后来就用“宴尔”指新婚：～之乐。后多作燕尔。

【韬略】名《六韬》《三略》都是古代的兵书，后来称用兵的计谋为韬略：胸怀～｜满腹～。

【红娘】名《西厢记》中崔莺莺的侍女，促成了莺莺和张生的结合。后来用作媒人的代称。

（二）文献文化语

文献文化语也可分为典故文献文化语和一般文献文化语两类：

1. 典故文献文化语

最多的是成语。如：（释义摘自《新华语典》等辞书，下同）

【各自为政】《左传·宣公二年》记载：春秋时，宋国与郑国之间爆发战争。战前，宋军主帅华元杀猪宰羊鼓舞将士，惟独忘掉了自己的车夫羊斟，羊斟对此怀恨在心。等上了战场，羊斟冷冷地对华元说：“上次分肉你为政，如今该我为政了！”说完，他赶着马车投降了郑军。这一战，宋军被打得大败，华元也被郑国俘虏。后用来指不讲团结，不顾大局，各搞各的一套。也指各人按自己的主张独立行事。

【完璧归赵】《史记·廉颇蔺相如列传》记载：赵惠文王得楚和氏璧，秦昭王听说后，表示愿以十五城换璧。当时秦强赵弱，赵王不敢拒绝，又怕上当。大臣蔺相如自愿奉璧出使秦国。到秦国后，见秦王无意给城，就威胁秦王说：“如果你言而无信，我就和璧一块儿撞在柱子上。”并趁机取回璧，派从者送归赵国。后用来指把原物完好无损地归还原主。

【围魏救赵】《史记·孙子吴起列传》记载：公元前353年，魏国军队围攻赵国国都邯郸，赵国向齐国求援。齐国的将领田忌采用孙膑的计策，领兵围攻魏国的国都大梁，迫使魏国的军队回救。齐国的军队在桂陵（今山东菏泽）打败魏军，使赵国得救。后指袭击进攻之敌的后方来迫使其撤兵的战术。

【请君入瓮】《资治通鉴·唐纪》记载：唐朝的女皇帝武则天命令来俊臣去审问周兴，周兴还不知道。来俊臣假意地问周兴："审问时，犯人不肯招供怎么办?"周兴说："那还不容易。把他放进一口大铁缸里，周围用炭火烧，不怕他不认罪。"于是，来俊臣取来大瓮，周围架好了火，对周兴说："有状子揭发你有罪，请你进入瓮中吧。"后比喻用某人整治别人的方法来整治他自己。

谚语、惯用语、歇后语也不少。如：

【两虎相斗，必有一伤】（谚语）《国策·秦策二》记载：齐国攻打楚国，秦王想出兵助齐，纵横家陈轸建议等待他们两败俱伤之后再兴兵："今两虎争人而斗，小者必死，大者必伤。子待虎伤而刺之，则是一举而兼两虎也。"后比喻两强相斗，必有一方受损。

【塞翁失马，焉知非福】（谚语）汉·刘安《淮南子·人间训》记载：古代有个靠近边境住着的老头走失了一匹马，别人来安慰他，他说："说不定这还是福气呢！"果然过了几个月，不仅自己的马回来了，而且带回来几匹边境外的马。指祸福相随，好事和坏事在一定条件下可以互相转化。

【莫须有】（惯用语）《宋史·岳飞传》记载："狱之将上也，韩世忠不平，诣桧洁其实。桧曰：'飞子云张宪书虽不明，其事体莫须有。'世忠曰：'莫须有三字，何以服天下？'"后指模棱两可或凭空捏造。

【只许州官放火，不许百姓点灯】（惯用语）宋·陆游《老学庵笔记》卷五记载：有个州官叫田登，忌讳人说“登”及“登”的同音字，因此州人把“灯”叫“火”。元宵节灯会，贴出告示“本州依例放火三日”。于是便有了“只许州官放火，不许百姓点灯”的俗语。泛指官府或有权势的人可以胡作非为，而百姓没有丝毫的自由。

【秦琼卖马——腰里没铜】(歇后语)《隋唐演义》第五一八回描写：秦琼在齐州（今山东）当捕盗都头期间，骑一匹黄骠马，在押解犯人去山西潞州（治上党，今长治市）的途中，因缺乏草料，马饿得很瘦，又因付不起住店钱，只好把马卖掉。指钱袋里空了。

【刘备摔孩子——收买人心】(歇后语)《三国演义》第四十一、四十二回描写，刘备在长坂坡被曹操打败后，幸遇赵云杀入重围救出其子阿斗；刘备故作姿态，将阿斗摔在地下，说“为汝这孺子，几损我一员大将!”指玩弄手段笼络人心，使其甘愿效力。

2. 一般文献文化语

一般文献文化语没有典故，直接来自古代文献。

最多的也是成语。如：

【青云之上】出自《史记·范雎蔡泽列传》：“贾不意君能自致于青云之上，贾不敢复读天下之书，不敢复与天下之事”。后用“青云之上”形容地位显赫。

【众口铄金】出自《国语·周语下》：“众心成城，众口铄金。”后用“众口铄金”形容舆论的力量巨大。

【济河焚舟】出自《左传·文公三年》：“秦伯伐晋，济河焚舟。”后用“济河焚舟”表示拼死一战，不留退路。

【以身试法】出自《汉书·王尊传》：“明慎所职，毋以身试法。”后用“以身试法”指明知法律的规定而还要去做触犯法律的事。

【雄心壮志】出自宋·欧阳修《苏才翁挽诗二首》之二：“雄心壮志两峥嵘，谁谓中年志不成。”后用“雄心壮志”指远大的理想和宏伟的志向。

谚语、惯用语、歇后语也不少。如：

【尺有所短，寸有所长】（谚语）出自战国楚·屈原《楚辞·卜居》：“夫尺有所短，寸有所长，物有所不足，智有所不明。”后用“尺有所短，寸有所长”比喻人或事物各有所长短。

【擒贼先擒王】（谚语）出自唐·杜甫《前出塞》诗：“挽弓当挽强，用箭当用长。射人先射马，擒贼先擒王。”后用“擒贼先擒王”比喻做事要抓住关键。

【宁为玉碎，不为瓦全】（谚语）出自《北齐书·元景安传》：“大丈夫宁可玉碎，不能瓦全。”后多作“宁为玉碎，不为瓦全”，比喻宁可为正义而牺牲生命，也不丧失气节，苟且偷生。

【小巫见大巫】（惯用语）出自《太平御览》卷七三五引《庄子》逸文：“小巫见大巫，拔茅而弃，此其所以终身弗如。”意思是小巫见到大巫，就觉得自己的法术不如大巫高明，便弃而不为了。后用来比喻相形之下，一方显然远比不上另一方。

【画虎不成反类狗】（惯用语）出自汉·刘珍等《东观汉记》卷一二：“效杜季良而不成，陷为天下轻薄子，所谓‘画虎不成反类狗’也。”后多比喻模仿得不好，反而弄得不伦不类。

【司马昭之心——路人皆知】（歇后语）出自《资治通鉴·魏元帝景元元年》：“帝见威权日去，不胜其忿。五月己丑，召侍中王沈、尚书王经、散骑常侍王业，谓曰：‘司马昭之心，路人皆知也。吾不能坐受废辱，今日当与卿自出讨之。’”后指某人用意或野心非常明显，为人所共知。

三、宗教文化语词

宗教与文化有密切关系，尤其是佛教和道教对汉语词汇和语汇的形成和发展有深刻的影响。下面分别举例说明。

（一）佛教文化语词

佛教起源于古印度，西汉哀帝元寿元年（公元前2年）传入中国，至东汉末年，随着安世高、支谶首译汉文本佛经的行世，佛教教义开始与中国传统伦理和宗教观念相结合。经三国两晋到南北朝，得到发展。到隋唐时达到鼎盛时期。在这过程中，产生了大量佛教文化语词。

1．佛教文化词

佛教文化词很多，这里以“魔”构成的词为例。“魔”来自梵语māra，初作“魔罗”，后来作“魔”。佛教把一切扰乱身心，破坏行善和妨碍修行的心理活动，都称作“魔”。以“魔”构成的词现代还常用的有：

魔法　魔怪　魔鬼　魔幻　魔惑　魔窟　魔力　魔术
魔王　魔掌　魔杖　魔障　魔爪　魔怔　魔咒　病魔
恶魔　疯魔　入魔　妖魔　着魔

还有许多由“魔”组成的今已不多用的古词。如：

魔女（魔界的女人，女鬼）

魔天（魔道的天界）

魔心（邪恶的心）

魔民（魔界的民众，不入正道的鬼）

魔行（háng）（像魔鬼一类的人）

魔劫（命中注定的灾难）

魔星（给人带来灾难的人）

魔意（着魔中邪）

魔境（恶魔统治的境界）

魔焰（妖魔的气焰）

2. 佛教文化语

佛教文化语也很多。

成语，如：

群魔乱舞　走火入魔　邪魔外道　借花献佛　现身说法
大慈大悲　慈悲为怀　清规戒律　大千世界　牛头马面
牛鬼蛇神　僧多粥少　衣钵相传　不二法门　六根清净
因果报应　顶礼膜拜　传经送宝　劫后余生　天花乱坠
极乐世界　善男信女　超凡脱俗　佛口蛇心　一尘不染
五体投地

谚语，如：

不看僧面看佛面　不受磨炼不成佛　远来的和尚会念经　家家有本难念的经　跑了和尚跑不了寺　放下屠刀，立地成佛　苦海无边，回头是岸　佛要金装，人要衣装　人争一口气，佛争一炉香　阎王好见，小鬼难缠　一个和尚挑水吃，两个和尚抬水吃，三个和尚没水吃　善有善报，恶有恶报，不是不报，时候不到，时候一到，一切都报

惯用语，如：

见阎王　抱佛脚　欠阎王债　小鬼见阎王　小鬼跌金刚　佛面上刮金　泥佛劝土佛　歪嘴和尚念经　烧香走错庙门　人不知，鬼不觉　一佛出世，二佛涅槃　人不像人，鬼不像鬼　三分像人，七分像鬼　东天也是佛，西天也是佛　东庙里烧香，西庙里拜佛　平日不烧香，临时抱

佛脚　做一天和尚撞一天钟

歇后语，如：

泥菩萨过江——自身难保　小和尚念经——有口无心　古庙前的旗杆——独一根　阎王爷贴告示——鬼话连篇　和尚打伞——无发（法）无天　老虎戴念珠——假充善人　老和尚的木鱼——天生挨揍的货　丈二和尚——摸不着头脑

（二）道教文化语词

道教是我国固有的宗教，以“道”为最高信仰，源于古代神仙信仰和方仙之术。东汉时形成，到南北朝时兴盛起来。道教徒尊称创立者之一张道陵为天师，故又称“天师道”。道教奉老子为道祖，尊称老子为“太上老君”。以《道德经》《太平经》为主要经典，魏晋以后，茅山道教经籍派兴起，道教经书日渐增多。东晋时，葛洪撰《抱朴子·内篇》，丰富了道教的神仙思想。道教不仅流传于汉族地区，在少数民族中也有传播，影响巨大。道教文化语词也随之广泛流传。

1. 道教文化词

道教文化词非常丰富，仅以“道”构成的词就有：

道伴　道场　道姑　道士　道观　道行　道貌　道门
道袍　道人　道术　道坛　道童　道友　道院　道长
道丈　老道　神道　修道　妖道

还有许多由“道”组成的今已不多用的古词。如：

道正（道观的主持，观主）

道民（信奉道教或加入道教组织的人）

道宇（即道观）

道君（道教中地位尊贵的人）

道帙（道教的书籍）

道侣（一起修行、修炼的同伴）

道房（道士修道所居之室）

道封（赐给道士的封号）

道骨（修道的人的气质）

道冠（道士戴的帽子）

道祖（道教的始祖，指老子）

道翁（年长的道士）

道尊（对道士的敬称）

道箓（道教的符箓）

2. 道教文化语

道教文化语，数量也不少。

成语，如：

修身养性　清静无为　六神无主　呼风唤雨　金口玉言　神通广大　神机妙算　金童玉女　琼浆玉液　长生不老　坐而论道　妙手丹青　妖言惑众　仙风道骨　道貌岸然　福星高照　鹤发童颜

有的还有典故。如“道士坠驴”，出自宋·邵伯温《闻见前录》卷七：五代末年隐士陈抟，乘驴去汴州，途中听到赵匡胤登极做皇帝的消息，大笑坠驴说：“天下从此定矣。”遂入华山为道士。后以“道士坠驴”指乱世结束，天下太平。

谚语，如：

人是地行仙　一人得道，鸡犬升天　天上神仙府，人间宰相家　道高龙虎伏，德重鬼神尊　天地君亲师，师徒如父子　真人不露相，露相不真人　真人面前饶不得假话，旱地上打不得浮拍惯用语，如：

鬼画符　没咒念　神仙一把抓　请神请到鬼　张天师吃鬼迷

歇后语，如：

八仙过海——各显神通　狗咬吕洞宾——不识好人心　张天师忘了咒——符也不灵了　张天师抄了手——没法可使　张果老倒骑驴——不见畜生的面　王母娘娘的裹脚布——又长又臭

四、民俗文化语词

民俗指的是民间的风俗习惯，包括的范围很广，如婚丧文化、节日文化、禁忌文化、礼节文化、服饰文化、饮食文化，等等。

民以食为天，这里以饮食文化为例。

（一）饮食文化词

饮食文化词很多。试以“吃”为例，构成的词常见的有：

吃醋　吃刀　吃饭　吃喝儿　吃货　吃紧　吃劲　吃惊
吃口　吃苦　吃亏　吃力　吃青　吃请　吃食　吃水
吃素　吃透　吃香　吃相　吃斋　吃重　吃准　吃嘴
吃罪　口吃　小吃　吃不服　吃不开　吃不来　吃不消
吃不住　吃得开　吃得来　吃得消　吃得住

还有许多由“吃”组成的今已不多用的古词。如：

吃本（亏本，蚀本）

吃用（吃、穿等生活资料和费用）

吃交（跌跤）

吃利（获利）

吃屁（随声附和）

吃茶（指女子受聘）

吃笑（被耻笑）

吃拳（被拳打）

吃虚（空无所获）

吃累（受牵累；指家庭负担重）

吃悖（因惊恐而口齿不清）

吃喜（极度相爱）

吃答（形容动作迅速）

吃闷（忍受苦闷）

（二）饮食文化语

饮食文化语也很多。也以“吃”构成的为例。

成语，如：

吃穿用度　吃醋争风　吃喝拉撒　吃喝嫖赌　吃喝玩乐　吃惊受怕　吃里爬外　吃糠咽菜　吃苦耐劳　吃香喝辣　吃辛受苦　吃一看二　吃衣着饭　吃斋念佛　吃罪不起　大吃一惊　争风吃醋　自讨苦吃

谚语，如：

吃亏人常在　吃一堑，长一智　吃水不忘掘井人　吃人的狮子不露齿　吃别人嚼过的馍没味道　吃饭防噎，走路防跌　吃了河豚，百样无味　吃了冬至饭，一天长一线　吃菜要吃心，听话要听音　吃得苦中苦，方为人上人　吃了人家的嘴软，使了人家的手软　吃不穷，穿不穷，打算不到就受穷

惯用语，如：

吃白食　吃老本　吃鸭蛋　吃独食　吃定心丸　吃哑巴亏　吃大锅饭　吃现成饭　吃太平饭　吃白墨饭　吃回

头草　吃后悔药　吃闭门羹　吃饱了撑的　吃力不讨好　吃软不吃硬　记吃不记打　吃人不吐骨头　吃不了兜着走　吃了五谷想六谷　吃了砒霜药老虎　不吃凉粉腾板凳　吃着碗里，看着锅里　吃王莽的饭，干刘秀的事

歇后语，如：

一口吃个鞋帮——心里有底　半夜吃黄瓜——不知头尾　王八吃秤砣——铁了心　张飞吃豆芽——小菜一碟　老太太吃柿子——专找软的捏　三十晚上吃饺子——没外人　三九天吃冰棍——寒透了心　癞蛤蟆想吃天鹅肉——痴心妄想　一口吃了二十五只老鼠——百爪挠心

第三节　语词的民族文化感情色彩

受民族传统文化的影响，许多语词带有民族的感情色彩。这主要表现在两个方面：

一、对神灵动物的崇拜

《礼记·礼运》："何谓四灵？麟、凤、龟、龙，谓之四灵。故龙以为畜，故鱼鲔不淰（shěn）；凤以为畜，故鸟不獝（xù）；麟以为畜，故兽不狘（xuè）；龟以为畜，故人情不失。"意思是，什么叫"四灵"？麟、凤、龟、龙叫作"四灵"。因此，以龙为家畜，鱼不惊走；以凤为家畜，鸟不惊飞；以麟为家畜，野兽不惊走；以龟为家畜，占卜人事就会准确。由此，对麟、凤、龟、龙的崇拜，一直延续下来。特别是对龙的崇拜尤为突出，形成了许多龙文化语词。

（一）龙文化词

龙是古代传说中有麟角须爪能兴云作雨的神异动物。《易经·乾卦》："见龙在田，利见大人。"意思是龙出现在田间，利于遇见伟大的人物。又："飞龙在天，利见大人。"意思是龙高飞在天上，利于遇见伟大的人物。又："见群龙无首，吉。"意思是出现一群龙，谁也不自居首领位置，这是吉祥的征象。自古以来，龙象征着神圣吉祥。以"龙"构成的词，十分丰富。如：

龙柏　龙齿　龙船　龙胆　龙灯　龙洞　龙宫　龙口
龙马　龙凤　龙驹　龙骨　龙庭　龙蛇　龙骧　龙套
龙头　龙王　龙虾　龙眼　龙岩　龙钟　龙舟　龙舞
龙卷风　龙门阵　龙门刨　龙门吊　龙脑树　龙舌兰
龙涎香　龙须菜　龙须草　龙须面　龙爪槐　龙井茶

封建时代，龙被作为帝王的象征，也用来指帝王使用的东西，出现了许多与帝王有关的龙文化词。如：

龙椅（帝王坐的椅子）
龙衣（帝王的袍服）
龙足（帝王的踪迹）
龙位（帝王的座位）
龙床（帝王睡卧的床）
龙威（帝王的威风）
龙姿（帝王的姿态风度）
龙眉（帝王的眉毛）
龙准（帝王的鼻子）
龙恩（帝王的恩典）
龙袍（帝王的礼服）
龙舆（帝王乘坐的车舆）

龙骑（帝王的坐骑）

龙颜（帝王的容貌，也借指帝王）

（二）龙文化语

龙文化语也很丰富。

成语，如：

龙车凤辇　龙飞凤舞　龙凤呈祥　龙驹凤雏　龙楼凤阁　龙眉凤目　龙盘虎踞　龙蛇飞动　龙蛇混杂　龙潭虎穴　龙腾虎跃　龙骧虎步　龙骧虎视　龙骧虎啸　龙翔凤舞　龙行虎步　龙吟虎啸　龙争虎斗　龙子龙孙　龙种凤胎　生龙活虎　画龙点睛　二龙戏珠　活龙活现　来龙去脉　望子成龙　车水马龙　叶公好龙

谚语，如：

龙多不治水　龙多旱，人多乱　一龙生九种，种种各别　龙不离海，虎不离山　龙争虎斗，苦了小獐　宁养一条龙，不养十只熊　龙生龙，凤生凤，老鼠生儿会打洞　龙眼识珠，凤眼识宝，牛眼识青草　龙游浅水遭虾戏，虎落平川被犬欺　龙配龙，凤配凤，鹁鸽对鹁鸽，乌鸦对乌鸦

惯用语，如：

龙虎斗　摆龙门阵　推倒龙床杀太子　神龙见首不见尾　龙归大海，虎奔深山　扯了龙袍也是死，杀了太子也是死

歇后语，如：

鲤鱼跳龙门——高升　龙灯的胡子——不理　龙王爷打哈欠——神气　龙王庙失了火——慌神　大水冲了龙王庙——一家人不识一家人　龙王爷身边的虾子——见过大阵势

二、对某些动植物的特殊感情色彩

由于受传统文化的影响，对某些植物和动物，往往带有特殊的感情色彩。

（一）某些植物的感情色彩

对植物的感情色彩，比较明显的表现是“梅”“松”“竹”。

一般辞书对“梅”“松”“竹”的解释：

【梅】名 ❶落叶乔木，品种很多，性耐寒，叶子卵形，早春开花，花瓣五片，有粉红、白、红等颜色，气味清香。果实球形，青色，成熟的黄色，都可以吃，味酸。❷这种植物的花。❸这种植物的果实。❹（Méi）姓。

【松】名 ❶松树，有许多种，一般为常绿乔木，很少为灌木，树皮多为鳞片状，叶子针形，花单性，结球果，卵圆形或圆锥形，有木质的鳞片。木材和树脂都可以利用。如马尾松、油松等。❷（Sōng）姓。

【竹】名 ❶竹子：～林｜～园｜修～千竿。❷（Zhú）姓。

从上面释义中，看不出有多少文化含量，但咏梅、咏松、咏竹的著名诗词很多。

咏梅的，如：

驿外断桥边，寂寞开无主。已是黄昏独自愁，更著风和雨。无意苦争春，一任群芳妒。零落成泥碾作尘，只有香如故。

——宋·陆游《卜算子·咏梅》词

风雨送春归，飞雪迎春到。已是悬崖百丈冰，犹有花枝俏。俏也不争春，只把春来报。待到山花烂漫时，她在丛中笑。

——毛泽东《卜算子·咏梅》词

咏松的，如：

偃蹇松枝隔烟雨，知侬定是岁寒材。百年根节要老硬，将恐崩崖倒石来。

——宋·黄庭坚《题仁上座画松》诗

大雪压青松，青松挺且直。要知松高洁，待到雪化时。

——陈毅《青松》诗

咏竹的，如：

不用裁为鸣凤管，不须截作钓鱼竿。千花百草凋零后，留向纷纷雪里看。

——唐·白居易《题李次云窗竹》诗

性贞洁。柔枝嫩叶堪图写。堪图写。四时常伴，草堂风月。孤高劲节天然别。虚心永永无凋谢。无凋谢。绿阴摇曳，瑞音清绝。

——元·王丹桂《忆秦娥·咏竹》词

历代文人的这些诗词，使梅、松、竹被称为“岁寒三友”，含有“高风亮节”“清雅情操”的感情色彩。

又如“莲”，宋·周敦颐作《爱莲说》，称：“予独爱莲之出淤泥而不染，濯清涟而不妖，中通外直，不蔓不枝，香远益清，亭亭净植，可远观而不可亵玩焉。”意思是，我独喜爱莲花的出自于淤泥而不沾染污秽的高洁，它经过清水的洗涤，显得纯净而不妖媚。它内心通达而外形刚直，藤蔓不四处蔓延，枝干不四处纵横。香气远播而清纯芬芳，亭亭玉立如在水佳人，只可以远远地欣赏而不可以肆意地亵玩。后来人们就对“出淤泥而不染”的“莲”，便产生了特殊的喜爱情感。

（二）某些动物的感情色彩

最突出的例子就是狗。

欧美人喜欢养狗，把狗看成伴侣。在这种文化背景下，对狗产生喜爱的感情色彩，常被当成忠实的朋友，如：a jolly dog（快活的人，有趣的伙伴），a gay dog（快活的小子）。[①] 但在汉语中，由“狗”构成的语词，多含有贬义。

先看由“狗”构成的词：

狗胆　狗命　狗刨　狗屁　狗熊　恶狗　疯狗　走狗
狗崽子　狗腿子　狗屎堆　狗杂种　狗汉奸　狗特务
落水狗　癞皮狗　看门狗

由“狗”构成的语则更多。

成语，如：

狗胆包天　狗急跳墙　狗媚狐趋　狗皮膏药　狗屁不通
狗头狗脑　狗头军师　狗头生角　狗头鼠脑　狗尾续貂
狗血淋漓　狗血淋头　狗眼看人　狗仗人势　狗苟蝇营
狗彘不如　狐朋狗党　狐群狗党　鸡零狗碎　鸡鸣狗盗
狼心狗肺　藏弓烹狗　鼠窃狗盗　猪狗不如

谚语，如：

狗改不了吃屎　死狗扶不上墙　狗嘴里吐不出象牙　当家三年狗也嫌　狗肉上不了筵席　好鞋不踩臭狗屎　打狗要用擒虎力　狗急跳墙，人急悬梁　女大自巧，狗大自咬　讨饭怕狗咬，秀才怕岁考

惯用语，如：

狗咬狗　钻狗洞　打落水狗　卖狗皮膏药　杀鸡给狗看　狗揽三堆屎　狗眼看人低　鸡飞狗跳墙　狗肚子鸡肠　狗长尾巴尖　狗头上生角　猫嫌狗不是　良心给狗吃了　狼叼来喂狗　挂羊头，卖狗肉　乌狗吃食，白狗

① 参看张志毅、张庆云：《词汇语义学》，商务印书馆，2001，第200页。

当灾　鸡来迎鸡，狗来迎狗　把臭狗屎当香饽饽

歇后语，如：

狗咬狗——两嘴毛　狗拿耗子——多管闲事　狗扯羊肠——越扯越长　狗吃青苗——学羊（洋）　狗戴嚼子——胡勒　狗赶鸭子——呱呱叫　狗啃骨头——天生喜欢吃硬的　狗尾巴的露水——经不起摇摆　狗掀门帘——全靠一张嘴　狗咬秤砣——好硬的嘴　狗咬烂羊皮——撕扯不清　狗咬吕洞宾——不识好人心　狗咬月亮——不知高低　狗坐轿子——不识抬举

这些语都带有对狗的厌恶的感情色彩。

但是在中华传统文化中，也有对狗喜爱的一面。2018年2月14日，习近平总书记《在2018年春节团拜会上的讲话》中说："在中华文化中，狗是人的忠诚伙伴，是忠义和平安的象征，中国人常常称它们为金犬、玉犬、瑞犬、义犬。金鸡报晓，瑞犬送春，我们祖国的前景一定会一年更比一年好。"

第十章　方言语词

在第二章“语词的分类”里，曾讲过方言词和方言语。鉴于方言词和方言语在语词系统中的重要性，这里再作进一步叙述。

第一节　方言词汇和语汇的系统性

一、方言词汇的系统性[1]

方言词汇和共同语词汇一样具有系统性，其表现主要有两个方面：

（一）共同语有基本词汇和一般词汇的派生系统，方言也有自己的基本词汇和一般词汇的派生系统。

有些基本词汇是共同语和方言共有的，例如天、地、山、水、红、白、上、下；有些基本词汇是某些方言或某一方言特有的。例如：

吴语区：汏（洗）、望（看）、掮（扛）、驮（背）、调（换）、拎（拿）、着（穿）、渧（滴）、吓（怕）、揿（按）、掼（摔）、洞（窟窿）、镬（锅）、勿（不）、老（很）。

闽语区：粟（稻谷）、秫（糯米）、箬（叶子）、曝（晒）、惊（怕）、腹（肚子）、晏（迟）、褪（脱）、囝（儿子）、鼎（锅）、侬（人）、喙（嘴）、厝（家、房子）、塗（泥土）。

粤语区：遮（伞）、樽（瓶）、送（菜肴）、入（装入、讲入）、除（脱）、谂（想）、争（差、欠）、饮（喝）、喊（哭）、啵（球）、料（馅儿）、倾（交谈）。

这些基本词在各自通行的范围内都有派生能力。例如闽语的“鼎”可派生出：~盖（锅盖）、~底、~脐、~烟、~筅（炊帚）；粤语的“入”可派生出：~来、~会、~便（里面）、~流（入门）、~手（着手）、~数（进账）、~笼（中圈套）、~沓（投合，合情理）、~漆（上漆）。[①]

（二）有义类兼语法功能分类系统。

如太原方言词汇可以分为以下20类。

1. 天文、地理，如：

阳婆（太阳）　月明（月亮）　冬凌（冰块）　冷蛋子（冰雹）　响忽雷（打雷）　地动（地震）

2. 时间、节令，如：

年时（去年）　先前年（大前年）　明儿（明天）　先前日（大前天）　黑咾（夜间）　晌午（中午）　黑张来（黄昏）　过冬（冬至）

3. 动物，如：

麻虎（狼）　草驴（母驴）　老骚狐（配种用的公山羊）　快快种谷（布谷鸟）　吃猴虫儿（螳螂）　圪蚪（蝌蚪）

4. 植物，如：

① 李如龙：《汉语方言学》，高等教育出版社，2001，第103页。

西番柿（西红柿） 豆角角（豆荚） 龙爪（龙须菜） 茭子（高粱） 玉茭子（玉蜀黍） 凤嵌嵌（凤仙花） 毛秀秀（狗尾草） 圪桃（核桃）

5. 饮食，如：

红面（高粱面） 捞饭（小米加面粉熬成的稠粥） 和子饭（小米与面、菜熬在一起的稠饭） 擦尖尖（用特制的擦子制成的高粱面条儿） 头脑（由羊肉、黄芪、煨面、良姜、藕根、长山药、黄酒共七样原料配制而成，外加腌韭菜作引子，有滋补作用，是太原市“清和元”饭店独创的名食品）

6. 服饰，如：

主腰儿（短棉袄） 坎肩肩（套在长袍外面的背心） 搂肚（系在腹部衣襟下面、裤子外面的布兜，上有口袋，可以装钱，多为老年男子着用） 布袋袋（衣服上的口袋） 帽壳子（瓜皮小帽） 特拉板（拖鞋）

7. 房舍，如：

闺舍（屋子，家）火圪崂（锅台） 门限（门槛儿） 门插关（门闩） 亮截儿（窗户外面罩着的木框子，上面有许多方孔，可以糊纸或安玻璃） 花栏墙儿（院子里摆花盆的一段花墙）

8. 日常用具，如：

戳戳（图章） 钵钵（小碗儿） 鼻里气（带烟筒的洋炉子） 淋淋（漏斗） 大婆针（头号大针） 洋胰子（肥皂） 洋取灯儿（火柴） 镏子（戒指）

9. 工业、农业，如：

白铁（锡） 吸铁石（磁石） 白灰（石灰） 曲尺（木

匠用的鲁班尺） 推把儿（刨） 胡墼（土坯） 箩头儿（筐） 眼壳儿（驴子拉磨时的罩眼物；风镜）

10. 商业、交通，如：

现成钱（铜钱） 票票（钞票） 小押当儿（旧时的一种高利贷，利息比一般当铺高） 车儿（旧式大车、轿车等的统称） 明车（大车） 单辕辕（一个牲口拉的车） 二套车（两个牲口拉的车） 地猪儿（独轮小车）

11. 文化、娱乐，如：

书房（学校） 砚瓦（砚台） 洋码码（阿拉伯数字） 猴儿（木偶戏） 影眼法儿（魔术） 唱红的（须生） 跑流程的（龙套） 木头（中路梆子使用的梆子）

12. 人体、疾病，如：

身板子（身体） 得老（头） 崩头（额头） 眼睛蛋儿（眼珠） 眉眼（容貌） 胡才（胡须） 笑窝窝（酒窝） 跑茅子（拉稀，泻肚子） 门户（天花） 花花（牛痘） 当糠（出麻疹） 烧人（发烧）

13. 人品、詈词，如：

婆姨（妻；泛指已婚青年妇女） 婆姨汉（夫妻） 盘头闺女（未婚的少女） 暮生生（遗腹子） 前家家（前妻留下的子女） 柳时匠（没有经过师傅正式传授的工匠） 松香鬼（白痴） 游儿鬼（游手好闲的人） 圪嗆头（吝啬鬼）

14. 亲属称谓，如：

娘娘（祖母） 老娘娘（曾祖母） 大爷（伯父） 伯伯（叔父） 外爷（外祖父） 婆婆（外祖母） 当家的（夫） 家里的（妻）

15. 方位，如：

脑头（上头） 黑里（里头） 当当中（正中间） 跟跟前（最近处）

16. 动作，如：

眊（从窟窿里瞭望） 圪瞅（略微看一看） 圪挤（闭住眼睛） 骨拢（相当于“滚”） 薄烂（相当于“拌”） 受练（虐待） 圪挑（挑动） 日鬼（瞒着人做坏事） 戳拐（闯祸） 拿把（故意留一手）

17. 性质、状态，如：

亲（小孩子娇憨可爱） 寡（不随和，不合群） 积伶（聪明伶俐） 戳莽（形容人做事有魄力） 日能（形容人能干） 日脏（肮脏） 惜人（形容人漂亮） 戳火（形容生气） 戳肝火（形容非常生气）

18. 代词，如：

这嘞（这里） 兀嘞（那里） 哪嘞（哪里） 这来（这么，这样，表示数量） 兀来（那么，那样，表示数量） 这底（这么，这样，表示状态） 兀底（那么，那样，表示状态）

19. 量词，如：

朳（棵，株，用于花草树木） 挂（辆，用于车辆） 圪瘩（用于块状东西） 圪截（截，段）

20. 副词、介词、连词，如：

待（肯，含有喜爱的意思：这几天我～吃饭咧） 专意（故意：你～来捣乱） 跟（从：他～上海来） 要不咾（要不然：从太原到临汾，可以坐火车，～坐汽车也行）

二、方言语汇的系统性

方言语汇和共同语语汇一样也具有系统性。最主要的表现是方言语汇同共同语语汇类似，可以分为方言成语、方言谚语、方言惯用语和方言歇后语。下面以忻州话和温州话为例，略作分析。

（一）方言成语

方言成语和普通话成语不同，没有来自古代书面语的“雅成语”，只有流传在口头上的“俗成语”。语法、语音结构都采取“二二相承”式，一般可以分为三大类：复合式、重叠式和附加式。

1. 复合式。分为并列式和非并列式。

并列式的主要类型有：

（1）“主谓+主谓”式，如：

【眉秃眼瞎】形容眉毛稀少，眼睛看不见。

【猫捣狗戏】指嬉戏耍笑，挑逗打闹。

【嘴尖毛长】指多嘴多舌，叫人讨厌。

——以上忻州话

【头破眼裂】指头部严重受伤，样子难看。

【人来客往】形容来往的人流很多。

【脚瘫手软】形容疲惫不堪的样子。

——以上温州话

（2）“动宾+动宾”式，如：

【惜情护面】指办事照顾个人情面。

【打凉下火】指清热解火。

【瞒心昧己】指昧着良心。

——以上忻州话

【扭头摆颈】形容身体扭动摇摆。

【叫天赖地】形容哭天喊地，耍无赖。

【踢脚绊手】形容碍手碍脚，妨碍他人。

——以上温州话

（3）“偏正+偏正”式，如：

【一儿半女】一个男孩或女孩，形容子女少。

【高身大手】形容身材高大。

【平天川地】形容地势宽阔平坦。

——以上忻州话

【牛劲马力】形容很费力气。

【陈年百代】形容时间久远。

【东攒西借】形容四处求借。

——以上温州话

非并列式的主要类型有：

（1）主谓结构式，如：

【一人一性】指每人都有自己的个性或爱好。

【五鬼闹判】形容胡乱折腾的样子。

【光棍室寒】形容单身汉无人照顾，生活艰难。

——以上忻州话

【眼睛黄热】比喻眼红、嫉妒。

【心思惘乱】指心烦意乱，茫无头绪。

【眼泡滴水】形容眼脸水肿。

——以上温州话

（2）偏正结构式，如：

【抿嘴老虎】比喻嘴里不声不响、心里凶狠的人。

【省油灯盏】指行为规矩、不惹是非的人。

【背地捏捉】指暗地里做事。

——以上忻州话

【头痛膏药】比喻给人带来麻烦的事或人。

【沉头老虎】比喻脾气坏、沉默寡语、不理人的人。

【冷眼相眙】指事不关己，冷眼相看。

——以上温州话

（3）连动结构式，如：

【有人没手】指虽有人员但没有能做某事的人。

【有心没胆】指人虽想做某事，却又没有胆量。

——以上忻州话

【见人学样】指无主见，看见别人就模仿。

【接嘴学聊】指乱插话，拾人牙慧。

【开眼相见】指经常见面。

——以上温州话

2. 重叠式。分为完全重叠式和部分重叠式。

完全重叠式，如：

【时时节节】指逢年过节。

【头头点点】指零头。

【嘀嘀叨叨】指窃窃私语。

【煽煽惑惑】指玩弄手段，哄骗别人。

【周周正正】形容端端正正的样子。

【绵绵善善】形容性情温顺柔和。

【展展活活】形容地方宽敞。

——以上忻州话

【扯扯硌硌】指挖苦奚落，冷嘲热讽，态度恶劣。

【扯扯劘劘】形容拉拉扯扯的样子。

——以上温州话

部分重叠式，有以下类型：

（1）ABAC式，如：

【黑蹄黑爪】比喻丑恶嘴脸。

【凉说凉道】指说话没分寸，胡说乱道。

【急叨急抢】指连叨带抢。

【扎整扎打】指用手轻轻地整理，拍打。

【不红不绿】形容脸皮厚，不害臊。

【一凉一热】形容气候忽冷忽热。

——以上忻州话

【吃惊吃虾】形容担惊受怕。

【相打相乱】指吵架。

【冷头冷面】形容态度冷淡。

【露筋露骨】形容很露骨，毫不含蓄。

【大街大市】指闹市。

【不死不健】指不死不活。

——以上温州话

（2）ABCC式，如：

【活特叟叟】形容活生生的样子。

【细鬼铮铮】形容细长的样子。

【嫩黑淋淋】形容鲜嫩有光泽的样子。

【鸡皮股股】形容非常吝啬。

——以上忻州话

【长膨郎郎】形容个子高。

【憨豆珊珊】形容傻乎乎的样子。

【赤膊裸裸】形容赤裸裸的样子。

——以上温州话

（3）AABC式，如：

【疯疯不势】形容神经错乱、疯疯癫癫的样子。

【张张擩急】形容十分繁忙。

【弯弯大绕】指走了许多弯路。

【阁阁留隙】❶形容房间多且窄小。❷形容窗户孔多且很小。❸形容方格很多。

——以上忻州话

【禁禁快好】指明哲保身。

【斗斗班儿】指杂七杂八拼凑出来的戏班子。

——以上温州话

（4）ABCB式，如：

【在行辞行】指人在此行业，想改从事另一个行业。

【离行想行】离开某种职业后，又不免思念之情。

——以上忻州话

【打生陌生】指陌生人。

【头跳尾跳】乱蹦乱跳，形容快乐兴奋的样子。

【鬼讲贼讲】指无根据地乱说。

——以上温州话

3. 附加式。分为加衬字和加摹状词。

（1）加衬字，如：

【忽松倒塌】❶形容榫头松动的样子。❷形容人办事不踏实。

【扑蜡露水】指为别人扫清道路上的障碍。

【黑不咙咚】形容光线很暗。

【稀里瞎沓】形容人平易近人，不摆架子。

——以上忻州话

【光里光生】形容干净整洁。

【退水巴淡】形容淡而无味。

【赤里巴脚】指光着脚丫。

——以上温州话

（2）加摹状词，如：

【噘气马爬】形容气喘吁吁十分难受的样子。

【噎人马爬】形容食物噎得厉害非常难受的样子。

【鹘突打蛋】形容人非常糊涂。

【迷糊打蛋】形容人迷迷糊糊，无精打采的样子。

——以上忻州话

【乌焦烂炭】形容东西糊得像炭一样黑。

【乌青夹辣】形容青得很厉害。

【乌锱墨黑】形容像墨一样黑。

【糊糖粘浆】像浆糊一样，比喻做事没有条理，模糊不清，一塌糊涂。

——以上温州话

此外，忻州话还有“圪”字式的成语，而这不见于温州话。如：

【圪圪闯闯】形容人身体慢慢地来回扭动的样子。

【圪圪沓沓】形容窃窃私语的样子。

【圪圪凹凹】形容地势高低不平的样子。

——以上“圪圪AA”式

【圪知圪臭】形容性格别扭，不好相处。

【圪知圪抽】形容东西不平展。

【圪瘤圪蛋】形容球状物数量多，大小不匀。

——以上“圪A圪B”式

【圪榄挈棒】比喻光棍汉。

【圪迁将就】指迁就，将就。

【圪料孽种】骂小孩不听话。

——以上“圪ABC”式

【老牙圪察】形容老年人牙齿不牢吃东西非常难受的样子。

【死毛圪擒】形容人身体矮缩的样子。

【尸气圪捣】形容饭菜存放过久发出的臭味。

——以上“AB圪C”式

（二）方言谚语

方言谚语和普通话谚语一样，采取非“二二相承”式，以传授知识为目的。因此都具有知识性。

在语法结构上，可分为单句型和复句型。

1. 单句型的，如：

【一人难打虎】指一个人的力量有限，办不成大事。

【锄头自带三分水】指锄地能保墒，减少水分蒸发，相当于下小雨。

【人是个百样图】指人的个性各不相同。

【三揽不如一推】指多揽事不如推脱明智。

【手心看不见手背】指自己看不清自己的缺点。

——以上忻州话

【人参不如米心】指再好的补养物也不如平常的大米饭。

【苦藤生苦瓜】指所受的苦一代接一代。

【满床儿女不值半床夫妻】指儿女再多也不如夫妻之间相互体贴。

【千金比不上一艺随身】指再多的钱也不如身怀一样技艺。

【三个老安人客，顶上一船鸭】安人客：指妇女。形容妇女话多。

——以上温州话

2. 复句型的，如：

【春旱收，秋旱丢】指春天不怕旱，旱了不影响收成；秋天怕旱，旱了就影响收成。

【人活年轻，货卖时兴】指年轻人有活力，好做事；货物赶上市场兴旺，好销售。

【学好三年，学坏三天】指人学好不容易，学坏很容易。

【一天省一口，一年省一斗】指每天都节省一点，就会积少成多。

【你敬我一尺，我敬你一丈】指别人敬重自己，自己要加倍敬重别人。

——以上忻州话

【冬牛不柴，春耕勿愁】水牛过冬时要是不干瘦，来年春耕就不用发愁。

【夏至水满塘，秋季谷满仓】指夏至时节雨水多，池塘积满水，秋天水稻一定丰收。

【身安茅屋宽，心定菜干香】身体健康，平安无事，就是住在茅屋里也觉得宽敞；心神安定，没有烦心事，就是吃干菜也觉得香甜。

【人条直有人逢，路笔直有人走】人正直就会有人愿意相处，就像道路笔直就会有人喜欢走。

【与其仰面求人，不如低头求土】与其仰面恳求别人帮助，不如埋头苦干，下功夫种好地，获得好收成。

——以上温州话

（三）方言惯用语

方言惯用语和普通话惯用语一样，也是采取非“二二相承”式，但在语义上具有描述性，缺乏知识性。在语法结构上，可分为词组型和句子型。

1. 词组型的，如：

【不尿人】形容人傲慢，不理睬别人。

【占坡道】比喻人拥有某种名声，遇事别人总得避让。

【抹钱串子】比喻人吃老本。

【打哩腕手子上】指正遇上自己擅长做的事情。

【出拳抹胳膊】形容捋袖揎拳想打人的样子。

——以上忻州话

【叫皇天】遇到不顺心的事，用来表示哭天喊地。

【打屙浆】原指小孩儿大便弄脏了衣服，比喻把事情办得一塌糊涂。

【吃倒水儿】比喻不趋炎附势。

【背顺风旗】比喻顺应趋势。

——以上温州话

2. 句子型的，如：

【头皮软】形容人懦弱。

【买卖也没裸】裸：没有。比喻没有一点儿希望或可能。

【身不动，膀不摇】指人什么事情也不做。

【只见鱼儿喝水，不见两股腮流】比喻人只图吃喝享受，不顾耗费资财。

【你在捏鬼哩，我已经晒干㖞】指一人正用泥塑鬼形，另一人塑的鬼形早已晒干。比喻一个比一个狡猾奸诈。

——以上忻州话

【筋抽起】筋肉痉挛，比喻人突然生气。

【篮儿挈翻了】比喻事情办砸了。

【长文拔勿歇】指话很多，说不完。

【馒头大似蒸笼】比喻儿子比父亲还厉害。

【白眼蛔蛔也想吃大鱼咸】比喻人痴心妄想。

——以上温州话

（四）方言歇后语

方言歇后语和普通话歇后语一样，由“引子”和“注释”两部分组成。如：

【半夜割谷——招梢子】招：用镰刀割。梢子：指谷穗。半夜里割谷子，看不清楚，只能找谷穗割。比喻事情多，先拣要紧的做。

【讨吃子戴铃铛——穷得叮当响】形容人非常贫穷。

【客房挂磨扇——不是石画】磨扇：磨子的圆石盘。石画：谐“实话”。指说的是假话。

——以上忻州话

【十八罗汉洗浴——越洗越鏖脏】鏖脏：肮脏。指越洗越脏。

【刀鹰拖鸡儿——一个快活死，一个吓死】刀鹰：老鹰。指一个高兴，一个快要吓死。

【十五面铜锣——七响八响】响：谐“想”。指想来想去，反复地想。

——以上温州话

附论：

［1］李如龙的《汉语方言学》在讲到汉语方言词汇的系统性时，指出汉语方言的系统性，除了表现在基本词汇和一般词汇的派生系统和多层级的义类系统外，还表现在其他方面。摘录如下：

按词语的语法构成所分的构词法系统以及按词的语法意义和功能所分的词类系统。其中，关于词素构成词的方式，如单纯词、合成词以及词素之间的陈述、支配、附加、联合、补充等关系，这是词汇学和语法学共同研究的对象。关于词构成“语”(或可称“联语”)，包括成语、谚语、歇后语（或统称为熟语）的构成系统则是词汇学的研究内容。方言之间的构词方式和“联语”方式未必存在着有或无之别，但哪种方式用得多，哪种方式用得少，是一定有差异的。从一般的语感说，官话区的成语和歇后语相当多，南方诸方言则可能相对较少，谚语则是各地都不在少数。至于词类系统主要应是语法研究的对象，有时为词汇区分义类时也会用到词类研究的现成分类。

滋生新词的造词法系统。造词法和构词法有一定联系，但是属于不同的系统，造词法是纵向的考察，构词法是横向的归纳。汉语的造词法从大的方面看有音义相生、语素合成、语缀派生、修辞引申、词组单词化等类别。不同历史时代和不同地域方言的造词法在类别上也可能没有大的不同，但为了表达某一个具体的概念时，不同时期和不同地域则往往采取不同的造词法造出新词。造词法不同是许多后起的方言词差异的重要方面。

按词义之间的不同关系所分的同义词、反义词和同音异义词系统。同义词和反义词在语义上有一定的逻辑上的依据，但也因时因地而异，同音异义词则更是受时地的制约。不同的方言的这些类别也是有同有异的。近江方言往往方言词与普通话转借词同义并用。例如上海话：阳春面＝清汤面，洋盆＝浴缸，寻开心＝开玩笑，雁鹅＝大雁，做厂＝工人，人客＝客人。在言语运用中，同义词、同音词和反义词都是修辞选择的重要依据之一。研究方言词汇系统时也值得关注这一系统的内容。

从纵向观点看，词汇之中论资历有前辈人、老年人、年轻人和新生儿之别；论历史有历史上用过、现在不用的历史词，古时常用、现在少用了的古语词，以及旧时未有、近期新产生的新词语；论出身有传承词、变异词、创新词、借用词之别，不论是古今汉语或南北方言，在这些系统中也是有异有同的。

从语用的角度分，不同阶层、不同职业所使用的词汇有不同的类别：行业语、习惯语、秘密语；在不同的交际领域使用的词汇也有不同的类别：书面语、口头语、戏曲用语、诗歌用语、宗教用语，等等。从词义色彩分，则有中性词语以及褒义词、贬义词、詈语、礼貌用语，等等。

第二节　方言特征词和特征语

一、方言特征词

方言特征词是指通过比较方言的异同，得出的能体现方言特征的方言词。

方言特征词，由于反映的是最基本的概念，不但在交际生活中是常用的，在表达意义上是多义的，在发展过程中还往往成为派生新词的根词，具有较强的派生能力。大多数方言特征词都是能构成许多合成词的单音词，用它构成的多音词在词汇系统中形成一个系列。

如“爷”“娃”应是官话的特征词，使用频度高，义项多，“爷”构成的合成词有：爷爷、老爷、少爷、姑爷、老爷子、老佛爷、倒爷、爷儿们、爷儿俩、老天爷、土地爷、关帝爷、财神爷……；“娃”除表示“儿子”“小孩子”之外，有不少地方还说“鸡娃、狗娃”。

闽语的“厝”“粟”也是特征词，其派生能力也很强，如：祖厝（祖传的房子、祠堂）、大厝（大房子）、厝囝（小房子）、柴厝（木头房子）、厝脊（屋脊）、厝场（盖房子工地）、厝盖（屋顶）、厝契（房契）、厝税（房租）、厝主（房东）、厝里（屋里、内人、家里）、厝头（娘家）、厝边（邻居）；粟种（谷种）、粟头（米中的谷子）、粟仓（谷仓）、粟桶（谷桶、打谷桶）、粟芽（谷芽，可入药）、粟爪（麻雀）、粟银（青苗债）、粟埕（晒谷场）、早粟（早季收成的稻谷）、秫粟（糯谷）、米粟（泛指粮食）。

吴语的“打”“汏”都是特征词，“打”字可造成打头（领头）、打顿（落脚）、打烊（关店门）、打胡（开玩笑）、打合（合伙）、打雄（禽交配）；“汏”字可造成汏手（洗手）、汏衣裳板（搓衣板）、汏衣裳作（洗染店）、汏浴（洗澡）、汏浴间（洗浴间），等等。

客方言的“牯”“嫲”不但可作为后缀表示动物的雌雄，而且可以构成称人或称并无性别的动物或其他事物的后缀。例如说“牛牯、猪嫲”，也说贼牯（贼）、戆牯（傻子）、矮牯（矮子）；舌嫲（舌头）、笠嫲（头笠）、虱嫲（虱子），等等。

粤语的“埋”“走”也是很具方言特色的特征词。用它构成的有：埋住（盖住）、埋站（靠站）、埋单（结账）、合埋眼（合上眼）、行埋去（走了去）；走快的（快点跑）、走鬼（躲鬼）、走粉（偷运毒品）、走宝（错过好机会）。①

二、方言特征语

方言特征语是指通过比较方言的异同，得出的能体现方言特征的方言语。

方言特征语的研究还很薄弱。据我们观察，“A眉B眼”格的成语，就是山西晋语的特征语。它在山西晋语区相当普遍，而在非晋语区则弱化。例如：

---

① 李如龙：《论汉语方言特征词》，见《中国语言学报》（第10期），商务印书馆，2001。

【膀眉肿眼】形容脸面浮肿。

【剜眉瞅眼】用眼神责备别人。

【呆眉处眼】形容呆头呆脑。

【单眉细眼】形容妇女长得好看。

【丢眉扯眼】形容看人不正经。

【囊眉缝眼】形容长相难看。

【光眉处眼】形容容貌整洁。

【灰眉处眼】形容满面灰尘。

【烧眉辣眼】在妇女面前有不正经的眼神。

【舒眉展眼】形容心情舒畅。

【薄眉甚眼】形容妇女长得秀气。

【抹眉画眼】指化妆。

【粉眉淡眼】形容面容干净。

【恼眉恨眼】形容恼怒的样子。

——以上大同方言

【白眉瞪眼】形容无动于衷或痴呆。

【猴眉怪眼】形容人形象不舒展，猥琐。

【立眉霸眼】形容人面容表现出凶相。

【没眉铰眼】形容人做事不要脸面。

【求眉虎眼】形容人不高兴。

【人眉竖眼】形容人假装正人君子。

【神眉画眼】形容女人装扮妖冶。

【贼眉绺眼】形容人面带奸猾相。

——以上和顺方言

在山西晋语区，这种“A眉B眼”格成语还具有能产性，形成一个系统。如忻州方言的“A眉B眼”格成语就有200多个，在语义上具有系统性。

首先，形容人的容貌。既有褒义的，也有贬义的。

褒义的形容人的容貌好看。如“黑眉渗眼”着重形容仪容庄重；“周眉正眼”着重形容五官端正；“光眉俊眼”着重形容英俊；“标眉致眼”着重形容秀丽；“粗眉大眼”着重形容粗犷大方；“柳眉杏眼”“细眉薄眼”“毛眉毛眼”等专门形容妇女、孩子好看。

贬义的形容人的容貌丑陋。如“丑眉怪眼”形容容貌丑陋；“抽眉扯眼”形容眉眼歪斜、五官不正；“马眉虎眼”形容两眉相连、目光凶狠；“猪眉洼眼”形容人的眼眶深陷；“猴眉鼠眼”“猫眉鼠眼”“黄眉鼠眼”“黑眉鼠眼”“瞎眉鼠眼”都是形容人眼睛小，其中“猴眉鼠眼”兼指嘴尖、“猫眉鼠眼”兼指眉毛轻淡、“黄眉鼠眼”兼指脸黄、“黑眉鼠眼”兼指脸黑、“瞎眉鼠眼”兼指眼睛高度近视；“疤眉混眼”“白眉怪眼”“肿眉破眼”，或指脸上长满疤痕，或指脸色苍白，或指脸面浮肿，除了难看之外，还带有某种病态。

其次，形容人的外表。如“老眉眨眼”形容面容衰老；“人眉丢眼”形容表面健康，实际有病；“土眉悻眼”形容人土里土气，不时髦。至于形容外表肮脏的就更多了，常用的有“黑眉蹙眼”“黑眉洼眼”“土眉混眼”“灰眉鼠眼”“揉眉脏眼”等，其中“黑眉蹙眼”用得最广，泛指身上一般的脏；“黑眉洼眼”着重形容满脸乌黑；“土眉混眼”“灰眉鼠眼”着重形容满身尘土；“揉眉脏眼”则指痛哭时揉了眼睛，泪水弄脏了脸。

第三，形容人的表情。如“舒眉展眼”形容心情舒畅；“笑眉唬眼”形容高兴；“哭眉眨眼”形容悲哀；“横眉瞪眼”形容发怒；“瞅眉剜眼”形容憎恨；“爬眉至眼”形容两目注视；“假眉弄眼”形容装模作样；“立眉霸眼”形容盛气凌人；“诓眉塞眼”形容撒娇献媚等。

第四，形容人的性格。如“憨眉愣眼”“慈眉善眼”形容老实善良；“凶眉恶眼”“立眉瘆眼”形容凶恶；“灵眉利眼”“活眉溜眼”形容聪明伶俐；“呆眉悻眼”“恭眉鼠眼”形容迟钝痴呆；“油眉滑眼”“白眉二眼”“失眉赖眼”形容油滑轻浮；“鬼眉怪眼”“鬼眉鼠眼”“鬼眉六眼”形容刁钻狡诈。它们之间又往往同中有异，如“鬼眉怪眼”“鬼眉鼠眼”“鬼眉六眼”虽然都形容刁钻狡诈，但也有些细微差别，“鬼眉怪眼”含有怪僻意，“鬼眉鼠眼”含有鬼祟意，“鬼眉六眼”含有奸猾意。

第三节　方言语词与民俗

方言词语与当地的民俗有密切联系。一般来说，民俗是第一性的，先有某种民俗，然后才产生和这种民俗相联系的方言词语，而民俗的形成和推行则必须借助于一定的语言形式，必须有一套和这种民俗相联系的独特的词语。民俗具有地方性，和民俗相联系的独特的词语也具有地方性，成为方言词语的重要组成部分。下面分别叙述方言词、方言语与民俗的联系。

一、方言词与民俗[1]

有些方言词是由当地的民俗生成的，反映着当地的民俗。试以山西方言词与山西民俗的关系为例。

（一）饮食习俗方面

【剔尖】用铁铲剔成的面食。

【拨鱼儿】在盘或碗里剔成的白面或绿豆面面食。

【抿尖尖】用特制的抿槽（铁片上有许多圆形小孔）制

成的高粱面面条儿。

【圪垛儿】面和好后，捏成一小块，用拇指在另一只手的手腕上搓成小窝窝，蒸熟吃。

【拌烂子】下面放菜，上面放面粉，蒸熟后炒着吃的一种食品。

（二）服饰习俗方面

【腰腰】贴身穿的背心。

【马甲】男子穿的一种没有袖子的上衣，用布、绸、绢等制成。

【裹肚】一种胸间小衣，用绸、绫、布等制成，妇女、儿童使用。

【鹅翎带】青壮年男子着用的短布棉袄。

【搂腰带】系在外面的布腰带。

（三）行旅习俗方面

【驮筐】一种既可载人又能载物的驮运工具，用木头做一个轿形驮架，垫上鞍衬搭在牲口背上，一头固定一个编筐，外出时东西放在筐内，人骑在中间。

【拉拉车】一种小型双轮车，可以用人推拉，也可以使用畜力。

【瓜皮船】一种木制方形船，靠人力摇橹划桨行驶，船上一般有老艄（舵手）一名，艄公6–8名。

【背河】有些河流，雨季时水位暴涨，有些青壮年守候在河边，背负行人过河。

【行路子】指外出旅行或做买卖。

（四）婚嫁习俗方面

【相门户】男女双方约定时间见面，商议是否能办婚事。

【许口面】订婚时，双方家长分别设宴款待亲友，为取儿女亲家长久之意，以面条为主食。

【假婿】晋南一带称迎亲队伍中的伴郎。

【送客】晋北一带称陪伴新娘的人。

【回门】婚后，新娘回娘家省亲。

（五）丧葬习俗方面

【含饭】在死者口中塞入饭团，意在死者到阴间有饭吃。

【告庙】死者咽气当天夜里，家里人要到土地庙或城隍庙举行仪式，意为向阴间报到。

【叫醒】盖棺以后，死者的子女用手拍打棺木。

【跪草】吊唁时，死者子孙披麻戴孝，跪在灵堂后棺材两侧的谷草上。

【过七】人死后，“七七”四十九天内，每七天要祭奠一次。

民间习俗还有其他方面，相应的方言词还有许多。值得注意的是，随着民俗的产生而产生的方言词，也随着民俗的消失而消失。拿婚俗来说，旧时男女婚姻靠的是“父母之命，媒妁之言”，嫁娶的礼仪也非常复杂。如晋东南的沁县，旧时男女订婚前，先要举行“合婚”，由阴阳先生主持，把男女双方出生年、月、日、时的干支书写到麻纸上卜算，叫作“取四柱”，生辰八字不合的叫作“铁扫帚”，相合的才举行“会合礼”，然后选取吉日良辰，商定彩礼数目，选定迎娶日期，叫作“合日头”。娶期议定后，男方要向女方纳聘，叫作“下送”。下送时，男方长辈和媒人带上彩礼送给女方，女方核收后进行款待，叫作“纳币”。到了快迎娶的时候，女方把准备好的衣服、家具等送到男家，叫作“送嫁妆”。迎亲时，新郎备轿亲自到女家迎接，叫作“亲娶”。随着社会的发展，新事新办成为新的社会风尚，旧的婚礼习俗已为人们所摒弃，反映这种习俗的方言词有的已经消失，有的正在逐步消失。

二、方言语与民俗

方言语和方言词一样是地域文化的载体，与当地的民俗有密切联系，反映着当地的民俗文化。下面以忻州方言和温州方言为例。

忻州方言里有：

a. 正猪腊狗。

b. 东楼村忻州村名，一半牲灵牲口一半人；西楼村忻州村名，只见牲灵不见人。

c. 没裸没有上过正经旋床。

d. 揭墓贼盗墓者见了引魂幡子送葬时用白纸制作的一种纸幡，以引导死者灵魂进入墓地——想哩抿指头。

例a是成语，旧时忻州人生活贫苦，到正月过年时才吃些好的，猪也跟着吃一些带荤腥或油水的饲料；农历腊月家家要杀猪宰羊准备过年，狗也能沾光吃上荤腥。据此，当地人认为属猪的人出生在正月命运好，属狗的人出生在腊月命运好，订婚时特别讲究对方属猪是哪月出生、属狗是哪月出生的。还认为，正月的母猪吃食好、身体肥壮，下的小猪也健壮，卖的价钱就高；腊月的母狗吃食好，所生小狗健壮，也能卖高价钱。例b是谚语，旧时东楼村和西楼村人每到农历三月二十一日去洪济寺（位于东楼村与西楼村之间）赶庙会前，有骡马驴的人家都要集结在一起去曹家庄龙王庙前的黑龙池取水，人牵着牲口，牲口背上披着红布，一路浩浩荡荡，长达数里，十分壮观，近看还能辨清一人一畜，远观则只见牲口辨不清人。例c是惯用语，过去忻州普遍种植葫芦，收获后要将嫩的葫芦刮掉皮，插在旋床上削成长长的葫芦丝，常用来比喻某人没有受过正规教育或名师传授。例d是歇后语，指旧时盗墓贼看到坟头插着“引魂幡子”，就不由自主地将手指头衔在嘴里，很想盗墓，用以比喻人很想吃某种食物，或很想干某件事情。

温州方言里有：

a. 相亲相舅。

b. 有铜钱钱财成全囡儿女儿，冇铜钱出卖囡儿。

c. 红线缚鸡脚。

d. 正月初一送元宝——句句讲好。

例a是成语，指相亲时只要看对方的舅舅就能大致推测出对方的长相。例b是谚语，指旧时有钱人家嫁女，会多置办嫁妆，给女儿多带些私房钱；没钱人家就只好收聘金，等于把女儿给卖了。例c是惯用语，旧时温州有“送日”的习俗（男方选好迎娶日子，通知女方，叫“送日”），送日时要给女方送去一些礼品，女方要回礼。一般是收下一只公鸡，换上一只公鸡作回礼，然后把两只公鸡用红线绑在一起，以示姻缘永固。例d是歇后语，旧时温州有正月初一送元宝的习俗。人们把用红糖米塑成的元宝，缚在万年青的树枝上，挨门挨户送并说吉利话，其词曰：“元宝进门台，好！金银大发财，好！积德积善前世修，好！元宝扭一扭，好！养猪大如牛，好！元宝显一显，好！赤脚蓬头刘海仙，好！刘海仙戏金蟾，好！金钱银钱送上府来，好！福禄寿喜万万年，好！”

各地的民俗文化往往因地理、历史等因素而出现差异。如忻州地处晋北，畜牧业发达，因此有关畜牧业的语汇就很丰富，如：

短尾骡子长尾马。

马乏不过道，驴乏半升料。

马老牙黄，驴老牙长。

牛喂三九马喂伏。

母羊好，好一窝；羝羊公绵羊好，好一坡。

温州地处江南，旧时以农耕为主，因此反映农耕的语汇就很丰富，如：

二十六行，种田为王。

种田种田，长种长甜。

百样喜乐不值眠，百样行业不值田。

打赌的钱一筒烟，种田的钱万万年。

种田种到老，勿忘秧边稻。

农民不种田，城底里人断火烟。

方言语还往往反映各地特色民俗文化。如忻州号称“摔跤之乡”，就有“立了秋，挂锄钩，吃瓜看戏跌跤放牲口”“唱戏不跌跤，瞧的人就少；唱戏又跌跤，十里八村也来瞧”等谚语。温州是沿海城市，以商业发达著称，就有“发财快，做买卖”“买卖顶真，铜钱前头勿认亲”“小钱不出，大钱不归”等反映经商的谚语，以及“宁做创业狼，不做打工犬”“只有想不到的，没有做不到的”等敢为人先精神的谚语。

附论：

［1］笔者在《方言与民俗》(《中国语文》1988年第3期）里，曾论及方言词汇与民俗的关系，摘引如下：

从方言和民俗的关系上看，民俗是第一性的。先有某种民俗，然后才产生和这种民俗相联系的方言词语。试以河东地区为例。

河东地区在山西省西南部，位于黄河以东。旧时过大年，家家要用猪祭祀。富裕人家用“四蹄、一头、一尾”的“全猪”。穷苦人家买不起“全猪”，也得割一条猪肉，叫作“刀头”；正月初一敬了神，初二就上会（集市）卖掉，这种会就叫作“刀头会”。正月十五家家要用黍面做“夜油灯”，点过后烙成小饼，让小孩儿吃，说是吃了会心明眼亮、前程光明，叫作“吃灯”。河东和山西其他地方一样，十年九旱，人们盼风调雨顺。传说二月初二那天，龙在夜间活动，太阳不出来人们不能打水，免得惊动龙抬不起头，下不成雨。为了促使龙下雨，早在春节之前家家就都做了许多“麻花”（用两三股条状面拧在一起，用油炸熟），也叫“麻头”“扭股子”，还叫“咬子”“龙骨”，在二月二这一天，人人要吃麻花，叫作“咬干”，也叫“啃龙骨”。这些民俗，不仅产生了“全猪”“刀头”“刀头会”“夜油灯”“吃灯”“咬干”“啃龙骨”等方言词语，而且产生了“三十夜的火，十五晚上的灯”“二月二龙抬头，王三姐梳妆上彩楼”“正月十五借夜油——借不下”等俗语。

有的民俗在某个地区特别流行，在这个地区也就伴随着产生许多独特的方言词。山西北部的忻州、定襄、原平三个市县，素有“摔跤之乡”的称呼，尤以忻州市最为盛行。那里把摔跤叫作“跌跤”或“跌对”。分为两种类型，一种是闹着玩的，叫作“瞎跌”；一种是按规定办法举行的比赛，这种比赛以羊为奖品，叫作“挠羊赛”。“挠”是“扛”的意思，比赛时作为奖品的羊就拴在赛场上，优胜者当场就把羊扛回去，所以摔跤比赛的冠军就叫作“挠羊汉”。比赛得有人作东道主，也得有裁判。东道主叫作“社家”，裁判叫作“喝跤的”。为了培养摔跤新手，往往在成年跤手比赛之前，先组织儿童摔跤，叫作“跌混跤”或“跌混茬儿”。为了奖励儿童摔跤冠军，也准备了一只羊，叫“头羊”，这种有“头羊”作奖品的儿童摔跤比赛叫作“挠头羊”。比赛还得有场地，叫作“跤场”；跤场周围要插上三角形彩旗，叫作“跤旗”；参赛的人进入跤场前要拔上一枝跤旗以示挑战或应战，叫作“应羊”。在比赛中如果一方故意输掉，让对方获胜，叫作“喂羊”；如果暗中串通，让某人获胜，叫作“串羊”。

至于围绕摔跤的动作，方言词语就更多了。如：

勾手：用脚勾拉对方的脚或腿。

泼脚：用脚横踢对方的脚或腿。

挠腿：紧抱对方的腿把对方扛起来。

搂腿：弯腰往回扳或抱住对方的腿。

小穿：猛然下蹲，一臂插在对方两腿之间，托住屁股，另一只手抱住对方的手，头抵住对方腹部一侧，将对方摔倒在身后。

抖架子：正式开始交手。

上架子：双方站立交手。

大砍子：正面抱住对方腰部，用小腿勾打对方小腿。

大过肩：猛然下蹲，头钻入对方两大腿间，双臂紧抱对方两大腿。

大背子：紧握对方一只手，迅速转身将对方背起，经头顶摔倒在前面。

双搂腿：两臂突然抱住对方双腿。

驴夹脖：双臂从两侧紧紧夹住对方的脖子。

第十一章　词典和语典

我国传统的语文学注重解字释词。汇集汉字，解说字形、字音、字义或字源的书，通称为“字书”。清代张玉书等奉诏编纂的《康熙字典》问世后，“字典”的名称便更加通行于世。19世纪末以来，随着西学东渐，引进“词（word）”的概念，开始出现以释词为主的工具书，有的命名为“辞典”或“词典”。几乎与此同时，收集和解释“语”特别是成语的工具书也陆续出现，但它们大都也冠以“辞典”或“词典”。2003年4月出版的《汉语语典》（贾采珠、晁继周主编，汉语大词典出版社）首先采用“语典”这个名称。随后，2008年5月和8月先后出版的《现代汉语小语典》（温端政主编，人民教育出版社）和《现代汉语语典》（许匡一、谢逢江主编，崇文书局）也采用“语典”这个名称。2014年7月，商务印书馆出版了《新华语典》（温端政主编），商务印书馆辞书研究中心在“出版说明”中称：“《新华语典》是一部中型语典，意在同《新华字典》《新华词典》配合，从字、词、语不同的角度，全方位展示现代汉语的面貌。”这一说明，标志着语文辞书出现字典、词典、语典“三分”的局面。词汇和语汇研究，应当关注词典和语典的编纂。

第一节　词典和语典的类型

一、词典[1]的类型

词典一般分为三大类型：百科词典、专科词典和语文词典。语文词典又有单语词典和双语词典之分。单语词典又可以分为现代词典和历史词源词典两大类。我们这里着重讨论现代汉语词典。

从已经出版的辞书来看，现代汉语词典大致上有以下几种类型：

（一）规范型词典

这是为促进现代汉语规范化而编纂的词典。具有代表性的有：

《现代汉语词典》，中国社会科学院语言研究所词典编辑室编，著名语言学家、中国科学院哲学社会科学部委员吕叔湘先生和丁声树先生先后主持编写工作。1956年始编，1960年出版试印本，1978年商务印书馆出版第1版，后经多次修订，2012年出版第6版，2016年出版第7版。

《现代汉语规范词典》，李行健主编，外语教学与研究出版社、语文出版社联合出版。2004年出版第1版，2010年再版，2014年出版第3版。

（二）用法词典

这类词典着重说明词的用法，有助于学习现代汉语。具有代表性的有：

《现代汉语八百词》，吕叔湘主编，商务印书馆1980年出版。

以解释虚词为主，实词主要收用法比较复杂或比较特殊的。每一个词条都标明词类，并按意义和用法分项详细说明，同时辅以丰富的例证。

《动词用法词典》，孟琮、郑怀德、孟庆海、蔡文兰编，上海辞书出版社1987年出版。该书从《现代汉语词典》中选取了1328个动词，用义项出条，共2117条。每个词条除注音释义外，还包括四个方面的内容：动词的一般功能，名词宾语的分类，动结式构成的情况，动趋式构成的情况。

《现代汉语学习词典》，商务印书馆辞书研究中心编，符淮青、张万起主编，商务印书馆2010年出版。该书除了选词适当、释义通俗、例证丰富外，还注意突出时代特色，努力反映和贴近当代语言生活；注意突出文化特色，努力揭示词语包蕴的中华文化历史和现实的内涵；注意突出语用特色，努力挖掘各类词的具体用法和特殊含义。为此,设立了“注意”“辨析”“语汇”“知识窗”“插图”等栏目,对一些容易读错、写错、用错的字词加以提示,对同义词、易混词等做简要辨析，简介与词目相关的文化知识，交代某些词的来源，以帮助母语为汉语的学习者更好地学习和使用汉语。

（三）义类词典

这类词典把汉语的词按意义分成若干类。较具代表性的有：

《同义词词林》，梅家驹、竺一鸣、高蕴琦、殷鸿翔编，上海辞书出版社1983年出版。所收7万个词条按意义分类排列，共分12个大类，94个中类，1428个小类，无释义。

《类义词典》，董大本主编，汉语大词典出版社1988年出版。该书收4万多词条，分为17大类，143个小类，3717个词群。每个词都有释义，且有例句。

《现代汉语分类词典》，苏新春主编，商务印书馆2013年出版。

该书收82955个词条，其中单字词5835条，双字词56373条，三字的11558条，四字的8597条，五字以上的592条。采用五级语义层分类体系，共有一级类9个，二级类62个，三级类508个，四级类2057个，五级类12659个。各级类平均收词规模为：一级类9239条，二级类1341条，三级类161条，四级类40条，五级类平均6.6条。

（四）新词词典

这类词典收新产生或者出现新意义的词。如：

《现代汉语新词词典》，于根元主编，北京语言学院出版社1994年出版。该书收1978—1990年间新词新语3710条。每条注音、释义，并举例。

《新华新词语词典》，周洪波主编，商务印书馆2003年出版。该书主要收录20世纪90年代以来出现或进入社会生活的新词新义新用法，也酌收部分早些时候出现但当时仍然高频使用的新词语，共收条目2200条，连同相关词语约4000条。除语文词语外，还关注信息、财经、环保、医药、体育、军事、法律、教育、科技等领域的新词语。

（五）方言词典

这类词典收集、解释汉语方言词汇，兼收部分方言语汇。如：

《现代汉语方言大词典》，李荣主编，分卷本42种，江苏教育出版社1993—1998年出版。在此基础上编纂了综合本，由江苏教育出版社于2002年出版。该书的主要目的是记录当代这一历史时期的汉语方言的现状，为当代以及后代的语言工作者提供专题研究的依据，也为文史方面的学者提供有用的语料。

《忻州方言俗语大词典》，杨增武主编，上海辞书出版社2002年出版。该书兼收忻州方言的词和语，分上下两编，上编收具有方言特色的一般词语17359条，按忻州方言音系排列，逐条用国际音标注音，用普通话进行注释，除名词外一般都配有例句，并附词目义类索引和首字笔画索引；下编收谚语3342条（含社会谚和农谚）、歇后语1307条，逐条用国际音标注音，并随文做必要的注释。

词典的类型，除了上面所述之外，还有同义词词典、反义词词典、构词词典、同韵词典（按词的韵部同异排列的词典）、频率词典（从大量书籍报刊材料中统计词出现频率的词典）等。

二、语典[2]的类型

从收条对象来看，语典可分为综合性语典和专语语典两大类。

（一）综合性语典

又可分为完全综合性语典和不完全综合性语典。

1．完全综合性语典

这类语典全面收录语汇所属的各种语类，包括谚语、惯用语、成语、歇后语。如：

《汉语熟语大辞典》，武占坤、马国凡主编，河北教育出版社1991年出版。该书所说的熟语包括谚语、惯用语、成语、歇后语，以及格言等，共收16683条（不包括变体）。语条按汉语拼音字母次序排列。

《新华语典》，温端政主编，商务印书馆2014年出版。该书是一部中型语典，意在同《新华字典》《新华词典》配合，从字、词、语的不同角度全方位展示现代汉语的面貌。该书以“语汇”概念统辖，囊括成语、谚语、歇后语、惯用语、格言、名言，总计25640条，每条标明所属语类，注释并举例。

2．不完全综合性语典（俗语语典）

常见的是只收谚语、歇后语和惯用语，不收成语。如：

《中国俗语大辞典》，温端政主编，上海辞书出版社1989年出版。该书收谚语、歇后语和惯用语约15000条。著名语言学家吕叔湘先生作序，王力先生题写书名，2011年出版了新一版。

《俗语大词典》，温端政主编，商务印书馆2015年出版。该书收汉语俗语34424条，其中主条21356条，包括谚语11947条，歇后语4188条，惯用语5221条。每条标明所属语类，释义，并举古今典籍用例作为书证。

（二）专语语典

这类语典专收某一语类。

1．成语类语典

这类语典，以成语为收条对象，已经正式出版的达数百种。如：

《汉语成语小词典》，北京大学中文系1955级语言班集体编写，经著名语言学家魏建功、周祖谟审订，是成语类语典的发凡之作。共收成语3559条，释义准确，例句简明，特别适合中小学师生和一般语文工作者使用。20世纪50年代由商务印书馆出版以来，深受欢迎，多次修订再版。

《中国成语大辞典》，王涛等编写，上海辞书出版社1987年出版。该书收成语18000余条，包括主条和附见条两类。著名语言学家王力先生为该书作序，指出“本书编者是几家出版社的编辑，他们注意搜集第一手资料，注意推敲词语的释义，在收词方面也掌握从严收录的原则”。2007年出版了新一版。

《新华成语大词典》，商务印书馆辞书研究中心编，赵克勤、楚永安、许振生主编，商务印书馆2013年出版。该书收录成语26000多条，释义精当准确，书证兼顾古今，源流并重，体现成语的使用特点和时代气息，是一部质量较高、内容丰富的大型成语类工具书。

2．谚语类语典

这类语典，以谚语为收条对象。如：

《谚海》，温端政、王树山、沈慧云主编，语文出版社1999年出版。该书兼收古今谚语共19023条，其中主条11129条，副条7894条。不论主条、副条，都举出书证或用例。

《新华谚语词典》，商务印书馆辞书研究中心编，温端政主编，商务印书馆2005年出版。该书为中型谚语词典，收录常用谚语约5000条。条目分正条、副条，反映了源远流长的中华传统文化。释义准确、简明，充分揭示深层意义。例句丰富、翔实，古今兼收，以今为主，体现谚语的源流演变、意义用法和时代气息。

3．歇后语类语典

这类语典，以歇后语为收条对象。如：

《中国歇后语大词典》，温端政主编，上海辞书出版社2002年出版。该书收古今歇后语约7000多条（含副条）。不论主条副条，都配有例句，辅助说明该语目的意义和用法，有两个或两个以上义项的，则分别举例。2011年出版了第2版，2015年出版了第3版。

《新华歇后语词典》，温端政主编，商务印书馆2008年出版。该书收录常用歇后语约4000条。条目按主条前一部分的音序排列，按后一部分所表示的基本意义进行类聚。例证古今兼收，体现意义、用法，富有生活气息。

4．惯用语类语典

这类语典，以惯用语为收条对象。如：

《汉语惯用语大辞典》，高歌东、张志清编著，天津教育出版社1995年12月出版。该书收惯用语14500多条，除释义外，也尽量给出例句（大部分引自正式出版的书刊，少数自编）。

《中国惯用语大辞典》，温端政、吴建生主编，上海辞书出版社2011年出版。该书收古今惯用语约11000条，释义贯彻“从语料中来，到语料中去”的原则，比较准确精当。例句采自古今典籍，如有两个或两个以上义项，则分别举例。

从上面叙述中可以看出，词典和语典的类型是不同的，但也有相同的地方，如词典有方言词典，语典也有方言语典。

附论：

[1] 王希杰《汉语词汇学》在论及词典编纂时指出：

词典编纂在当今世界也是一种重要的产业。

语言是一种资源，首先表现在词汇上，词汇是民族文化的巨大的资源。词典就是开发语言资源最重要的方式。语言是一种软实力。在汉民族的形成过程中，汉语、汉字是一种非常重要的力量。

英语词汇在其他语言中的扩散，就是美国和英国语言软实力的体现。各个国家的书店里，英语词典满架都是，则又是一个证明。

社会各阶层都要学习和运用词汇，需要各种各样的词典。词典编纂理所当然地需要在词汇学理论的指导下进行。因此，词典编纂可以看作词汇学的一个应用部门——“词汇工程学”。词典编纂中遇到的许多问题需要认真地研究。众多词典的成功的经验和失败的教训，都是应当加以总结的。以词典和词典编纂为研究对象的是词典编纂学。词典编纂学是词汇学的一个分支学科。

[2] 2007年，笔者在“海峡两岸《康熙字典》学术研讨会”上宣读的题为《语典的兴起及其对文化传承的贡献》（后收入《中华字典研究》第一辑，中国社会科学出版社，2009）一文中曾提出，应当使“语典”成为正式名称。指出：

迄今为止，汉语语文工具书有字典、词典之别，而无“语典”一说。

语典不管大中小型，一概归入词典。本文前面提到的语典，几乎无一例外地称为“词典”或“辞典”。这显然是名不副实。语典和词典收条对象不同，根据“语词分立”的主张，应当把“语典”从“词典”里分立出来。这样，以字为单位，按一定次序排列，每个字注上读音、意义和用法的工具书称为“字典”；收集词汇加以解释供人检查参考的工具书称为“词典”或“辞典”；收集语汇加以解释供人检查参考的工具书称为“语典”。具体地说，成语类工具书称为“（汉语）成语语典”，小型的称为“（汉语）成语小语典”，大型的称为“（汉语）成语大语典”。谚语、惯用语、歇后语类工具书依此类推。至于综合性的语类工具书，则宜径称为“（汉语）语典”，小型的称为“（汉语）小语典”，大型的称为“（汉语）大语典”。笔者认为，这样做不仅反映了汉语语文辞书的现实，做到名副其实，而且有利于语典编纂的研究。

后来笔者又撰写了《论字典、词典、语典三分》（《辞书研究》2014年第2期）一文，论述了语文辞书中字典、词典、语典三分的理论依据、事实基础及其主要意义。认为“语词分立”是“三分”的理论依据；语典的大量编纂和出版，为“三分”奠定了事实基础。“三分”的主要意义是：有利于语文辞书编纂的分工，使字典、词典、语典各司其职；有利于语典编纂的研究和语典学的建立；有利于汉语语汇研究和语汇学的建立与完善。

2014年7月，商务印书馆出版的《新华语典》，即表明语文辞书字典、词典、语典三分已成定局。

第二节　词典和语典的收条立目

词典和语典在收条立目上有很大的不同。分述如下：

一、词典的收条立目

词典当然以收词为主，但也收字和语。《现代汉语词典》1978年第1版“前言”就说：“词典中所收条目，包括字、词、词组、熟语、成语等，共约五万六千条。”试以该书第7版“搬”字头为例：

搬 bān 动 ❶移动物体的位置（多指笨重的或较大的）：～运｜～砖｜把保险柜～走。❷迁移：～迁｜～家｜他家是从南城～来的。❸搬用；套用：生～硬套｜照～照抄。

【搬兵】bān//bīng 动 搬取救兵，泛指请求援助或增调人员。

【搬家】bān//jiā 动 ❶把家迁到别处去：他去年就搬了家。❷泛指迁移地点或挪动位置：这家工厂已经～了。

【搬弄】bānnòng 动 ❶用手拨动：～枪栓。❷卖弄；有意显示：他总好～自己的那点儿知识。❸挑拨：～是非。

【搬弄是非】bānnòng-shìfēi 把别人背后说的话传来传去，蓄意挑拨，或在别人背后乱加议论，引起纠纷。

【搬起石头砸自己的脚】bānqǐ shí·tou zá zìjǐ·de jiǎo 比喻自作自受，自食恶果。

【搬迁】bānqiān 动 迁移：～户｜～新居。

【搬演】bānyǎn 动 把往事或别处的事重演出来：～故事。

【搬移】bānyí 动 ❶搬动；移动：～家具。❷搬迁：这家商店已～到东街去了。

【搬用】bānyòng 动 不顾实际情况，机械地采用（现成的规章、办法等）：这些做法可以参考，不能机械～。

【搬运】bānyùn 动 把物品从一个地方运到另一个地方：～行李｜～货物。

这里有单字字头“搬”，并作注音解释，起了类似字典的作用。字头下面所收条目大部分是词，但也有语，包括成语“搬弄是非”和惯用语“搬起石头砸自己的脚”。

二、语典的收条立目

语典的收条立目与词典的收条立目大不相同。语典不收字，也不收词，只收语。试以《新华语典》所收的“搬”字开头的条目为例：

【搬唇递舌】（成语）语见元·无名氏《南珍珠马·情》套曲。指传递闲话，挑拨是非。例班里发生了这样不愉快的事，必定是有人～造成的。也说“搬口弄舌”。

【搬粗腿】（惯用语）见“抱粗腿”。

【搬救兵】（惯用语）❶指增调人员，请求援助。例交警赶快～，请来修理工，将爆胎的运煤车修好。❷泛指请他人来救急或解围。例弟弟知道爸爸要教训他，急忙～，把奶奶请了出来。

【搬口舌】（惯用语）指乱翻闲话。例任何人也别想在我们中间～、挑是非，破坏团结。也说“搬弄口舌”“搬挑舌头”。

【搬老皇历】（惯用语）见“翻老皇历”。

【搬老婆舌头】（惯用语）见“拉老婆舌头”。

【搬面子】（惯用语）指借别人的影响或威望办事。例这事不好办，就是托人～，恐怕还是办不成。

【搬弄是非】（成语）搬弄：挑拨。❶指乱传别人背后说的话，挑拨关系，制造矛盾。例总有一些人爱～，唯恐天下不乱。❷指在背后胡乱议论别人，引起纠纷。例她就是一个长舌妇，爱在邻居之间～。

【搬起碾盘打月亮——不识轻重】（歇后语）碾盘：碾子的石制

底盘，扁圆形，很重。指人自高自大，过高估计自己的力量。例他是这里有名的工程师，你一个毛头小伙子敢和他比，真是～。

【搬起石头砸自己的脚】(惯用语)❶比喻害人不成，反而害了自己。例那些心术不正的人，总是～，从害人开始，以害己告终。❷比喻自己的行为最终给自己造成难堪或伤害。例一些商家想通过恶意竞争获取利润，这无异于～。也说“搬砖打人砸了自己的脚”“自搬砖头自压脚”。

从这里可以看出，所收条目有成语、惯用语、歇后语，没有字和词。

第三节　词典和语典的释义

一、义项及义项的确定

词有单义词和多义词的区别，单义词只有一个义项，多义词有两个或两个以上义项。如：

【不祥】bùxiáng 形 不吉利：～之兆。

【不想】bùxiǎng 连 不料；没想到：春天随便栽了几棵树，～全都活了。

【不消】bùxiāo ❶ 动 不需要：～一会儿工夫，这个消息就传开了。❷ 副 不用：～说。

【不屑】bùxiè 动❶认为不值得（做）：～一顾｜～置辩。也说不屑于。❷轻视：脸上现出～的神情。

【不兴】bùxīng 动❶不流行；不合时尚：绣花鞋这里早就～了。❷〈方〉不许：～欺负人。❸〈方〉不能（限用于反问句）：你干吗嚷嚷，～小点儿声吗？

“不祥”“不想”只有一个义项，“不消”“不屑”有两个义项，“不兴”有三个义项。

语也有单义语和多义语的区别，单义语只有一个义项，多义语有两个或两个以上义项。如：（释义摘自《新华语典》，下同）

【不舍昼夜】（成语）语出《论语·子罕》。舍：停止。昼：白天。日夜不停，夜以继日。例 他们～地工作，终于完成了抗洪救灾的任务。

【不甚了了】（成语）语出《北齐书·永安王浚传》。了了（liǎoliǎo）：明白，了解。❶指不太明白事理。例 有些小时候～的事，长大后渐渐就懂了。❷指不太了解情况。例 我长时间不出门，对外面的事～。

【不声不响】（成语）不发出响声。❶形容沉默寡言，不与人交流。例 他一个人～地坐在那里发呆。❷形容不声张，暗中做事。例 他～地离开了家乡，到外地谋生。❸形容默默无闻，别人不知道。例 他～地办好了调动手续，将到一家五百强企业工作。

这三条都是成语，“不舍昼夜”只有一个义项，“不甚了了”有两个义项，“不声不响”有三个义项。

谚语、惯用语和歇后语多数只有一个义项，也有少数是多义项的。如：

【吃了河豚，百样无味】（谚语）语见《孽海花》二一回。河豚：一种海鱼，肉味鲜美，血液、肝脏等有剧毒。❶吃了鲜美的河豚之后，觉得其他鱼肉都没味道。例 河豚的味道就是鲜美无比，俗话说：“～。”果然如此。❷比喻得到过最好的，一般的都不稀罕了。例 俗话说得好：“～。”看过五台山的庙宇，别的寺庙就没有看头了。

【缺胳膊短腿】（惯用语）❶形容人肢体残缺。例他五官端正，又不～，你为什么看不上他？❷比喻东西残损不全。例这些家具～，没法用。❸比喻失去了得力的助手。例徒弟走了，他干起活来总是不顺心，像缺了胳博短了腿一样。

【佛爷的眼珠——动不得】（歇后语）佛爷：泥塑的佛像。❶指人不能走动或活动。例你右腿骨折刚做了手术，恢复总得一段时间，现在是佛爷的眼珠，千万动不得。❷指某物不能随便触动。例桌上放着很多手表零件，我过去看时，老师傅忙说～，丢上一个就装不成了。❸比喻对手厉害，触犯不得。例那家伙是当地有名的无赖，～，千万不要招惹他。

词和语的义项，都不是凭主观想象确定的，而是根据大量的语料，从它们所出现的不同语境中所表现的不同词义和语义观察、归纳出来的。

二、释义的方法

（一）词典的释义方法

1. 互训法。采用同义词或反义词做释义。如：

【里屋】名里间。

【恬静】形安静；宁静：环境幽雅～｜～的生活。

【冷淡】❶形不热闹；不兴盛：生意～。❷形不热情，不亲热；不关心：态度～。

2. 定义法。对词的意义，用简练的语言进行简要概括和说明，像下定义似的。如：

【法权】名法律规定的权利。

【工头】（～儿）名❶资本家雇用来监督工人劳动的人。

❷指指挥、带领工人劳动的人。

3．分解法。分析词的构成成分的意义，进行综合说明。如：

【诱骗】动 诱惑欺骗。

【诱杀】动 引诱出来杀死：用灯光～棉铃虫。

4．描写法。从多个角度对词的意义进行描写说明。如：

【浪迹】动 到处漂泊，没有固定的住处：～江湖｜～天涯。

【灯会】名 元宵节举行的群众观灯集会，集会上悬挂着各式各样的彩灯。有的灯会还有踩高跷、舞狮子、跑旱船、表演杂技等娱乐活动。

（二）语典的释义方法

语典的释义方法与词典的释义方法有很大的不同。词是概念性的语言单位，所以释义可以采用互训法、定义法。语是叙述性的语言单位，不能采取这些方法。语的释义的一个重要原则，就是要坚持释文的叙述性。具体做法可分为表述法和描述法。

1．表述法

表述法的特点是释文具有知识性。谚语和表述性成语适用这种方法。如：（释义摘自《新华语典》，下同）

【远亲不如近邻】（谚语）远亲：住处相隔较远的亲戚。远处的亲戚，不如挨得较近的邻居。指邻居更便于相互关照。例～，我们两家天天开门便相见，许多事都靠他照顾。

【远水不救近火】（谚语）语出《韩非子·说林上》。远处的水难救近处的火。比喻缓慢的措施或迟来的救援，难解燃眉之急。例三百里山路太远了，救援队三天都赶不来，未免～。

【寡不敌众】（成语）语出《孟子·梁惠王上》。寡：少。敌：抵挡、对抗。人少的一方抵挡不住人多的一方。例几员猛将挥舞着大刀抵挡了一阵，但终因～，败下阵来。

【众志成城】(成语)语出《国语·周语下》。城：城墙。众人团结一致，就能像城墙一样坚不可摧。指大家精诚团结，就能形成强大力量。例 ~，只要我们同心协力，就没有战胜不了的困难。

“远亲不如近邻”和“远水不救近火”是谚语，具有知识性，所以释文必须具有知识性；“寡不敌众”和“众志成城”是表述性成语，也具有知识性，所以释文也必须具有知识性。所用的释义方法都是表述法。

2. 描述法

描述法主要是通过描述性质或状态进行释义，特点是释文不具有知识性。惯用语、歇后语和描述性成语适用这种方法。如：

【吃老本】(惯用语)原指耗费本金。比喻依赖原有的知识、本领或功劳过日子，不求进取或提高。例咱们不能安于现状，靠~过日子。

【大事化小，小事化了】(惯用语)指在处理问题或矛盾时，尽可能地缩小或化解矛盾和问题。例如果不是原则问题，他从来都是~。｜心态平和，遇事就不会斤斤计较，凡事都会~。

【吃柳条拉筐子——肚子里编】(歇后语)拉：排泄。编：双关，本指用柳条编制，转指编造或捏造。指存心编造或捏造事实。例他刚才说的都是~的，千万不要相信。

【吃了磨刀水的——锈(秀)气在内】(歇后语)语见《西游记》六七回。喝上磨刀水，铁锈在肚里。锈：谐“秀”。指人表面上看似粗笨，其实聪明精细。例他是~，做起事来可细心呢！

【大声疾呼】(成语)语出唐·韩愈《后十九日复上宰相书》。疾：急。大声急切地呼喊，以引起人们的注意或警觉。例他以笔代舌，~，要停止滥砍滥伐，保护环境。

【风云变幻】（成语）语出南朝梁·庾信《入彭城馆诗》。变幻：不规则地改变。像风和云那样变化不定。形容局势动荡，复杂多变。例 他有很好的管理能力和应对能力，终于在～的市场上站稳了脚跟。

“吃老本”和“大事化小,小事化了”是惯用语,具有描述性,所以释文不具有知识性；“吃柳条拉筐子——肚子里编”和“吃了磨刀水的——锈（秀）气在内”是歇后语，也是描述性的语言单位，释文也不具有知识性；“大声疾呼”和“风云变幻”是描述性成语，释文同样不具有知识性。它们的释义都是采用描述法。

第四节　词典和语典的举例

在举例上，语典和词典有相同的地方，也有不同的地方，分述如下。

一、词典的举例

词典的举例大致上有两种情况：历史性的词典多用古今的书证,现代性的词典多自编例子。前者如《汉语大词典》,后者如《现代汉语规范词典》。以“上进”条为例：

【上进】❶向上；进步。《儒林外史》第二一回：“像小檀越偷钱买书念，这是极上进的事。”管桦《在妇产院里》：“一个刚刚二十二岁的小伙子,只要政治思想、工作上求上进,还怕结不成婚？”❷指求取功名。明叶宪祖《鸾鎞记·诗激》：“奴家想我官人天资颖异，上进何难。”《儒林外史》第二一回："我们经纪人家，那里还想什么应考上进！"

——摘自《汉语大词典》

【上进】动 向上；进取〔例〕积极～｜～心。

——摘自《现代汉语规范词典》(第3版)

《汉语大词典》既举古代的书证，又举现代的书证，《现代汉语规范词典》则自编例句。自编例句也有两种情况，一种是词组型的，一种是句子型的。如：

【上流】名 ❶上游：长江～。❷指较高的社会地位：～社会。

【上路】动 ❶走上路程；动身：你几时～？❷上轨道：工作还没有～。

"上流"的两个义项的例子都是词组型的，"上路"的两个义项的例子都是句子型的。

二、语典的举例

语典的举例也有两种情况，一种是引用古今书证，一种是自编例句。试比较如下：

A组，成语：

【纷至沓来】纷：多。沓：重复。形容连续不断地到来。宋·楼钥《洪文安公小隐集序》："禅位之诏，登极之赦，尊号改元等文，皆出公手，纷至沓来，从容应之，动合体制。"《花月痕》一四回："荷生见秋痕与痴珠形影依依的光景，便念及采秋，又因痴珠今天说起红卿，便觉新愁旧怨，一刹时纷至沓来，无从排解。"姚雪垠《李自成》四卷八章："诸如此类问题，平常也在心中盘算，而此刻纷至沓来，一齐涌上心头。"

——摘自《新华成语词典》(第2版)

【纷至沓来】(成语)语出宋·楼钥《〈洪文安公小隐集〉序》。

纷：多而杂乱。沓（tà）：多而重复。形容接连不断地纷杂而来。[例] 雄伟古朴的泰山，吸引着~的中外游客。｜那烦恼的思绪~，让他不得安宁。

——摘自《新华语典》

B组，谚语：

【吃一堑，长一智】堑：隔断交通的壕沟，这里比喻挫折，失败。智：智慧，见识。经过一次挫折，就能增长一分见识。多用来鼓励人受挫折之后不要失去信心。清·曾国藩《家书·致沅弟》："谚云：'吃一堑，长一智。'吾平生长进全在受挫受辱之时。"刘彦林《东风浩荡》一二："齐勇自我安慰地说：'这有什么！吃一堑长一智嘛！'"

——摘自《新华谚语词典》

【吃一堑，长一智】（谚语）语见《警世通言》卷三。堑（qiàn）：阻断交通的沟壕，比喻挫折、失败。指经历一次挫折或失败，就能吸取一次教训，增长一分见识。[例] 人生的道路难免坑坑洼洼，~，吸取教训就会变得聪明起来。

——摘自《新华语典》

C组，惯用语：

【八字没见一撇儿】想写"八"字，连一撇都还没写出来，哪里谈得上"八"字。比喻事情还没眉目。《儿女英雄传》二九回："姐姐只想，也有个八字儿没见一撇儿，我就敢冒冒失失把姐姐合他画在一幅画儿上的理吗？"王汶石《黑凤》八章："李大嫂说：'把个去相女婿的闺女挡在村道，叫给他们破硬柴。八字没见一撇哩，先就这么对待，以后过了门，还不知这丁王庄的人，是怎样欺侮新媳妇呢！'"

——摘自《新华惯用语词典》

【八字不见一撇儿】（惯用语）比喻事情还没有眉目。例他俩的事～，你们先别忙着张罗婚事。

——摘自《新华语典》

D组，歇后语：

【姜太公钓鱼——愿者上钩】姜太公：字子牙，神话小说《封神演义》中人物。比喻心甘情愿做某事。也比喻自愿上当受骗。《林兰香》三八回："井氏道：'众婶娘曾说这个事是姜太公钓鱼，愿者上钩。'风婆子道：'这又是那老歪刺骨扯淡的话了。如果有不愿意的，除非是又养汉又撇清，像李名的老婆。"《风月梦》一〇回："凤林道：'我是姜太公钓鱼，愿者上钩。贾老爷若是爱厚我，我就不留他，他也不走；若是不爱厚我，我就再留他些，他也不在这里。'"周而复《上海的早晨》四部二："不，这和你没有关系。我是姜太公钓鱼——愿者上钩。和你一同来白相，完完全全是自觉自愿。"

——摘自《新华歇后语词典》

【姜太公钓鱼——愿者上钩】（歇后语）语见《武王伐纣平话》卷中。姜太公：周朝初年人，太公望吕尚，字子牙，传说曾于渭水边用无饵的直钩在离水面三尺之上钓鱼，嘴里还念叨着"负命者上钩来！"本指愿上钩的鱼就上钩，转以比喻心甘情愿，就去做某事。例我是～。跟你合伙经营，完全是出于自愿。

——摘自《新华语典》

通过比较可以看出，采用书证和自编例句各有优点。书证首先证明语目和语义是客观存在的，有文献为证；有些书证还能证明语义的源流演变，或补充说明语义和用法。自编例句目的性和针对性强，不受情节语境影响，不绕弯子，直接切入主题，语句简练，大大节省篇幅，这是它的最大优点。

语典的自编例子都是句子，这和词典的自编例子有的是词组有些不同。

附录：本书引用、参考及相关文献

（一）著作

中国现代语法（王力） 商务印书馆，1950

马克思主义与语言学问题（斯大林） 人民出版社，1953

语法学习（吕叔湘） 中国青年出版社，1955

汉语词汇（孙常叙） 吉林人民出版社，1956

普通话词汇（张世禄） 新知识出版社，1957

汉语词汇讲话（周祖谟） 人民教育出版社，1959

语言学基础（北京大学中国语言文学系语言学教研室编） 高等教育出版社，1959

词汇（许威汉） 人民教育出版社，1959

现代汉语词汇（王勤、武占坤） 湖南人民出版社，1959

谚语、歇后语、惯用语（马国凡） 辽宁人民出版社，1961

歇后语（马国凡、高歌东） 内蒙古人民出版社，1979

汉语成语研究（史式） 四川人民出版社，1979

谚语（武占坤、马国凡） 内蒙古人民出版社，1980

谚语歇后语概论（王勤） 湖南人民出版社，1980

谚语·格言·歇后语（宁榘） 湖北人民出版社，1980

成语、谚语、歇后语、典故概说（唐启运） 广东人民出版社，1981

汉语造词法（任学良） 中国社会科学出版社，1981

惯用语（马国凡、高歌东） 内蒙古人民出版社，1982
词汇学简论（张永言） 华中工学院出版社，1982
语法讲义（朱德熙） 商务印书馆，1982
成语（马国凡） 内蒙古人民出版社，1983
词汇学研究（王德春） 山东教育出版社，1983
现代汉语词汇概要（武占坤、王勤） 内蒙古人民出版社，1983
词汇（武占坤） 上海教育出版社，1983
词汇漫谈（徐青） 浙江人民出版社，1983
歇后语新论（谭永祥） 山东教育出版社，1984
词汇学和词典学问题研究（刘叔新） 天津人民出版社，1984
汉语词汇研究（葛本仪） 山东教育出版社，1985
惯用语再探（高歌东） 山东教育出版社，1985
成语概说（向光忠） 湖北教育出版社，1985
词汇（郭良夫） 商务印书馆，1985
谚语（温端政） 商务印书馆，1985
歇后语（温端政） 商务印书馆，1985
成语（刘洁修） 商务印书馆，1985
现代汉语词汇（符淮青） 北京大学出版社，1985
汉语熟语学（孙维张） 吉林教育出版社，1989
实用词汇学（许德楠） 燕山出版社，1990
词汇与词典（郭良夫） 商务印书馆，1990
现代汉语（林祥楣主编） 语文出版社，1991
熟语浅说（刘广和） 中国物资出版社，1992
汉语词汇学引论（许威汉） 商务印书馆，1992
现代汉语（北京大学中文系现代汉语教研室编） 商务印书馆，1993
现代汉语教程（邢公畹主编） 南开大学出版社，1994
汉语词汇研究史纲（周荐） 语文出版社，1995

汉语词汇与文化（常敬宇） 北京大学出版社，1995
当代中国词汇学（苏新春） 广东教育出版社，1995
汉语词汇学史（符淮青） 安徽教育出版社，1996
俗语（马国凡、马叔骏） 内蒙古人民出版社，1997
汉语熟语与中国人文世界（崔希亮） 北京语言文化大学出版社，1997
词汇学问题（周荐） 天津古籍出版社，1998
俗语（徐宗才） 商务印书馆，1999
二十世纪的汉语俗语研究（温端政、周荐） 书海出版社，2000
二十世纪的汉语词汇学（许威汉） 书海出版社，2000
现代汉语词汇学（葛本仪） 山东人民出版社，2001
现代汉语词义学（曹炜） 学林出版社，2001
汉语造词研究（陈宝勤） 巴蜀书社，2002
汉语词汇学（宋均芬） 知识出版社，2002
新编现代汉语（张斌主编） 复旦大学出版社，2002
汉语词汇学（葛本仪主编） 山东大学出版社，2003
现代汉语词汇学导论（周国光） 广东高等教育出版社，2004
现代汉语词汇研究（曹炜） 北京大学出版社，2004
熟语学纲要（姚锡远） 中国传媒大学出版社，2005
词汇语义学（修订本，张志毅、张庆云） 商务印书馆，2005
汉语语汇学（温端政） 商务印书馆，2005
汉语语法分析问题（吕叔湘） 商务印书馆，2005
汉语描写词汇学（重排本，刘叔新） 商务印书馆，2005
古代汉语词汇学（赵克勤） 商务印书馆，2005
汉语语汇学教程（温端政主编） 商务印书馆，2006
词义的分析和描写（符淮青） 外语教学与研究出版社，2006
现代汉语（兰宾汉、邢向东主编） 中华书局，2006
汉语词义系统研究（王军） 山东人民出版社，2006

汉语词汇研究百年史（周荐、杨世铁） 外语教学与研究出版社，2006
词汇语义学与词典编纂（张志毅、张庆云） 外语教学与研究出版社，2007
现代汉语语汇学（卢英顺） 复旦大学出版社，2007
现代汉语（齐沪扬主编） 商务印书馆，2007
现代汉语（增订四版，黄伯荣、廖序东主编） 高等教育出版社，2007
现代汉语通论（第二版，邵敬敏主编） 上海教育出版社，2007
汉语言文字学专题研究（葛本仪、曹正义） 山东人民出版社，2008
汉语语汇研究史（温朔彬、温端政） 商务印书馆，2009
熟语研究（李树新） 内蒙古教育出版社，2009
三晋俗语研究（吴建生、李淑珍） 书海出版社，2010
瓯越语语汇研究（盛爱萍） 人民出版社，2011
汉语熟语的文化认知（王岩） 大象出版社，2012
语典编纂的理论与实践（温端政、温朔彬） 商务印书馆，2014
惯用语（温端政、温朔彬） 商务印书馆，2014
汉语词汇结构论（增订本，周荐） 人民教育出版社，2014
俗语辞书编纂史（温朔彬） 上海辞书出版社，2014
汉语语文辞书的状况与发展研究（解海江、章黎平、王敏） 商务印书馆，2015
汉语歇后语研究（陈长书） 中国社会科学出版社，2016
《朱子语类》语汇研究（黄冬丽） 语文出版社，2016
汉语词汇学（王希杰） 商务印书馆，2018

（二）论文集

词汇学理论与实践（李如龙、苏新春编） 商务印书馆，2001
词汇学丛稿（王吉辉） 中央文献出版社，2001
方言与俗语研究（温端政） 上海辞书出版社，2003

词汇学理论与应用（二）（苏新春、苏宝荣编） 商务印书馆，2004
词典学词汇学语义学文集（符淮青） 商务印书馆，2004
俗语研究与探索（温端政主编） 上海辞书出版社，2005
词汇学词典学研究（周荐） 商务印书馆，2006
词汇学理论与应用（四）（《词汇学理论与应用》编委会编） 商务印书馆，2008
汉语语汇学研究（温端政、吴建生主编） 商务印书馆，2009
词汇学理论与应用（五）（《词汇学理论与应用》编委会编） 商务印书馆，2010
汉语语汇学研究（二）（温端政、吴建生、马贝加主编） 商务印书馆，2011
汉语词汇学论集（李如龙） 厦门大学出版社，2011
汉语语汇学研究（三）（温端政、吴建生、徐颂列主编） 商务印书馆，2015
词汇学理论与应用（八）（《词汇学理论与应用》编委会编） 商务印书馆，2016
汉语语汇学研究（四）（吴建生、李树新、史素芬主编） 商务印书馆，2017

（三）论文

谚语的研究（郭绍虞）《小说月报》1921年第2卷第2、3、4期
采辑歌谣所宜兼收的——歇后语（白启明）《歌谣周刊》1924年第44号
语汇重要，语汇难（张志公）《中国语文》1988年第1期
“龙虫并雕”和“语”的研究——敬以此文纪念王力先生百年诞辰（温端政、沈慧云）《语文研究》2000年第4期
论语词分立（温端政）《辞书研究》2002年第6期
“中国俗语大全”序（江蓝生）《语文研究》2004年第2期

“语词分立”和汉语方言语汇研究——重温吕叔湘先生《中国俗语大辞典·序》（温端政）《语文研究》2005年第2期

也谈“语汇重要，语汇难”（温端政）《语文研究》2006年第3期

语汇研究与语典编纂（温端政）《语文研究》2007年第4期

语汇学三论（李如龙）《汉语语汇学研究》，商务印书馆，2009

再论语词分立（温端政）《辞书研究》2010年第3期

中国词汇学发展需明晰定位（周荐）《中国社会科学报》2010年5月18日

创立语汇学有学理支撑（黄忠廉）《中国社会科学报》2011年3月8日

论汉语词汇的多元系统（李如龙）《江苏大学学报》（社会科学版）2011年第1期

论字典、词典、语典三分（温端政）《辞书研究》2014年第2期

语词分合问题引发的若干思考（周荐）《世界汉语教学》2014年第4期

语汇学的研究对象与新语的类型特点（程荣）《世界汉语教学》2015年第4期

树立正确的语词观（温端政）《辞书研究》2016年第1期

对修订《汉法大词典》的期许（黄建华）《辞书研究》2016年第5期

三论语词分立（温端政）《辞书研究》2018年第3期

综合性语典收条立目问题刍议（陈玉庆）《辞书研究》2018年第3期

（四）工具书

同源字典（王力著） 商务印书馆，1982

汉语外来词词典（刘正埮、高名凯、麦永乾、史有为编） 上海辞书出版社，1984

新词新语词典（李行健、曹聪孙、云景魁主编） 语文出版社，1989

中国俗语大辞典（温端政主编） 上海辞书出版社，1989

现代汉语谚语规范词典（李行健主编） 长春出版社，2001

现代汉语惯用语规范词典（李行健主编） 长春出版社，2001
现代汉语歇后语规范词典（李行健主编） 长春出版社，2001
现代汉语成语规范词典（修订本，李行健主编） 长春出版社，2003
汉语语典（贾采珠、晁继周主编） 汉语大辞典出版社，2003
新华新词语词典（商务印书馆辞书研究中心编写） 商务印书馆，2003
新华谚语词典（温端政主编） 商务印书馆，2005
忻州歇后语词典（张光明主编） 上海辞书出版社，2006
新华惯用语词典（温端政主编） 商务印书馆，2007
新华歇后语词典（温端政主编） 商务印书馆，2008
现代汉语小语典（温端政主编） 人民教育出版社，2008
现代汉语语典（许匡一、谢逢江主编） 崇文书局，2008
中国谚语大辞典（温端政主编） 上海辞书出版社，2011
中国惯用语大辞典（温端政、吴建生主编） 上海辞书出版社，2011
忻州成语词典（张光明主编） 上海大学出版社，2012
忻州谚语词典（张光明主编） 上海大学出版社，2012
忻州惯用语词典（张光明主编） 上海大学出版社，2012
新华成语大词典（赵克勤、楚永安、许振生主编） 商务印书馆，2013
现代汉语规范词典（第3版，李行健主编） 外语教学与研究出版社、语文出版社，2014
新华语典（温端政主编） 商务印书馆，2014
中国歇后语大辞典（第3版，温端政主编） 上海辞书出版社，2015
新华成语词典（第2版，许振生主编） 商务印书馆，2015
现代汉语词典（第7版，中国社会科学院语言研究所词典编辑室编） 商务印书馆，2016

后　记

语词学，也可以称为词语学。之所以选择“语词学”，是为了与“语音学”“语法学”相配合。

语词学涉及词汇学和语汇学。本书的着眼点，是把词与语、词汇与语汇进行比较研究，试图为构建一个新的学科——语词学打下基础。这个目的是否达到，有待于读者检验。

多年来，我参与语汇类辞书的编纂，积累了大量的语汇资料，深感汉语语汇和汉语词汇一样，是一个极其庞大的系统，也是一个极其丰富的语言资源，需要有更多的学者进行开发、研究。

非常感谢商务印书馆总编辑周洪波等先生对语汇学的支持，出版了许多语汇学方面的著作，使语汇学这个新兴学科得以发展和繁荣。感谢本书责任编辑冯雪同志的合作，承蒙她提出许多宝贵的意见，提高了本书的质量。山西省社会科学院语言研究所安志伟读了本书初稿，提出许多好的建议，温朔彬帮助制作图表，在此一并致谢！

温端政

2018年2月